図12 風景構成法（#4）

図14 スクィグル（#12）

本書 第3章より

図16　Fの風景構成法1回目
　　　（X年6月）

図17　Fの風景構成法2回目
　　　（X+1年6月）

図18　Fの風景構成法3回目
　　　（X+3年8月）

図19　Fの風景構成法4回目
　　　（X+5年3月）

本書 第5章より

古川裕之

心理療法としての風景構成法

その基礎に還る

創元社

刊行に寄せて

京都大学
皆藤　章

　学部生の時代から指導してきた古川裕之さんが、このたび自身の博士論文を中心にして風景構成法に関する単著を刊行する運びとなり、序文の寄稿を依頼された。ひとりの心理臨床家が研究者としての第一歩を世に問う場に同伴させていただくのは光栄なことと思う。

　本書をひもといていただければ一目瞭然であるが、そこには古川さんの創意を随所に見て取ることができる。特に、風景構成法の創案者である中井久夫の心理療法観に立ち戻り、そこからこの技法の臨床的特徴について論じていこうとする一貫した姿勢は、古川さんの臨床的個性に拠るものである。創案者の考え方から論じていくことは一見すると当たり前のように思われるかもしれない。しかし、とかく新しいものに興味・関心を示す傾向の強い日本の研究風土のなかにあって、その姿勢は徹底的に心理療法をたいせつにしようとする頑固一徹なイメージすら抱かせる。そしてまさに風景構成法は、創案者の心理療法観に、心理療法としての風景構成法が息づいていると言うことができるのである。古川さんは、どうやらそこに「やりとり」の臨床性をみているようである。慧眼である。

　風景構成法はともすると心理査定技法のなかに位置づけられやすいのであるが、心理臨床学さらには心理学自体が自然科学的な学問観からその方法論を構築してきたことを思うとき、心理査定技法もしばしば実証主義的な方法論のなかに埋没してしまい、心理臨床学の真の眼目である臨床性を失ってしまう危険性を有している。昨今の心理査定技法に関する研究は、そのような傾向を強くしているように、わたしには思われる。箱庭とて例外ではないだろう。そして、そもそも心理査定技法と心理療法は不可分なものである。このことへの理解のない研究者が多すぎるように思われる。わたしが風景構成法研究を始めたときは、そうした

ことに配慮しながら研究を進めたことを思い出す。本書にも同様の配慮がなされていることは、風景構成法の発展にとって非常に重要なことと言えるであろう。

　また、現代における学問研究の大きな潮流は、端的にエビデンス重視にあると言える。心理臨床学も当然ながらその影響を強く受けている。けれども、エビデンスがつねに求められる世界は、人と人との出会いの一回性の集積・継続を心理療法として生きる世界とは相容れない性質を有している。そこに臨床の知が生きているからである。けれども、研究という次元からすると、そうした相容れない両者を架橋する隘路を見出し歩むことがどうしても必要となってくる。換言すれば、臨床性を損なうことなくエビデンスに耐えうる研究が求められているのである。それは、小手先の工夫で見出せる世界ではない。心理臨床学は、そのような小手先の工夫でどうにかなるほど甘い世界ではない。それは、これまで学問研究が育んできた科学的パラダイムとは異なる新たなパラダイムを創出する営みでもあると言えるほどのことである。心理臨床学という人間の生・死に関わる学問領域に必要となるのは、謙虚な人間観と真摯な努力を絶やすことなくクライエントに会い続ける心理療法の世界から産み出される「知」と、それを研究の俎上に載せていく臨床的な創意工夫である。この意味で、古川さんは自分なりに工夫を凝らし、その隘路を見出そうと試みている。心理臨床学においては、これからもこうした研究が求められるであろう。また、そうでなければならないと、わたしは考えている。

　風景構成法は、古川裕之というひとりの真摯で頑固な心理臨床家を得て、これからどのように発展していくのであろう。本書からは、その発展の萌芽を随所に見て取ることができるのではないだろうか。古川さんのこれからの発展を期待し、本書出版をこころから喜びたい。

はじめに

　本書は中井久夫によって創案された風景構成法について、特にその心理療法としての基礎を論じたものである。現在多様な領域で用いられているこの技法に対して、「心理療法としての」と言うのは、実感にそぐわないという意見もあると思われる。もっぱら臨床現場で「心理検査」としてこの技法を実践している人からすれば、「自分は検査として風景構成法を実施しているのであって、心理療法として行っているわけではない」と思われるかもしれない。逆に、心理療法の実践の中でこの技法を長年用いている人からすれば、心理療法ということをことさらに強調するのは「何をいまさら」と思われることであろう。また、「心理療法としての」と銘打ちながら、本書で示される心理療法の実践例は第3章のものだけであり、「心理療法」を論じるにはあまりにも浅薄ではないかとの批判もあるだろう。さらに「基礎」に関して言えば、本書は多くの作品を集積し、それらを基にした解釈の指標や読みとりの具体的な視点を提示するというような、いわゆる「指標大事典」の類でもない。臨床事例に多く触れて実際例を学びたいのであれば、皆藤（1994）の『風景構成法——その基礎と実践』、皆藤ら（2002）の『風景構成法の事例と展開——心理臨床の体験知』、角野（2004）の『描画療法から観たこころの世界——統合失調症の事例を中心に』、岸本ら（2013）の『臨床風景構成法——臨床と研究のための見方・入り方』などをお読みいただくのがよいと考える。「基礎」を学ぶということであれば、山中（1984）の『H・NAKAI風景構成法』、皆藤（1994）の『風景構成法——その基礎と実践』、山中（1996）の『風景構成法その後の発展』、特にこの中の中井（1996）による概説は、この技法の要所を非常に的確に示しているので、これらを参照していただくのがよいだろう。あるいは、実証的研究の基礎ということであれば、佐々木（2012）の『風景構成法

のしくみ──心理臨床の実践知をことばにする』などを参照するのがよいと思われる。こういったすでに編まれている著書をお読みいただければ、この技法の全体像を大まかにはつかんでいただけるかと思われる。

　ではなぜあえて「心理療法としての」、そして「基礎」なのか。詳しくは序章の中で論じるが、この技法が生まれた背景には、「描画をあくまでコミュニケーションの手段」とする中井久夫の臨床精神が働いていたと考えられる。この点にこそ、「心理療法」の重要なエッセンスがあり、またこの原点こそ風景構成法を考え、研究していく際の「基礎」だと考えるからである。その基礎を考えるにあたり、本書で検討が試みられるのは、風景構成法を実施することで生じるやりとりが心理療法としてどういう意味をもつのかということと、風景構成法の作品、特にその変化をどのように捉えることができるのか、というきわめて素朴な問いの二点となる。風景構成法の初学者の方、あるいは実践の現場で用いているが、その読みとりに関してどうしたものかと思い悩む方からすれば、このような基礎を探究しようとする本書の試みはまどろっこしいものと感じられるかもしれない。技法の生まれた源流や背景といった基礎は抜きにして、より実践的に、明日すぐ役立つ情報を求めたいという気持ちは筆者も常日頃から感じることであるし、実際風景構成法を学びはじめた時にはそのような思いが多分にあった。筆者も、心理臨床に関わる研修会などに参加すると、明日からの臨床ですぐに役立つ情報・ネタを「仕入れ」、すぐに実践してみたいという気持ちに駆られることがないわけではない。実際そういう形で「仕入れた」情報がダイレクトに活きることも時にはあるだろう。あるいは、本書でも触れるが、風景構成法の創案のきっかけも、河合隼雄による箱庭療法の講演を中井久夫が聞いたことであるという事情を考えれば、こういった新たなすぐ役立つ知識を求めることをまったく否定することはできないであろう。また、少し視野を広げてみれば、日常生活に欠かせないパソコンや携帯電話などを使用する際、その動作原理や開発者が込めた思いなどの「基礎」やその「哲学」に思いを巡らせ、それを知るところから始めようとすれば、どれだけ時間があっても足りなくなるだろう。あえてそういったことには触れずに「ブラックボックス化」することで、日々をわれわれは過ごしている。風景構成法についても、そういった「ブラックボックス化」をしたところで、

日々の実践では何も問題がないし、もしそういった源流や背景を追求したいのであれば、それは「実践」ではなく研究や個人の趣味の範疇でやればよいのではないかと言われても仕方がないかもしれない。

　しかし風景構成法について言えば、筆者の実感としては「急がば回れ」としか言いようがない技法であるように思う。何もこれは風景構成法に限ったことではなく、心理療法そのもの、もしくは心理療法に関わる技法全般に言えることなのかもしれない。そもそも、様々な症状や困りごとを抱え来談するクライエントに向き合い、平坦ではない心理療法という歩みを進める時、セラピストがそのような性急な態度になってしまうことは問題ではないかと思う。技法に対する態度はそのままクライエントに対する態度にもどこか繋がるところがあるように筆者は感じられる。

　よって本書は、風景構成法について論じることになるが、その背景には常に心理療法というものがあるということを前提とさせていただきたい。また、その際の「心理療法」は、あくまで筆者がこれまで訓練を受け、実践してきている心理療法であり、必ずしも万人に通じるものではないことも断らせていただきたい。もちろん、「精神分析的心理療法」「家族療法」「認知行動療法」など、学派やその用いる技法によって、「心理療法」の輪郭を示すことも可能であろう。しかし、筆者の実践するそれは、これらのいずれでもない。強いて言えば、夢・描画・箱庭などを用いるユング派の心理療法かもしれないが、筆者は正式な意味でのユング派の訓練を十分に積んでいるわけではないので、そう言い切ることもはばかれる。この点もご理解の上、お読みいただければと思う。もちろん、風景構成法は特定の立場や学派に依拠した技法ではないので、様々な心理療法の立場の方が実践されていることと思われるし、そういった学派の垣根を越えたものとして、この技法の「基礎」を示すことができればと考えている。

　また、「基礎」を論じるにあたり、中井久夫あるいはその他の方の論文・著書を多く引用することになる。なるべく恣意性を排した形を心がけたが、引用文の著者が意図することをあくまで筆者なりに理解することで論を紡いでいる。それゆえ、それらの論文・著作に対する「試み」的な読みが入っていることを承知していただきたい。必要な方はそれぞれの原典をあたっていただきたいし、むしろ

それら原典のもつ豊かさを知っていただけることができれば、筆者としては幸いである。

　なお、風景構成法を学ばれている方であればお気づきかもしれないが、本書のタイトルである『心理療法としての風景構成法』については、皆藤（1998）の『生きる心理療法と教育──臨床教育学の視座から』の第9章の章題とまったく同じものとなっている。この著書の中で取り上げられている、「臨床場面における『やりとり（interaction）』」は、本書の前半部分でも取り上げているものである。こういった点からも分かるように、本書で試みられることは、すでにこれまでにも述べられてきたことであり、焼き直しに過ぎないと思われる方もいらっしゃるだろう。しかし、本書における「心理療法としての風景構成法」は、あくまで筆者にとっての「心理療法としての風景構成法」であり、皆藤（1998）の見解そのものではない。皆藤（1998）によって述べられたことを筆者なりに咀嚼した上で、さらに筆者の風景構成法に対する考えを思い切って論じることを試みたのが本書と言える。

　「急がば回れ」の本書は、「実」のあるものではないかもしれない。しかし、本書を通じて土壌を耕すこととなり、いくらかの時を経て読者の方の、そして読者の方が向き合われるクライエントにとっての実りとなることを願いたい。

目 次

刊行に寄せて　皆藤 章　i
はじめに　iii

序　章　風景構成法に関するこれまでの研究　3
問題点と本書の目的の提示

1. 風景構成法の創案とその後の歴史　3
2. 風景構成法の概観研究　5
3. バウムテストと風景構成法の「決定版」——創案者の臨床精神　9
4. 本書の目的と方法、および各章の構成　11
5. 用語と参照文献について　14
6. 筆者の風景構成法実施法について　15

第1章　風景構成法におけるやりとりの構造的特徴　17

1. 風景構成法におけるやりとりの重要性　17
2. 描画法におけるやりとり——「相互性」と「対称性」　22
3. 描画法への「対称性」の導入　25
4. 風景構成法における言葉の機能——中井久夫と臨床における言葉　30
5. 風景構成法における転移とやりとり——風景構成法と箱庭療法の異同　36
6. 本章のまとめと課題　41

第2章　風景構成法における作品を眺めるというやりとり　45

1. 描き手が自身の作品を眺める体験——描き手内のやりとり　45
2. 方法の検討　49
3. 方法　51

3-1. 調査参加者　51
   3-2. 手続き　51
4. 結果　52
   4-1. 全体の結果　52
   4-2. 各調査参加者のPAC分析の結果　54
5. 考察　63
   5-1. 4名のPAC分析の結果から　63
   5-2. 描き手と作品との「やりとり」──イメージという観点から　66
6. 本章のまとめと課題　69

第3章　「描かない」という形での風景構成法におけるやりとり　71

1. 風景構成法において「描かない」ということ　71
2. 事例の概要と経過　73
   2-1. 事例の概要　73
   2-2. 事例の経過　75
3. クライエントにとっての「描かないこと」の意味　83
   3-1. Eの自傷について　83
   3-2. 関係の中での描画表現の意味　85
   3-3. 共に見る──自身の攻撃性を見つめること　86
   3-4. 描かないことによる主体の確立──幻想の断念と現実への繋がり　87
   3-5. 描画と自傷──「描くこと」と「搔くこと」　89
4. 「描かない」というやりとりと「身体性」　90
   4-1. やりとりのリズムと身体性　90
   4-2. 田と道を描かないこと──身体性の問題　93
   4-3. やりとりのずれと身体の断絶──断絶から「繋がり」へ　94
   4-4. 風景構成法が果たした役割　97
5. 本章のまとめと課題　98

第4章　風景構成法作品の変化を捉える視点　101

1. 風景構成法作品をいかに理解するか　101
2. 「十余年後に再施行した風景構成法」　103
3. 「変化」について──「相対音階に頼ること」の是非　105
4. 「一期一会」としての風景構成法　110
5. 描画法における「検査」か「技法」かという問題　115

6. 表現心理学の可能性　117
7. 風景構成法における表現論理の読みとり　121
   7-1. バウムにおける表現論理——幹先端処理　121
   7-2. 風景構成法における構成の表現論理　124
       ——川から描きはじめることの意味
   7-3. 風景構成法における彩色の表現論理　126
   7-4. 風景構成法の表現論理と作品の「変化」　128
       ——相対変化から「絶対変化」へ
8. 本章のまとめと課題　130

第5章　風景構成法作品の変化と描き手の振り返り体験　133

1. 描き手にとっての風景構成法作品の変化　133
   ——振り返り体験という視点
2. 方法の検討　136
3. 方法　137
   3-1. 調査参加者　137
   3-2. 手続き　137
4. 結果　138
   4-1. 1回目（X年6月）　138
   4-2. 2回目（X＋1年6月）　139
   4-3. 3回目（X＋3年8月）　139
   4-4. 4回目（X＋5年3月）　142
   4-5. PAC分析による振り返り体験　142
5. 考察　145
   5-1. Fの風景構成法作品の表現特徴　145
   5-2. Fの振り返り体験について　148
   5-3. 作品特徴と振り返り体験から見た、Fの風景構成法作品の変化　150
6. 本章のまとめと課題　152

第6章　指標によって捉えられる風景構成法作品の変化　155

1. 指標によって風景構成法作品の変化を捉えること　155
2. 方法　157
   2-1. 調査参加者と調査実施間隔について　157
   2-2. 分析に用いる指標　158
   2-3. 評定手順　161

   3．結果　162
   4．考察　169
       4-1．構成の変化——構成型と項目の関係から　169
       4-2．人の変化　170
       4-3．彩色の変化　171
       4-4．実施間隔と作品変化の関係　172
       4-5．全体的傾向から見た、Fの風景構成法作品およびその変化の特徴　173
   5．本章のまとめと課題　176

終　章　心理療法としての風景構成法　　178

   1．風景構成法における「基礎」とは何か——第1章から第6章のまとめ　178
       1-1．風景構成法におけるやりとりとその臨床的機能　178
       1-2．風景構成法作品の変化を捉える視点——表現に立脚した読みとり　183
   2．やりとりと作品変化の交わるところ　186
      ——描き手と見守り手が「出会う」場としての風景構成法
       2-1．「思い込む」こと——風景構成法への「コミット」「転移」　186
       2-2．「出会い」の諸相——描き手Fの4回目の作品を基に　190
       2-3．微分的なコミットと積分的なコミット　193
   3．「中井に還る」ことの否定——中井の臨床精神を貫く「実験精神」　195
   4．現代における心理療法としての風景構成法　199
   5．今後の課題と風景構成法の「発展」可能性　204
       5-1．今後の課題　204
       5-2．風景構成法の「発展」可能性　206
       5-3．「羅列型」の再検討　206
   6．おわりに　208

注　211
文献一覧　214
あとがき　229
索　引　231

心理療法としての風景構成法
その基礎に還る

序　章
風景構成法に関するこれまでの研究
問題点と本書の目的の提示

1. 風景構成法の創案とその後の歴史

　風景構成法は中井久夫によって創案された技法である。1969年に、河合隼雄による箱庭療法の講演を聞き着想を得て創案され、1970年に発表された（中井，1970）[*1]。発表時には教示項目の最後に「石」がなかったが、現在広く用いられているものとほぼ変わらない施行法は1971年に発表された（中井，1971）。この技法は、画用紙、ペン、クレヨン・クレパスなどの彩色道具を使用する、20〜30分前後の時間で施行可能な描画法である。技法の発表から40年以上が経過し、精神医学、臨床心理学の分野での研究が多く行われていることは、発表論文を網羅した佐渡ら（2013）が示すところである。また、例えば皆藤ら（2002）による著書での心理臨床事例の提示は、創案当時に使用されていた精神科領域での臨床に留まらずに、この技法がもつ適用可能性の大きさを十分に示していると言える。
　心理臨床で用いられる技法は多々ある。アセスメントを主としたロールシャッハ法や、あるいは治療技法として用いられる箱庭療法など、国際的にも研究が多く進められているが、こういった技法の研究としては、ロールシャッハ法に代表されるように、解釈法の策定を目指したものや、あるいは箱庭療法のように、臨床事例の中で技法が奏功したことを提示するといったものが積み重ねられている。しかし、風景構成法においては、ロールシャッハ法のような解釈の決定版（例えば、片口法、エクスナー法）は示されていない。むしろ後者の箱庭療法のように、風景構成法を用いた臨床事例の提示が多く行われてきたという印象を筆者はもっ

ている。解釈の決定版が生まれなかった背景として、中井（1984）自身が、「一つの方法というものの案出者は、決定的解釈学を書くべきでない」(p.261)と述べていることもあるが、一方で、中井がこの技法を発表した時点、およびその後の数年の中で、この技法の勘所をかなり述べていることで、そういった「決定版」が不要だったとも考えられる。すなわち、主になぐり描き法と風景構成法の比較を通して、統合失調症の破瓜型と妄想型の対比を、パラディグマとシンタグマ、もしくは投影と構成という観点から論じ、さらに統合失調症の発病過程ではなく、寛解過程を描画を用いて明らかにしたこと、さらに、寛解過程においてどのような治療的接近が可能か、技法選択も含めて検討したことは、相当に大きな成果だったと言える。解釈の「決定版」ではないものの、山中（1984）により、当時の主に臨床研究を集積した著作が初めて編まれ、その後、皆藤（1994）により『風景構成法――その基礎と実践』が公刊されているが、タイトルにある通り、風景構成法の読みとりや描き手と見守り手の関係を捉える際の基礎的な視点が数量的研究によって示され、さらにそれらの臨床事例への適用の有効性がここでは示されている。その後も種々の研究が山中（1996）や皆藤（2009）などで集積され、また角野（2004）のように臨床事例における風景構成法の有効性を示す研究も発表されている。このように創案後約40年の中で、風景構成法については様々な研究が行われており、それは今後も続けられるものと思われる。ロールシャッハ法やバウムテスト、あるいは箱庭療法など、風景構成法以前から存在する技法も、現代において研究は続けられているが、生きた人間を対象とする心理臨床学という学問の性質上、おそらくこの探究が止むことはないだろう。

　筆者はこれまで風景構成法についての研究を行ってきたが、その関心の1つは、風景構成法という場でどのようなことが生じているのかということにある。もう少し具体的に言えば、なぜ風景構成法を行うということが心理療法として臨床的に機能しうるのか、あるいはそこで何が生じることによりアセスメントとして有効な知見が得られるのか、ということである。またもう1つには、描かれた作品はいったいどのようなもので、これをどのように理解することが可能か、ということである。一般的にはこれは作品の「読みとり」や「解釈」の研究ということができるだろう。技法の開発からすでに40年が経過したこの技法に対する

研究テーマとしては、不思議なものに思われるかもしれない。風景構成法の技法としての有用性の高さは、様々な領域で用いられているという使用頻度の多さと、その頻度の近年に見る上昇からも裏づけることができるだろう（小川，2008）。しかし、佐々木（2013）が述べているように、いまだこの技法は未知の領域を孕んでおり、なぜ有効であるのかについての回答が得られなければ、時代の移り変わりの中で一時的に流行した技法として終わってしまう可能性もあるだろう。また、風景構成法について、なぜこのような探究が必要かといえば、風景構成法についての上記の関心を研究することはそのまま、心理療法の場で生じていることがどのようなもので、心理療法の場で表現されるもの（芸術療法・表現療法に限らず、ただ1つの言葉や仕草も含まれうる）をどのようにセラピストは理解し、それを心理療法の中に活かしていくことができるか、という事態に通じるものだと筆者は考えるからである。これは皆藤（1996）の述べる、「風景構成法は単なるアセスメントの一手段ではなく治療技法の一つである」（p.56）という主張と軌を一にする。

このような素朴な関心が出発点となっているとはいえ、まずはこれまでの風景構成法について積み上げられてきた研究を概観した上で、風景構成法の研究でどのようなことが問題となりうるのかを確認することが必要であろう。そこで、創案以降の風景構成法の研究史を概観（レビュー）した研究について取り上げ、そこから見えてくる研究の発展史の特徴と問題点について考えてみたい。

2. 風景構成法の概観研究

風景構成法に関する研究を概観したものとしては、取り扱う文献の数の多さという観点で言えば、佐々木（2005；2006）や佐渡ら（2013）が近年の詳細なものとして挙げられる。

佐々木（2005）では、風景構成法に関する研究を臨床研究・非臨床研究、量的研究・質的研究という研究対象と手法を基に4つに分類した上で概観している。佐々木（2006）では、主に1回の描画内での時間経過に沿った動きである「描画のプロセス」と、複数回の描画間での時間経過に沿った「描画の展開」という観点からそれまでの研究を分類・概観している。これらの佐々木の概観研究では、

研究手法や研究で取り扱うテーマという、明確な視点のもとで概観が行われており、風景構成法研究で今後必要となる観点を提示し、そこから導き出された望ましいと考えられる方法論を用いて、例えば「風景構成法に顕れる描き手の内的なテーマ——その機序と読み取りについて」という非臨床群を対象とした質的研究が展開されている（佐々木，2007）。

　佐渡ら（2013）は佐渡ら（2011）で網羅した風景構成法に関する論文を対象として、研究テーマと研究の方法論を基準とした概観を行い、風景構成法研究の発展の様相を明らかにしている。その結果、風景構成法研究ではバウムテスト研究に比べて、「論考」が多いこと、「診断・鑑別」の報告がないことを特徴として挙げている。また、研究手法の特徴として質的研究の多さと数量化研究の少なさを指摘している。質的研究が多い背景として、臨床研究や臨床実践から技法を論じる試みが多いことを指摘している。一方で数量化研究が少ないのは、風景構成法作品の数量化（指標による数量的検討）が難しいことをその要因として挙げている。この佐渡ら（2013）の指摘は、1965年に日本への導入後に、まずは臨床実践への普及が目指され、その後約20年を経て基礎的研究（岡田，1984；木村，1985）が発表された、日本における箱庭療法の発展の歴史とほぼ同じ軌跡を辿っているように考えられる。風景構成法では、著作に関して言えば、まず山中（1984）による『中井久夫著作集別巻1　H・NAKAI風景構成法』において主に精神科臨床での知見が多くまとめられ、その後、臨床に有効となる基礎的な研究が著書として発表されたのは皆藤（1994）によるもので、創案後約20年以上を経てからとなっている。中井（1984）が述べているように、風景構成法の出自に箱庭療法が深く関わっていることを考えれば、このような経過は当然のことなのかもしれない。つまり、臨床実践においてその価値が認められるという形で発展してきた箱庭療法同様、風景構成法も鑑別診断などを目的としたアセスメント技法としてよりも、心理療法の技法として発展してきたことを示しているだろう。

　このように、臨床実践重視の研究が風景構成法について行われてきたが、佐々木（2005）が述べているように、臨床実践の中での研究は、必然的に制約が多くなる。そのため、風景構成法という技法そのものの性質を検討していく際に、佐々木（2005）の言う非臨床群を対象とした質的研究が有効であるというのも、

今後風景構成法研究を発展させるために必要な視点の1つと言えるだろう。箱庭療法においても、その中で生じていることを質的研究によって探究しようとする動きは近年多く見られる（石原，1999など）。

　上記のように、佐々木や佐渡らによって行われている概観研究は、その概観の対象とした論文の多さが際立っており、風景構成法研究の歴史、研究の傾向を知る上で非常に多くの示唆を与えてくれる。ただし、これらの概観研究の中で多く指摘される、風景構成法の研究手法の取り扱いについては注意を要するのではないかと筆者は考える。例えば、「質的研究」と呼ぶ時に、佐々木（2007）のような計画された調査デザインに基づいた質的研究と、皆藤ら（2004）による、「体験の語り」を記述したもののどちらも、非臨床群を対象とした質的研究として括ることは可能であるが、果たして同列で扱ってよいものなのか、という思いを筆者は抱く。「質的研究」という一語のもとに、あらゆる水準の研究を含めてしまうことは、かえって研究の実態把握を困難にしてしまう危険性があるだろう。このような意味では、質的研究にカテゴライズされるものを、さらにその「質」あるいは「水準」によって捉え直すことも必要だろう。また、質的研究として扱われることとなる、いわゆる「臨床事例研究」は、佐々木（2005）が言うように確かに研究手法としての制約が多く、風景構成法の機序研究には適さないかもしれない。しかし、風景構成法の創案が、中井の臨床実践における試行錯誤の中にあったことを思うと、臨床実践の中でこそ風景構成法の技法としての性質が明らかになるということもあるだろう。例えば角野（1998）が示した統合失調症の事例は、見守り手が共にあるということが、風景構成法の実践で非常に重要な役割を果していることを如実に示しており、ここから得られた知見は、たとえ他の臨床事例にそのまま適用できないからと言って、その価値を減じるものではないだろう。これは逆に言えば、非臨床群を対象とした研究によって、風景構成法という技法を用いた時に生じていることがどれだけ明らかになろうとも、あるいはまた、ある臨床群の多数の作品を基にした分析によって、その一群の描き手の作品表現の傾向が明らかになったとしても、目の前にいるクライエントとの臨床実践の中で行われる風景構成法の役に立たなければ、何も意味がないとも言える。風景構成法に関して事例研究で得られた臨床の知が他の事例に適用できないという

批判や、機序を明らかにする際に限界があるという批判を基に、非臨床群を対象とした研究を行ったとしても、そこで得られた知見が臨床に活かされないのであれば、結局同じことに陥るだけであり、これらの研究にも当然限界があることを自覚しなければならないだろう。

　もちろん、上記に挙げた風景構成法についての概観研究[*2]は、概観の対象とする論文数の多さだけでも十分に価値のあるもので、筆者をはじめとして風景構成法の研究を行う者にとっては、自身が行う風景構成法研究が、どのように位置づけられるか、またどのような研究が今後必要か、ということを俯瞰的に捉えることができるという点でとても有用性の高いものである。また、そこから導き出された今後必要と考えられる研究手法や、研究対象の方向性には一定の意味があると思われるものの、それらを批判的に検討することなく従ってしまうのではなく、上記のような限界があることも認識しなければならない。

　いずれにせよ、個々の治療者・心理療法家のもとでばらばらに行われてきた風景構成法についての実践とその研究が体系的にまとめられ、網羅的な概観研究が行われるというのは、研究という文脈で言えば当然行われなければならないものであろう。そういった概観研究を基にすれば、検討が及んでいない領域や、さらなる検討が必要な点が比較的容易に同定しやすく、それを基に着実な研究がシステマチックに積み重ねられていけば、より客観的な技法として風景構成法が発展する可能性も開かれていくだろう。これは、なんらかの技法の創案とその研究の発展の様相としてはとても自然な、「未来へ向けた」展開と考えられる。

　しかし、筆者が大きな問題だと感じるのは、風景構成法創案に至る際の中井久夫の臨床精神が、多くの研究において忘れられ、置き去りにされつつあるのではないか、ということである。もちろん、創案者の精神をいちいち確認しないと用いることができない技法というのは不便極まりなく、実用的ではないし、決して中井もそのようなことを望んだりはしないだろう。しかし、この技法がどのようなものであるのかを学ぶ際には、現状の用いられ方だけではなく、創案当時のこと、あるいはそれに関わる中井の臨床精神について風景構成法を用いる各々が、自身の臨床観に即した形で咀嚼し用いることが必要なのではないかと考える。中井（1984）を見れば分かるように、中井なりに慎重さをもって描画による統合失

調症者への接近を試みていた中、河合隼雄により紹介された箱庭療法と出会ったことで風景構成法は創案されている。しかし、あくまでこれは中井自身による臨床の知の積み重ねの中で生まれたものであり、中井は決して数量的なデータを根拠として示すことによって風景構成法を発表し、その有効性を主張したわけではない。それにもかかわらず、風景構成法の有効性が示されている、あるいは技法として発展しているという意味においては、風景構成法は臨床の知の1つの形として発展し続けてきたと言えるのではないだろうか。もちろん、創案された技法を跡づけていくような体系的な研究も、個別の臨床実践の積み重ねによる研究も、どちらも必要だと考えられる。しかし、風景構成法についての研究をめぐる現在の状況を考える時、創案者中井久夫の臨床精神（あるいは哲学）を辿り直すという、いわば「中井に還る」という、一見すると「うしろ向き」に思われるような研究も必要となっているのではないだろうか。

　筆者の述べていることは、「研究」ということで言えば当たり前のことだと思われる方もいるだろう。心理臨床学に限らず、広く研究という行為は、過去の研究を概観し、そこから未来へ向けていくという、過去の振り返り（review）とそこからの未来への展望というのが両輪になっているはずのものだからである。ここで、同じく日本において広く臨床実践の中で用いられているバウムテストの日本における発展の歴史と、風景構成法の発展の歴史を重ねてみることで、なぜあえて今、「中井に還る」のか、その意味について検討してみたい。

3. バウムテストと風景構成法の「決定版」――創案者の臨床精神

　バウムテストはユッカー（Jucker, E.）の着想を得て、コッホが創案した技法であり、コッホの著作は林ら（1970）の邦訳出版により日本への本格的な紹介が行われた。簡便な方法でありながら、描き手について多くのことを示すこの技法は、現在、日本の心理臨床実践において最も多く使用されている描画法の1つであり（小川，2008）、研究も多く行われている。ところが、その実践的な有用性に疑問を投げかけるわけではないものの、この技法をめぐって重要と思われる事態が生じていたことが近年明らかとなった。創案者コッホによる原著はドイツ語で書か

れたものであるが、林ら（1970）による邦訳本が間違いの多い英語版を基にしたことなどにより、誤訳の多いままで出版され続けたことが岸本（2005）によって明らかにされている。その後、岸本らの手により、2010年にコッホのバウムテスト原著第3版を基にした翻訳版が出版されることとなったが、これは単に誤訳の訂正に留まらない大きな価値がある。岸本（2005）はバウムテスト原著第3版に認められる、コッホの臨床精神に非常に感銘を受けており、従来の邦訳版ではその核心部分が紹介されていないことを問題としている。例えば「バウムのイメージを『何日も、何週も、何ヶ月も、何年も、見え方の成熟過程がある地点に達するまで』持ち続ける、という姿勢」(p.41)を岸本はコッホの精神として取り上げている。岸本（2005）によれば、コッホのバウムテスト原著第3版は、実質的なバウムテストの「決定版」であり、そこに生きる臨床精神はユング（Jung, C. G.）の発想にも影響を受けているもので、そこにはバウムテストをテストとしての側面だけではなく治療的側面が統合されたものとする、コッホの臨床家としての姿勢が如実に表れているという。もちろん、50年以上前の「決定版」が、現在の日本の臨床実践にそのまますべて有効であるとは言えないだろうが、しかしその臨床精神が今もなお伝えるに値するという岸本の主張は決して見過ごすことのできないものを含んでいると言える。

　このように、バウムテストには技法創案者の臨床精神が込められた「決定版」が存在したが、翻訳の過程で問題が生じ、それが伝わることなく数十年が経過してしまった。しかし、時を経て岸本らによってそれがようやく伝えられることとなった。では、風景構成法における事情はどうであろうか。風景構成法は中井による創案から約40年を経ているが、前述したように中井自身による「決定版」は著されていない[*3]。また、中井が日本語によってこの技法を発表したことにより、その普及において誤訳のような特段の歪曲が生じているとは言えないだろう。では、創案者の中井の臨床精神が技法と同じく普及しているかと言えば、そうとは言えない状況を筆者は感じる。少なくとも、筆者自身が風景構成法を学びはじめた時に、それが強調されることはなかったように思われる。もちろん枠づけの重要性などを「知識」としては当時学んだものの、現在風景構成法を学ぼうとする者は、例えばロールシャッハ法で片口法やエクスナー法といった解釈法を

学ぶように、作品の読みとり方といった、「解釈」に力点を置いた学び方をする、あるいはそれを求めていることが多いように思われる。少なくとも筆者はそうであった。そのこと自体が間違いであるとは言わないが、バウムテストに関してコッホの臨床精神が時を経て伝えられなければならない現在の日本の心理臨床の状況[*4]を思うと、解釈ばかりに目を奪われるのではなく、なぜ風景構成法が臨床実践の中で有効となりえたのかについて、創案者中井の臨床精神を辿り直し考えることが、現代においてこそ必要になっているのではないだろうか。もちろん、風景構成法の研究では確かに中井の研究が引用されることが多い。しかし、中井の臨床精神を中心に取り上げて論じたのは皆藤(2008；2009)が見受けられる程度である。

以上のことから、先述したような「未来へと向けた」研究の方向性だけではなく、創案者中井の臨床精神を辿り直し、風景構成法の理論的基盤を再検討するという、原点に還るという研究の方向性も必要であると考える。もちろん、中井自身の手によってこれがなされるのであれば、それに勝るものはないと思われる。しかし、創案者の思想や技法のみが唯一絶対というわけではない。例えばフロイト(Freud, S.)によって創始された精神分析が、フロイト以降もその臨床精神を受け継ぎながらも個々の精神分析家の創意工夫によって様々に発展してきたように、「中井に還る」ことは、決して中井の業績や才能を称賛するために行うのではない。あくまで、その臨床精神を「基礎」として立ち返りながらも、現代の心理療法に有用な視点を見出し、この技法が発展していくためのものとしなければならないと筆者は考える。

4. 本書の目的と方法、および各章の構成

本書は、「中井に還る」ことを縦糸とし、もう一方で冒頭に述べたような「風景構成法という場でどのようなことが生じているのか」、また「描かれた作品はいったいどのようなもので、これをどのように理解することが可能か」といった問題意識を横糸として、心理療法としての風景構成法について検討することを目的とする。その際に、風景構成法の創案者である中井の臨床精神を文献的に検討

し、理論的な考察を行うことを1つの方法とする。また、そのような理論的検討に留まらず、調査研究・事例研究の中での検討を加えることをもう1つの方法とし、総合的な考察を行うこととする。

　次に、風景構成法のどのような側面を検討するかについての限定を加えることとする。その1つは、中井（1974）が「描画をあくまでコ・ミ・ュ・ニ・ケ・ー・シ・ョ・ン・の・手・段・とする」（p.119　傍点原文のまま）と述べているように、患者との治療的関わりを試みる中で風景構成法が創案されたことを考える時に、風景構成法という場で2人の間で生じるやりとりがどのようなものかを明らかにすることが必要と考えられる。すでにこれについては、心理療法としての風景構成法を論じる形で述べられている（皆藤，1996）ことであるが、改めて中井の臨床精神を基に検討を行うこととする。もう1つは、描かれた風景構成法作品をどのように理解するか、という点についてである。技法としての風景構成法が有効であるとするならば、結果として生まれる作品にもやはり重要な意味があり、それをどのように理解するかは必然的に検討対象とすべきだと考える。ただし、本研究では作品の読みとりに資するような指標を作成することを目的とはしていない。そういった方法から風景構成法に迫るのではなく、風景構成法作品を通時的に見ていく際の作品変化をどのように捉えるか、といった観点からの検討を行う。

　以上のことを基に、本書の構成について述べる。

　第1章ではまず、風景構成法におけるやりとりを分類し、その中でも言葉による教示が行われて、それを基に描き手が描く、という逐次項目提示の際のやりとりがどのようなものであるのかについて、その構造的特徴について検討を行う。方法としては、中井が諸所で風景構成法や、芸術療法全般について言及している内容を基に文献的な考察を行う。その際に、他の描画法との比較を通して「対称性」と「非対称性」という観点を導入し、さらに一般的に「非言語的」な方法とされる描画法の1つである風景構成法において言葉が果たす役割と、転移という概念を導入し、箱庭療法との比較も交えて発展的な考察を行う。

　第2章では、風景構成法で生じるやりとりのうち、臨床実践の中でこれまで重視されてきた、完成後に作品を共に眺めるというやりとりを取り上げる。その中でも、描き手が自身の風景構成法作品を眺めるという体験についての検討を行

う。その方法として、個へのアプローチであるPAC分析を用いて、描き手と作品のやりとりを明らかにする。

第3章は、臨床事例の中で生じた風景構成法において「描かない」という事態を基に、風景構成法におけるやりとりについての検討を行う。風景構成法における描画拒否は、これまでにも皆藤（1998）や坂田（2004）の臨床事例の中で検討が行われているが、本事例では風景構成法のすべての項目ではなく、田と道のみが描かれなかったという特徴がある。また、面接経過の中で行った他の描画でも同様に描画拒否が見られたが、これらの描かないことがもつ意味を事例経過と合わせて検討し、描き手であるクライエントとセラピストの中で、描かないことがどのようなやりとりとなり、そこでどのようなことが生じていたのかを考察する。

第4章からは、風景構成法作品の変化をどのように捉えるかについて論じる。まず第4章では、中井の「十余年後に再施行した風景構成法」という論文を起点に、臨床実践においても多く行われている、描画作品の継時的な変化を捉えるということがどのようなものなのか、批判的に検討を行う。その際に、青木（1983）の提唱する「表現心理学」の観点を導入し、風景構成法作品の表現論理の変化を捉えることの重要性を検討する。

第5章は、第4章で検討した風景構成法作品の変化について、セラピストや見守り手からの作品変化の捉え方に加え、描き手自身が一連の風景構成法作品をどのように捉えているのかについての検討を行う。方法としては、1名の非臨床群の描き手に対して行った計4回の風景構成法について、描き手自身が作品を振り返った時に生じる体験を第2章と同じくPAC分析を用いて検討し、作品変化を捉える際の、描き手と見守り手の視点について考察する。

第6章は、非臨床群の描き手を対象として複数回実施した風景構成法作品の表現特徴の変化について検討を行う。その際に、これまで風景構成法作品の読みとりの手掛かりとされることの多かった「構成」という側面への着目だけではなく、松井ら（2012）によって作成された彩色指標も含めて検討を行い、風景構成法作品の表現の変化を指標レベルでどの程度捉えられるかについて論じる。さらに、これらの特徴を基に第5章の調査参加者の風景構成法作品に、どのような特徴があるのかについて検討する。

終章では、それまで論じてきた風景構成法におけるやりとりと作品変化について、総合的に考察を行う。そして、風景構成法の創案時にあった、「描画をあくまでコミュニケーションの手段とする」という中井の臨床精神がどのような形で実現されているのかについて、心理療法としての風景構成法のあり方を述べる。さらに、風景構成法を創案した中井久夫の臨床精神がどのようなものであったのか、そしてそれは現代の心理療法においてどのような役割を果たしうるのかについて考察する。最後に、本書で検討を行った点の限界とともに、風景構成法の技法としてのさらなる可能性についても論じる。

5. 用語と参照文献について

　各章で用いる用語については、引用文献中の表記をそのまま用いることとした。そのため、例えば現在では「統合失調症」と表記するものが、引用文中では「精神分裂病」「分裂病」という表記となっていることがある。

　また、臨床事例であれば、「セラピスト」や「治療者」が風景構成法を施行し、「クライエント」や「患者」が描く、ということになる。しかし、調査などの文脈では、これらの用語はなじまないので、臨床事例でない場合は、風景構成法の枠づけを行い、教示をする側の者のことを「見守り手」とし、作品を描く側の者のことを「描き手」と表記することとした。そのため、引用文中での表現と、筆者による表現が異なることが出てくるが、これらの用語は、風景構成法実施時に意味する役割は同じものとして扱う。

　また、本書では中井久夫の臨床精神を多く辿るため、必然的に中井の論文を多く参照することとなる。重要と思われる引用部分は、中井以外の引用も含めて、筆者が要約せずに、なるべくそのままを提示することとした。また、1980年代までの中井の論文の多くは、著作集に収められているが、第4章でも触れるように、著作集に収められた論文には、わずかではあるが初出論文にはない補足が見られたり、言い回しが変更されている箇所が認められる（論文名を変更しているものもある）。基本的には初出論文と著作集の論文の両方を確認の上、内容に大きな齟齬がないと判断できるものについては、著作集に収められた論文を引用元とし、

その場合は初出論文と著作集の両方を1つにまとめた形で文献一覧に挙げることとした。その際、引用時に付記した頁数は一部を除いて著作集のものとしている。また、他の著作でも、著作集同様に諸所で書かれた論文を集め再構成したものとなっているものの場合は、著作集と同様に扱うこととした。

6. 筆者の風景構成法実施法について

　最後に、筆者の風景構成法の実施方法を述べる。以降の各章で示される調査・臨床事例における風景構成法はすべて筆者が行ったものであるが、風景構成法は、教示や用いる道具など、本当にわずかではあるが、見守り手によって異なる点がある。本研究が、特に風景構成法の場で生じるやりとりを1つの主題とすることを考える時、このわずかな違いが大きく影響することも考えられるため、以下に筆者の方法を記載する。

　用具：A4ケント紙、黒のペン、24色クレパスを基本としている。ただし、必ずしもこの限りではない。用具の不統一は、筆者が使いやすいものを探す中で変化したという事情と、実施施設に備えつけのものを使用したため、代替できなかったという事情がある。

　手順と教示：描き手の眼前でペンを用いてフリーハンドで枠づけをする。枠づけが終わったケント紙を描き手の前に差し出し、筆者が持っていたペンをそのまま描き手の正面机上に置くか手渡す。「これから、私が言うものをこの中に1つずつ描いていって、全体が1つの風景になるようにしてください。描きたくないものがあれば描かなくても大丈夫です。もし途中で描きたくなくなったら、そのことを教えてください」という教示の後に、川、山、田（筆者は「田んぼ」と教示する）、道、家、木、人、花、動物（「生き物」という呼称は用いていない）、石・岩（筆者は「石とか岩のようなもの」と教示する）の順で項目を伝える。アディション（addition：付加段階）では、「これまで描いたものも含めて、付け加えたいものがあれば、自由に描き加えてください」と伝える。ここまでを素描とし、それが終わったところで、クレパスの箱を開いて描き手の前に差し出し、「それでは、これを使って色を塗ってください」と告げる。彩色が完成した後に、しばらく作品を両者で眺

めた後に、描画後の質問（Post Drawing Interrogation; PDI）を行う。PDIは特に決まった形はない。PDIの後に、作品を裏返してもらい、描き手に署名（日付を含む）してもらう。教示については、その時々で多少の言い回しを変えることはあるが、基本的には上記のものを原則としている。また、皆藤（1994）や佐々木（2012）では、教示の際に、10個の項目を描いてもらうことを伝えるが、筆者は原則として、尋ねられない限り、この「10個」という項目数を伝えることはしていない。このことが描き手を不要に動揺させるという側面も当然あると考えられるが、描画項目数が分からないという状況に対して描き手がどのように反応するのか、ということも1つのやりとりになると考えているからである。

　なお、中井による実施方法は、中井（1996）に記載されているが、具体的な実施場面を収録したものとして、最相（2014）がある。これを見ると、風景構成法を含めた描画法における柔軟性とでも言えるような、中井の自然な態度が感じられる。

第1章
風景構成法における
やりとりの構造的特徴

1. 風景構成法におけるやりとりの重要性

　心理療法の中で風景構成法が用いられると、その結果として1つの作品が生まれる。風景構成法を描画法、特にそれを1つのアセスメント技法として捉えるならば、主たる検討対象となるのは、主にその作品がどのような表現特徴をもっているか、あるいは描画後のやりとり（PDI）で得られた語りなどとなり、これを基に描き手の心理的状態や病態などをアセスメントすることになるだろう。これは心理療法の事例の中で用いられた風景構成法について検討する際に、その作品を基に描き手であるクライエントや、あるいは面接経過や治療関係について議論が交わされることを考えれば自然なことと思われる。同様のことは他の描画法にも当てはまると言えるだろう。われわれは時に、こういった形で残された作品――中井（1973）はこれを「遺品」とすら言及している――に目を向けがちであるが、同時にその形が残されるまでの過程で何が起こっていたのかということを検討することもまた、風景構成法の技法の特質や、描き手にもたらす作用を明らかにすることに寄与すると考えられる。

　そもそも、風景構成法の創案経緯を考えると、中井は統合失調症者の病態理解や、状態把握だけを目的に風景構成法を行ったわけではないことが分かる。このことは皆藤（2009）も指摘する重要な点である。後に中井が示した「H型」「P型」という作品の構成特徴[*5]は、確かに統合失調症の破瓜型と妄想型の描き手の特徴を如実に示すものになったと言えるが、表現病理的特性を見出すために風景構

成法は生まれたのではなく、あくまで、中井自身の受けもちの患者に対する治療的接近を試みるための方法として、風景構成法は創案されたという特徴をもつ。ゆえに、中井による統合失調症者への治療的接近が成功したのは、風景構成法がどのような特徴をもつからであるのか、その技法としての特徴を考える必要は当然あるだろう。このことについて、中井（1971b）は、投影法であるなぐり描き法やロールシャッハ法と、構成法である箱庭療法や風景構成法を対比させることで、あるいはパラディグマ・シンタグマの概念を用いて、風景構成法の技法としての構造的特徴を指摘している。すなわち、「何らかの点で相似なものの中から相互排除的に1つを選ぶ過程」のことをパラディグマティックな過程とし、なぐり描き法やロールシャッハ法はこの過程に該当するものとしている。一方、「相補的なものの中から相依相待的に一つの全体を構成すべく行う選択」のことをシンタグマティックな過程とし、箱庭療法や風景構成法はこれに該当するものと考えられている。その際に、中井（1974a）はパラディグマ・シンタグマの概念については「いずれの場合も、これらの心理的空間と、その上に行なわれる表出の指向性は共人間的な場の中ではじめて顕現し維持されるものであることを忘れてはならない。この場がなければ、たとえばロールシャッハ・カードはただのインクのしみであり、なぐり描きの描線はただの線である。箱庭さえ、治療者の不在下では砂遊びになってしまう」（p.128　傍点原文のまま）と述べているように、この記号学の概念を用いる際には決して描き手内のことだけを問題としているわけではない。本章では、このことをより推し進めて、描き手のみではなく、見守り手がやりとりにおいて、どのような働きをしているのか、ということまで検討することを射程に入れたい。心理療法の場がそうであるように、あるいはあらゆるアセスメント技法もそうであるように、風景構成法も、描き手と見守り手という両者がいて初めて成り立つ技法である。その両者の"やりとり"にこそ、つまり描き手と見守り手それぞれの中で生じていることと、その両者の間でどのようなことが生じているのか、という観点も必要となってくるだろう。そこで、風景構成法におけるやりとりがこれまでどのような形で検討されてきたのかをここで確認しておきたい。

　まず、皆藤（1994）は風景構成法と箱庭療法の治療関係を比較している（図1）。

第1章　風景構成法におけるやりとりの構造的特徴　19

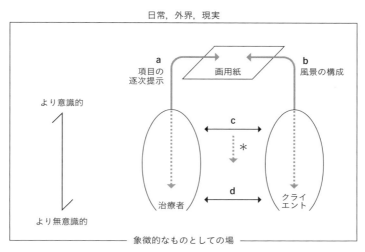

〈治療関係における風景構成法の機能〉

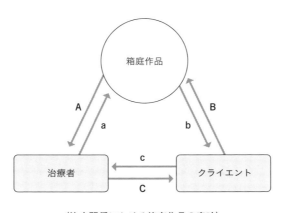

〈治療関係における箱庭作品の意味〉
（木村，1985の図に若干変更を加えた）

図1　皆藤（1994 p.21）による風景構成法と箱庭療法の治療関係の比較

皆藤（1994）は、「箱庭療法がクライエントと箱庭との相互作用の強い技法であるのに対し、風景構成法は三者（筆者注：描き手・見守り手・画用紙のこと）が循環する三者交流の強い技法であり、箱庭に比べ意識的水準の守りの強い技法である」（p.22）としている。また、「風景構成法では項目の逐次提示と、それにしたがって風景が描かれてゆくという相互交流が前景化する」（p.20　傍点は筆者による）とも述べている。

　上記の点を推し進めて、皆藤（1998）はさらに、風景構成法におけるやりとりの重要性を指摘し、自身の臨床場面で、風景構成法を導入しようと試みた際に、クライエントに拒否された際のやりとりを記述している。このような観点からすれば、風景構成法の場で生じていることは、心理療法の中でのセラピストとクライエントの言葉のやりとり、あるいは非言語的なコミュニケーションに非常に類似したところがあり、皆藤（1996）が、「風景構成法は単なるアセスメントの一手段ではなく治療技法の一つである」（p.56）と述べていることは当然のように思われる。もちろん、風景構成法の出自に箱庭療法があることを考えれば、上記のことは妥当すると考えられる。しかし、皆藤（1994）も述べているように、風景構成法は箱庭療法と似た構造をもちながらも、その性質を異にするところがある。では、その違いとはどのような点にあると言えるのだろうか。

　佐々木（2012）は風景構成法と他の描画法との比較を行い、描画場面における、教示やメッセージのやりとりという視点から風景構成法の構造的特徴を検討している。その結果、風景構成法は他の技法と比較して、「メッセージのやりとりの回数が多い」「描き手自身が描いたものがプロセスの誘導物として用いられる」「プロセスの各段階で異なった課題が与えられる」「1枚の用紙の上にいくつかの異なる課題の下に描かれたものを全体として統合する」（p.27）という特徴を挙げている。さらに、比較的近似するとされるMSSM（Mutual Scribble Story Making）との比較を通して、「風景構成法では施行者は少し離れたところから深く関与し、描き手の中から出てきた様々なものが徐々に統合されていくのを支えるという関わり方をする」（p.28）と述べている。これらの記述からは、風景構成法と他の描画法との現象面での違いが明らかとなっているが、その一方で、例えばやりとりが多いことにより、どのような体験が描き手の中で、あるいは描き手と見守り手

の間で生じるのか、という点については未検討である。

　さらに、中野（2010）は風景構成法実施後のPDIのもたらす効果を検討している。皆藤（1994）は、このPDI時の質問として、「風景の中の自己像」を考案し、この質問が臨床的に有効であることを確認している。風景構成法においては、描くこと自体もやりとりとして意味をもつが、これらの研究が示すように、描き終えた後のPDIにおいても、作品を仲立ちとしてやりとりが生じており、そこでの体験も重要だと考えられている。

　これまで述べてきたことからは、風景構成法の特徴であるやりとりを、大きく3つの観点から考えることが可能と考えられる。1つは、風景構成法導入をめぐって、描き手と見守り手の間でなされるやりとりであり、これは枠づけがもつ、表出を保護すると同時に強いるという二重性によって、時には皆藤（1998）の事例のように、描き手の描画拒否を引き起こすものとなる。2つ目は、逐次項目提示により、描き手が見守り手に項目を告げ、描き手がそれを描くというやりとりで、これは佐々木（2012）が述べているように、その項目提示回数の多さが特徴と言える。3つ目は、描画後のやりとりであり、描き手と見守り手が共に作品を眺め、その中で生まれた質問を共有するといった言語化に向かうPDIが挙げられるだろう。厳密に言えば、プロセスの中で、彩色におけるやりとりもあると考えられるが、これについては論じられていることが少ない。彩色においては、構成段階と異なり、見守り手からの教示は彩色冒頭にあるのみで、その後は描き手が自身の素描した風景に対峙することにより、やりとりが背景に引くものと考えられるためであろう。ただし、角野（2002）は、彩色中に描き手に対して思わず見守り手が「なんで、空に道なのか」と発したことにより、塗られる色が変わったというやりとりを提示しており、彩色中であっても必ずしもやりとりが生じないわけではない。

　このように風景構成法のやりとりを大きくは3つに捉えることができる。やりとりの重要性はこれまでも多く指摘されているが、創案者である中井久夫自身は、描画法・風景構成法におけるやりとりをどのように捉えていたのだろうか。本章では、風景構成法の中で重視されるやりとりの中でも、項目の逐次提示という構成過程（素描）について、主に他技法との比較を通して考えていきたい。後

述するように描画法では従来から「相互性」「コミュニケーション」など様々な言葉を用いてやりとりが注目されてきたように思われるが、風景構成法に特徴的なやりとりを、より精緻に描き出すことを試みる。また、特に風景構成法の中で言葉の果たす役割を合わせて検討することで、風景構成法のやりとりについて、構造的な特徴を明らかにすることを目的とする。

2．描画法におけるやりとり──「相互性」と「対称性」

これまで、描画法においてやりとりが取り上げられる場合には、「相互スクリブル」（山中，1979）、「相互限界吟味法を加味したSquiggle法」（中井，1982a）、「相互性を加味した一描画法」（傳田ら，1987）など、「相互」「mutual」という意味で、やりとりが意図されてきたことが多いようである。では、描画法における相互性とはどのようなことを指すのであろうか。この点について、上述の傳田ら（1987）が述べている点を以下に引用する。

> 芸術療法において、相互性をもつ非言語的アプローチの重要性が強調され、各種の技法が報告されるようになったのは周知である。代表的なものとして、中井による「ウィニコットのSquiggle」の紹介に始まる一連の研究（たとえば「相互限界吟味法を加味したSquiggle法」、「"誘発線"（仮称）による描画法」など）、山中の「相互スクリブル法」、中里の「交互色彩分割法」などがあげられよう（p.59）。

> 治療関係の発展、深化は相互性をもつ技法に共通する特徴のひとつである（p.64）。

> 本法は、治療者が"きっかけ"を描き、それをもとに患者が絵を仕上げることにより、治療者から患者へ、患者から治療者へという二方向の流れが生じる。これが相互性である（p.64　傍点は筆者による）。

要するに本法における相互性とは、治療者が適切な支えを与えることにより、患者の自己表現を最大限可能にするという支持的、受容的な（患者中心の）関わりを基本としているといえよう（p.64）。

　「治療者から患者へ、患者から治療者へという二方向の流れ」や、あるいは「治療者が適切な支えを与えること」で「患者の自己表現を最大限可能にする」ということを相互性と呼ぶのであれば、これは風景構成法にも当てはまることと思われるが、傳田らの記述の中に風景構成法は含まれていない。風景構成法はこれに当然当てはまるものだから省かれているのか、あるいはここで挙げられている技法よりも発表が古いために含まれていないのかもしれない。では何をもって「相互性をもつ非言語的アプローチ」としているのだろうか。傳田らが挙げたこれらの描画法に共通する特徴は、見守り手の側が何かしらの描画を行うという点である。風景構成法では、枠づけを別として、見守り手が何かを描くということはない。見守り手はあくまで言葉で「川、山、田……」と描画項目を告げるだけである。よって風景構成法は、言葉による教示を行うという意味に限定すれば、傳田らの述べるところの「相互性をもつ非言語的アプローチ」とはならないのだろう。ただし、そのような「言語的」か「非言語的」かという違いをいったん抜きにしてみれば、傳田らが「治療者から患者へ、患者から治療者へという二方向の流れ」を重視していることは、中井（1974a）が「描画をあくまでコミュニケーションの手段とする立場」（p.119　傍点原文のまま）と述べていることと基本的な発想は同じであろう。

　ここで注目すべきことは、傳田らの言う「相互性」をもった技法が、1970年の風景構成法発表以降に、多く創案・発表されているということである。『芸術療法』誌上で言えば、中里（1978）の「交互色彩分割法」、すでに述べてきた傳田ら（1987）の「きっかけ法」、後藤ら（1983）の「誘発線」法が生み出されている。また、『芸術療法』誌上での「ウィニコットのスクィッグル」の紹介は中井久夫によって1977年になされている。さらなる発展的な試みとも言える山中（1976）による「MSSM」も「相互性」をもった技法の延長線上に捉えられるだろう。これらの描画法は、見守り手は描画項目をただ教示し、描き手のみが何かを描く

という技法ではなく、何かしらのやりとりを企図したものであり、当時の臨床実践の中でこの種の技法がいかに必要とされていたかということをうかがい知ることができる。

　では、「描画をあくまでコミュニケーションの手段とする立場」で風景構成法を創案した中井久夫自身は、描画法における相互性をどのように考えていたのであろうか。

　まずここで、風景構成法がどのような経緯・状況下で創案されたかについて改めて確認しておきたい。創案に至るまでの経緯は中井（1984）自身が詳細に述べており、特に枠づけ法については河合隼雄による箱庭療法の紹介（統合失調症者は、箱庭の中にさらに柵を置くという）にヒントを得たものだということは周知のことである。この時期の状況を中井（1974b）は、「当時受持の精神病院患者のうち、言語的精神療法で寛解過程に入りうるグループはすでにおおむね寛解過程に入ってしまい、通常の絵画療法で入りうるグループもそれにつづき、更に1年ほど前から始めたなぐり描き法によって寛解過程に入るグループも治療的なヤマをすぎつつあった時期であり、"もう一皮切りこめば"絵画療法にのる症例が手もとに累積しつつあった時期」（p.195）だと述べている。それゆえに中井は「『皮一枚』を破る何かの方法を模索していた」（中井，1974b p.195）、あるいは「描画を、有害でなくてしかも描きやすくする補助手段を、それとなく模索」（中井，1984 p.264）していたという。このような中で、「描画をあくまでコミュニケーションの手段とする立場」からの技法開発を目指し、風景構成法や枠づけ法が生み出されていった。しかし、中井が用いていたなぐり描き法や、創案した風景構成法などは、傳田らの言う意味での「相互性」、つまり見守り手の側からの描画行為というものを、枠づけを例外として含んでいない。「もう一皮」切り込むための「コミュニケーション」を描画で目指すのであれば、新法開発の途上で見守り手の側が何かを描くという技法が生まれてもおかしくはなかったように思われる。

　このことを考える上で、「相互限界吟味法を加味したSquiggle法」（中井，1982a）の手続きにおいて、中井が次のように述べていることは注目される。

　　　枠どりを患者の番は患者がやるのか、その番も治療者がやるかが問題に

なるが、一般には治療者がやる。もっともさっさと患者のほうがやってしまえばそれでよしとする。治療者の時は患者が、患者の時は治療者が枠どりするのが図式的には対称的で美しいが、実際は、あまり一度に"相互性"を持ち込むことになって、とくに初期には混乱が生じるので、大体は以上のようにして、自然に落ち着くところを待つ（p.239　傍点は筆者による）。

この記述からは、「相互性」を持ち込むことで生じる悪影響を中井がなるべく抑えようとしていることが読みとれる。すなわち、描画によるコミュニケーションを企図してはいても、それはあくまで「もう一皮」切り込むためだけのものであり、それ以上に（たとえるならば、「肉まで」）切り込むつもりはなかったと言うことができるだろう。こういった中井の姿勢は風景構成法創案にもおそらく影響していたのではないだろうか。では、描画法に対称性が持ち込まれると、どのようなことが起こるのか、このことについて次節で検討したい。

3．描画法への「対称性」の導入

後藤ら（1983）の誘発線法においては、見守り手が誘発線を描き、それを刺激として用いて描き手は何かを描くが、この見守り手と描き手の立場が入れ替わることはない。これは風景構成法においても同様のことである。一方周知の通り、ウィニコット（Winnicott, D. W.）のスクィグルにおいては両者の役割が「サーヴァー」と「レシーヴァー」（中井，1982a）のように交互に入れ替わる。これは風景構成法にはない点である。筆者はこの、描き手と見守り手の役割が交互に入れ替わるかどうかという違いには、見過ごすことのできない大きな意味があると考える。そしてここには、「やりとり」や「相互」という言葉で一括りにされるべきではない、質的な違いが両者には認められるのではないかと考える。そこで改めて、風景構成法の施行場面を具体的に考えてみたい。

風景構成法では、見守り手による枠づけと教示の後に、川から始まる10項目が、見守り手により順に告げられ、描き手はそれを枠の中に1つずつ描き込んでいく。描き手は、最初の教示において、「風景」を描くことを告げられているの

だが、具体的に何を描いていくのかについては知らされず、見守り手が語り告げるものを聞き、初めてそれを知らされることになる。つまり、風景を描くと言っても自由な描画ではないため、導入の教示を聞き、「こんな風景を描こうかな」と仮に思っていたとしても、見守り手が告げる項目が、その思い描いた風景にまったく相応しくないものの場合、大幅な風景イメージの変更を余儀なくされることもある。常に見守り手の項目提示によって、描き手は、自身の描く風景が先導されていくことになる。つまり、見守り手は提示項目を知っていて、描き手は知らないという違いがある。

　以上のように、確かに描き手と見守り手の間で項目提示をする者とされる者というやりとりは生じているが、その両者の立ち位置の違いが浮き彫りとなっている。この両者の違いにこそ、「やりとり」という一言で片づけてしまうことができない、風景構成法の重要な構造的特徴があると筆者は考える。こういったやりとりのことを、他の描画法と同列に「相互」なものと割り切るのではなく、もう少し詳しく考えてみたい。

　このような考えに基づき、「相互性」という言葉を、あくまで見守り手と描き手のやりとり全般が生じている場合に指す言葉とし、その中で、スクィグルのように見守り手と描き手の役割が交互に入れ替わる場合を「対称法」、逆に誘発線法や風景構成法など、両者の役割が入れ替わらずに固定されている場合を「非対称法」としておきたい。非対称法においては、見守り手の側から提示されるものは、誘発線法のような非言語の描画刺激であるか、風景構成法のような言葉による教示であるかは問わない。この分類に従えば、対称法としては、交互色彩分割法やスクィグルやMSSMが該当し、これらの技法では見守り手が描き手とほぼ等しく描画行為を行うこととなる[*6]。一方の非対称法には、風景構成法、誘発線法、中井が従来から用いていた、ナウムブルグ（Naumburg, M.）（1966/1995）のなぐり描き法（いわゆるスクリブル）や、単独で行う空間分割・色彩分割がこれに当てはまる。この2つをたとえるならば、対称法は両者が同じ用具を持って行うキャッチボールのようなものであり、ボールを投げる側と受けとる側はその都度交代する。一方の非対称法は、バットを振ってボールを飛ばす者と、それをキャッチする者という違いのあるシートノックのようなものと言えるだろう。こ

の場合、両者の役割は固定され、ずっと変わらない。

　では、描画における対称法はどのような特徴をもつと言えるのだろうか。この点に関連して、中里（1978）は、色彩分割を交互に行うようになった経緯などを以下のように述べている。

>　この方法（筆者注：患者が単独で行う色彩分割法のこと）を続けるうちに私は新たな壁にぶつかることになった。そのひとつは患者が描くのをただじっと見ているだけではやはり「退屈」で疲れること。もうひとつは患者に対して「何かをやらせている」という罪悪感である（p.18）。

>　そもそも対人関係には一方通行は許されない。「やりとり」の上に自然な対人関係が成立する。『交互法』は画用紙の上でそれが実現されたものであろう（p.18）。

>　拒否が少なくなった原因だと思われるのは、治療者が「自分を出した」ことである。いったい対人関係というものは、こちらが自分を出さなければ相手もなかなか自分を出さない。一方が自分を出した瞬間から二人の間柄は急速に深まるものである。（中略）けだし従来の描画法は、課題画でも自由画でも結局「あなたが絵を描いて私に見せてください」と指示するわけだから、「尋問」的色彩が全くなかったとはいえない。それが本法のように「やりとり」という形となれば患者も安心して乗ってくることができる。治療者が自分を出さずして患者が自分を出すはずがあろうか（p.20　傍点原文のまま）。

　また、中井（1977）はウィニコットのスクィグルのもつ特徴について以下のように述べている。

>　ふつうの「なぐり描き法」（筆者注：単独で行うなぐり描きのこと）とどう違うかだが、神経症者でも分裂病者でも共通なことは、患者が目に見えてくつ

ろいでなぐり描きできること、したがって、描線がのびのびして変転自在になることだ。この二つは顕著であって、別人かと思う程である。神経症者の場合、転移関係がぐっと前景に出てくる。患者もだが、治療者の反対転移がまぎれようもなく出る。しかし、絵に出る位のものは当然、表情態度に意識しないで出ているはずだから、絵に出て困るというものではないと一般には私は思う。(中略)なお治療者の陰性転移は、治療者が描線を描く時にも分る。イジワルな線、挑戦的な線が出来てしまうものだ (p.234)。

　分裂症の場合、主に"なぐり描き"にはっきり回避的な破瓜型の人が回避しなくなる(もっとも治療関係の成立していない人にやらせる筋のものではないのは一般の"なぐり描き"と同断である)。破瓜型と強迫症というと常道的な描線を描く双璧だが、ともに常道的でなくなってくるし、また、こちらのかく非常道的な描線にも十分投影し完成する (p.234)。

　スクィッグルの場は、患者からみてワン・ウェイ・ミラーでないところ、治療者患者双方にとって半透明な柔かな交通の場の印象がある。ここで、一般の"なぐり描き法"のように通時的な追跡が困難になるのではないかという反問があるだろう。実際にはそれ程でもないので、患者は、自分の描線に治療者が投影して描画しはじめると「ぼくならかくかくにするがなあ」「私には何々にみえたんだけど」と呟くことがよくある(描線を透き写しして患者にも仕上げてもらうことができる)。一般論としては治療関係に一層集中した通時的追跡になるので精神病理よりも精神療法の跡が残ることになるだろう (pp.234-235)。

　また、山中(1976)は、スクィッグルやMSSMをはじめとした「相互法のすすめ」として、以下のように述べている。

　前記の場合(筆者注:バウムテスト・風景構成法などの課題画や自由画のこと)、いずれも描くのはクライエントのみで、どうしても「検査されている」とい

う雰囲気になりがちですが、私は、これから述べる治療者側も参加する方
法をとることがあります。ことにクライエントが幼児や児童の場合、導入
しやすく、かつ、治療的だからです（逆にその分浸入的となることもあるので注意
が必要ですが……）（p.86　傍点原文のまま）。

　またMSSMだけでなく、山中（1993）はスクィグルについても、「『交互』に行
なう点が極めて治療的」だと述べている。これらの記述からは、対称法は良くも
悪くも見守り手が自らをさらすことで、描き手とのやりとりが交互に入れ替わる
双方向的なものとなり、それが治療的に有効に機能するものだと言うことができ
る。もちろん、中井が述べているように、見守り手の側からの逆転移が強く表れ
てしまうという面や、山中が述べているような侵襲性といった形で問題点がある
ことにも注目しなければならない。
　先に、風景構成法発表以降の『芸術療法』誌上での新法開発について述べたが、
描画法からさらに目を広げてみると、入江ら（1991）の「相互ブロック作りを介
した場面緘黙児の精神療法過程」、佐藤（1992）の「交互に折り紙を使用した一試
み」など、対称性を企図した技法の報告がなされていることに気づく。対称性を
芸術療法の中に持ち込むことは、治療上の工夫として生まれてきたものであり、
おそらく相当の成果を上げていったものと思われる。しかし既述した通り、中井
久夫自身は風景構成法においては対称なやりとりを導入しなかった。もちろん、
上記の中井（1977）の見解は、あくまで風景構成法発表後のものであり、風景構
成法創案当時に、上記引用文献中にあるような理解をすでに得ていたのかは確か
ではない。しかし、筆者は、対称法がもつ影響力の強さに対して、中井はある程
度の理解をもっており、それゆえ「もう一皮」切り込むことを試みるのに、対称
法のもつ影響力の強さは不適当だとして、風景構成法への対称性導入には慎重に
なっていたのではないかと推測する。もっとも、風景構成法は箱庭療法にヒント
を得たものであるから、見守り手が箱庭作りをしないで見守るという構造と同様
に、風景構成法においても見守り手が描かないというのは当然のことと言えるの
かもしれない。この点において、風景構成法は箱庭療法に通じるところがあるの
だろう。

ところで、箱庭療法の予備テストとして創案された風景構成法ではあったが、実際にはそれだけの役目を果たすわけではないということがその後明らかとなっていった。両者の違いは様々にあるが、手続きを考えた時に、見守り手が継時的に項目を告げるという点が両者の大きな違いであると筆者は考える。継時的に項目を告げることがもたらす結果として、「視覚的リアリズムに則って全体を統合するためには、視点は空間的に一つに固定されるだけでなく、時間的にも一つに固定されなければならない」（高石, 1996 p.259）という、作品の構成面に表れる特徴が顕著なものになると言えよう。ただし、本章では風景構成法の完成作品に着目するのではなく、あくまで風景構成法という場においてどのようなことが生じうるのかという点に注目し、風景構成法という非対称な場において「項目を告げ・る・」際の、見守り手からの言葉がどのように機能するのかという点を次に考えてみたい。

4. 風景構成法における言葉の機能
　　　――中井久夫と臨床における言葉

　精神医学や心理臨床における中井久夫の貢献は、統合失調症の寛解過程についての詳細な記述・理論化や、風景構成法を代表とする芸術療法における貢献など様々な点が挙げられるが、臨床における言葉の問題を扱った点も特筆すべきこととして挙げられる。それはしばしば引用される、「精神病理学は、分裂病者の言語がいかに歪んでいるかを記述してきた。おそらくそれは重要なことではない。重要なのは分裂病という事態の下において言語がいかにして可能であるかということである」（中井, 1971a p.8）という記述にも見てとれるし、あるいは、パラディグマとシンタグマというソシュールによる記号学の概念を導入した点もまた大きな特徴と言えるだろう。しかし、中井は決して言葉によって伝えられる言表内容――それは例えば解釈がどのような内容のものであるべきか――への着目よりも、むしろサリヴァン（Sullivan, H. S.）（1954/1986）が精神医学的面接を「言語的（ヴァーバル）なコミュニケーションの場」ではなく、「すぐれて音声的（ヴォーカル）なコミュニケーションの場である」と述べる見解をしばしば引用しているよう

に、より広い視点から治療における言葉について考えていたものと見受けられる。それでは、風景構成法を創案した中井は、どのような言語観に立っていたのだろうか。あるいは、風景構成法をはじめとして、いわゆる「非言語的治療」とされる芸術療法における言葉の果たす役割を、どのように捉えていたのだろうか。この点を検討することにより、風景構成法と言葉の問題を考える上で何かしらの示唆が得られると考えられる。

　臨床における言葉そのものについて、中井がまとまって論じたものは決して少なくないが、統合失調症についての論考、その中でも急性期については、以下のような記述がある。

> 　記号学的にみてもより根本的な逆転を含む、はるかに深刻な事態である、──すなわち、それは少なくとも、(1)世界がシニフィアンと化し、(2)自己がシニフィエとなる、私はまなざされ、語りかけられるだけでなく、シニフィアンと化した世界によって「読まれる」のであって、(3)しかもその際伴示が現示に優先するという逆転がみられる、などの記号学的背理性が存在する事態であり、この事態を通過してのちにはじめてアンチ・パラディグマティズムやパラシンタグマティズムの顕在化することは、それらが欠陥であるにせよ、生の戦略であるにせよ、より決定的な事態を通過してのちの二次的事象であることを示唆するのかもしれない（中井, 1971b p.76）。

　また、風景構成法創案以降の芸術療法、あるいは風景構成法と言葉についての中井の記述を以下に示す。

> 　芸術療法の長所は、そのさりげなさにあるといってよいかもしれない。めだたなさ、治療の主流のような顔をしていないこと、ひっこめようと思えば、お互いにひっこめられるところ、言語化に、あるいはもっと一般化していえば、意味づけに、迫られていないところ──。むろん意味作用はたえず受けるわけであるが、判断中止はいつでも可能である。あるいは、非強制性というか。その場限りのようでもあり、大きな流れの中にあるよ

うでもある。ことばの副木というか、ことばがそれを手がかりにのびるもの、しかし、ことばと同じく沈黙にもひらかれている、ことばと沈黙の母胎(マトリックス)とでもいおうか（p.255）。（中略）

　治療の伝達は、ことばではむずかしい。しかし、ことばを私は軽視しない。先達の、あるいは患者の片言隻句が貴重な指針あるいは頂門の一針として、生涯治療者の中で働きつづけることもあるのだ。伝達しようとするものは案外伝わらず、予想外のものが受け手の中で大きく育つ。とうに物故したイギリスの詩人だが、T・S・エリオットは、詩の意味は、読者を油断させるためのもので、そのすきに本質的なものが読者に伝えられるのだ、と言っている。治療におけることば、あるいは造形されたものの意味も、治療について語ることばも、そのような機微の射程内にあるであろう（中井，1979 p.256）。

　一般に絵をはさんでの会話の原則は、（中略）時にtangentiality（対象と接線で交わるくらいの関係しかないこと）を以て。つまり対象に一点で触れる程度のことをとり上げてみる。不安を伴わない意外性があるのがよい。mithridatizationつまり不意打ちに弱い患者に「意外性」という"毒"を毎回微量投与するのである。ミスリダティゼーションとは毒殺にそなえて微量の毒を毎日飲んでいた小アジアの王様の名にちなむ耐毒性獲得法である（中井，1982a pp.240-241）[*7]。

　なお、絵画療法は描画行為を仲立ちにした言語療法でもある。語調を重視し、治療者の口に馴染む言い方と語調を相手に合わせて変えるのがよい（中井，1996 p.6）。

　本法（筆者注：風景構成法のこと）は、ことば、それも静的な名辞から出発する（p.11）。

　最後に、言語的なやりとりによって、風景構成法は完了する。言語の線

型性（一次元性）によって、言語化は貧困化でもあるが、Wittgenstein（1974）のいうように否定が可能な点で絵画よりも自由度が高く、表象を疎外しつつ定着し、表象の湧きあがり変転し沸騰してやまない豊饒性に終止符を打って、場の呪縛から個人を解放する。風景構成法は「指示Befehl」と「命名Benennung」という最初期的言語活動に始まって「伝達Kommunikation」に終わる。この際、「川」「山」「田」「花」「けもの」「石、岩」など、面接の場ではほとんど発せられることのない言葉が自然にzwanglos交わされることが重要であって、それらは長期精神療法患者の特殊な、バリントならばやはりオクノフィリア的偏向というであろう、自己中心的偏向へのcounterpoise（天秤の反対の皿に載せるもの）となりうる。ちなみに、面接の場の偏りとは、「患者がもっぱら自己について語る偏向」であって「多くの第一級の精神療法家の治療を長年にわたって受けた患者が周囲に疎んじられるのはどうしてか」という、観察にもとづいて提唱する事態である。おのれについてのみ語る人の対人関係の長期的予後はよくなくても自然である。そういう人が言語の操縦に巧みなのと不釣り合いに、しばしば風景構成法が端的にできないのである（中井，1996 pp.16-17）。

　言語側から非言語側に向かって伸びるアプローチがある。それは、言語に属するが書きえないものである。それは、音調、抑揚、声の大小、高低、太細、清濁、寒暖、表裏、穏やかさ対けたたましさ、さらにはもっと繊細なキメである。文法にもとづく狭義の言語を「言語の骨格」とすると、これらは「言語の肉体」である。伝達には両者は共に欠かせない。そして、肉体抜きで骨格だけでは伝達性に乏しかろう（中井，2009 p.156）。

風景構成法あるいは芸術療法全般においてどのように言葉を使うべきかという、プラグマティックな事柄についての記述も含めて、以上の引用からは、中井が臨床における言葉を非常に重視していることは明瞭である。それは、「非言語的」と呼ばれる芸術療法においてこそ、逆説的に言葉が重要だと要約することができるかもしれない。では、風景構成法における言葉はどのような働きをしうる

のか、上記の引用を基に考えてみたい。

　まず、統合失調症の急性期において記号学的に「根本的な逆転」が生じ、自己が「語りかけられ」、「読まれる」存在となることからすれば、統合失調症者における言葉の問題というのは存在として根本的な問題・危機を孕んでいると考えられるが、おそらくはそのようなことを念頭に置きつつ風景構成法は創案されたのだと思われる。先に風景構成法は「非対称」なやりとりであると述べたが、そこでは描き手は見守り手からの言葉を聞く存在、つまり川、山、田……などを「語りかけられる」存在となる。急性期を脱した者が描画法の対象になるとはいえ、おそらく言語の体験が大きく変わってしまっている統合失調症者にとって、「川」や「山」という言葉を聞くことは、ただ音声が耳に聞こえてくるという事態を超えた、意味を押しつけられる（あるいは意図せず意味を受け取ってしまう）体験となるのではないだろうか。さらに、描画を介した会話の原則として、「意外性という毒」を微量投与すること、あるいは、「自己中心的偏向への counterpoise」として、風景構成法の「川、山…」という項目のような、普段治療の場で語られないものを告げるといったことなど、見守り手からの言葉が、一種の「揺さぶり」(神田橋, 1990)をかけるようなものとして機能すること、そしてそれによって、「本質的なもの」(中井, 1979)、あるいは「言語の肉体」(中井, 2009)を中井は伝えようとしていたのではないだろうか。もちろん、中井(1970)が「『意味Sinn』がうばわれ、しかも『意味Bedeutung』へと迫られている分裂病的世界において、絵画という、意味Bedeutungに迫られていない小世界は、ひとつの意味深いsinnvoll猶予を創出しないであろうか。それはまた、治療者に対しても、硬直した論弁性よりの解放の契機となりうるであろう」(p.20)と述べているように、描画や風景構成法を導入することは、決して描き手に意味を迫り、押しつけることを目指したわけではない。さらに、伊集院(2013)が「徴候性優位のなかで、統合失調症患者は一つの微妙な変化から即座に全体を読み取ろうとするわけであるが、風景構成法が『より治療的』であるといえるのは、まさに項目間の関連表象を一つ一つさりげなく導くからであり、さらにそのあとで患者自ら距離をおいて見ることで、それを補正することができるからであろうと思われる」(p.37)と述べているように、項目を順に告げることで、全体を構成する過程を「無言のうちに促して

いる」と言えるだろう。さらに、「毒を微量投与する」という観点は描画後の話し合いについての記述であり、風景構成法において項目を告げる時のことを述べているわけではない。

　しかし、中井のこのような治療で作用する言葉に関する観点は、決して描画後のことだけではなく、臨床、特に芸術療法における見守り手からの言葉全体に敷衍することも可能ではないかと筆者は考える。なぜなら、「面接の場ではほとんど発せられることのない言葉」を風景構成法を通して発することで、描き手の「自己中心的偏向へのcounterpoise」とするというのは、その馴染みのなさゆえに描き手にとっては、「不安を伴わない意外性」を投与することになるからである。時にこのような「揺さぶり」が含まれていることにより、それにどの程度耐える表現が可能になるのかが1つの指標となり、ゆえに風景構成法が「端的に『できるかできないか』」が「診断的価値」を有することにもなるのだろう（中井, 1996 p.19）。統合失調症者においてはその「言語の骨格」が崩れて（あるいは反転して）しまっているのかもしれないが、急性期を脱した者に対して風景構成法を行う、つまり言葉での働きかけを風景構成法の中で行うということは、あえて「毒を微量投与する」という一種の揺さぶりをかけつつも、「言語に属するが書きえない」「言語の肉体」によって「本質的なもの」を伝え、それが「ことばの副木」となって支えることで「言語の骨格」を修復し、より強固なものにすることを企図していたように考えられる。これは、見守り手も描画行為を行うスクィグルなどの対称法がもつ直接的な「相互性」ではなしえないことである。

　もちろん、対称法を含め、様々な描画法では、見守り手の教示があり、それは基本的に言葉でなされることから、上記に見てきたような言葉の果たす機能がないとは言いきれない。しかし、例えばバウムテストであれば、「実のなる木を1本描いてください」という教示の後には、描き手が用具を用いて、いかに自らの「木」を表現するか、ということに描画の場の焦点が移動する。それに対して風景構成法では、1つずつの項目を告げた後には同様に、描き手が描くことに焦点が移るものの、再び見守り手からの教示（「では、次は山を描いてください」など）を聞くということで、描画の場の焦点の移動が何度も繰り返され、その中で、見守り手の言葉（教示項目）を聞くという瞬間が何度も立ち現れるという構造的な違い

がある。これについて佐々木（2012）が「メッセージの往復回数が多い」ことを指摘しているが、この往復を繰り返すことで、「毒を微量投与する」ことを繰り返し続けているという点にこそ、重要な意味があると考えられる。ここに筆者は、風景構成法における言葉の機能の重要性を見るとともに、さらには心理療法の中でしばしば問題となり、かつ同時に要となる転移という現象に対する中井の知恵が含まれているものと考える。この転移という問題を考えることによって、もともと中井が主に統合失調症者を対象としていたであろう風景構成法が、対象を決して限ることなく広く普及していった、つまり技法としての有用性の高さが認められていったという事態もまた理解可能なものになるのではないかと考える。

5. 風景構成法における転移とやりとり
　　――風景構成法と箱庭療法の異同

　中井が芸術療法と転移の関係について述べていることは、基本的に一貫しており、「一般に転移も絵画を交える時、よりおだやかなものとなる」（中井，1982b p.173）ということである。これはナウムブルグ（1966/1995）の考え方に依拠しているものだという。しかしこれまでの検討を踏まえると、転移が「おだやか」になるということについては、必ずしもそうとは言えないと筆者は考える。それは、ウィニコットのスクィグルについて中井（1977）が、「転移関係がぐっと前景に出てくる」と述べていることや、「治療者の反対転移がまぎれようもなく出る」（p.234）と述べている点にもすでに含意されているように見受けられる。
　ところで、本論で検討してきた「非対称」という観点から転移という現象を検討している伊藤（2001）の考えを基に、芸術療法、特に風景構成法における転移についての考えをさらに進めてみたい。伊藤は転移の相互性と対称性という問題について以下のように述べている。

> 　転移が生じるには、決して看過できないひとつの重大な要因が必ず働いている。それがセラピストとクライエントの位置の〈非対称性〉である。師弟関係しかり、恋愛関係しかりである。そしてその極まれるところが治

療関係であろう。ユングは、この〈非対称性〉に強い転移の生じる源があることに気づいていたからこそ、このような形で生じる転移を回避するために、治療関係の〈相互性〉を重視したのである。しかしながら、〈非対称性〉と〈相互性〉は異なった軸に位置づけられるべきものであり、〈相互性〉によって〈非対称性〉を解消することはできない。クライエントが「語り」そしてセラピストが「聴く」という心理治療の場は本質的に〈非対称性〉を有する構造をもつ。すなわち、治療関係の必然としての〈非対称性〉によって、ここに転移が生じるといえよう（伊藤，2001 p.72）。

　伊藤は、転移が生じるのは、治療関係が本質的に有する非対称な構造のためであるとして、そのような非対称な構造は〈相互性〉では乗り越えることのできないものだとしている。同様に、精神分析を非対称な場とみなす藤山（2003）は分析家の体験そのものを患者に開示しないこと、あるいは「私たちの体験を語るのではなく、私たちの体験から語る」(p.458)ことが分析家の仕事であり、もしそういった形で分析家が自身の体験の自己開示をすれば、被分析者に対して「Winnicott, D. W. のいう意味での侵襲」をもたらし、「それでは、私があまりに主体として立ち現れすぎ」(p.458)て、もはやそれは精神分析ではないと述べている。伊藤の言うように非対称な構造を〈相互性〉によって乗り越えようとして、字義通りにクライエントとセラピストが相互に自己開示をしてしまっては、藤山の述べるように、クライエントへの侵襲が強くなり、それはもはや心理療法としては成立しないだろう。このことを描画法にも敷衍して考えてみると、伊藤の述べる〈相互性〉というのは、本論における描画法の「対称性」に該当するものと考えられる。つまりスクィグルや交互色彩分割法のような、見守り手と描き手が交互に役割を替えるような手法では、心理療法の場が本質的にもつ、非対称性を乗り越えることはできないということになる。これらの対称法に分類される技法は、非対称な心理療法の治療関係において、見守り手と描き手を対称な次元に置き、いわば「水平転移」とでも呼べるような構造を布置することで、両者のやりとり（それを転移／逆転移と言ってもよいのかもしれない）を同一平面上（描画用紙）に射影し、白日のもとにさらそうとする試みと言える。これらの描画法においては、

中井（1977）がウィニコットのスクィグルについて、「精神病理よりも精神療法の跡が残る」と述べているように、両者のやりとりの痕跡を残すこととなるが、このような状態のことを「穏やか」な形で転移が生じていると評するのは、筆者には適切ではないように思われる。むしろそこには、やりとりを通した転移・逆転移の強さが際立って示されるのではないだろうか。
　一方、風景構成法では、あくまで治療関係がもつとされる非対称性を維持するが、しかしそれはこれまで見てきたように、心理療法の場に布置される、クライエントとセラピストの「語る−聴く」という構造が反転し、見守り手の側が言葉を投げかける側にまわった構造となる。そこでは、両者のやりとりの結果が作品として結実することになるが、見守り手は直接的な描画行為によって参与することはない。むしろ見守り手は、中井（2009）が「『次は何を描くかな』『これからどうなるかな』と自由連想的に想像力を遊ばせながら眺めているのが普通の態度である。わがことのように眺めるようになるから、一種の関与的観察となっている」、「私は相手に自由連想を求めることはなかったが自分は自由連想をしていることが多かった。フロイトの言う自由に漂う注意は、これに近いであろう」（p.154）と述べているように、「関与しながらの観察」を行うという点で、対称法において直接的に描画に参与するのとは決定的に異なる態度と言える。では、反転させながらも非対称な構造を維持する風景構成法における転移はどのようなものとなるのだろうか。
　風景構成法では、対称法のスクィグルにおけるような水平レベルでの転移の強さは穏やかになるかもしれない。しかし、先の中井（2009）が言うような、見守り手の側が自由連想するという姿勢は、河合（1985）が箱庭療法において「強い転移」と対比して、次のように述べている「深い転移」における治療者の態度と酷似するのではないだろうか。

　　　強い転移の場合、その方向がクライエントから治療者へと「横に」はたらいているのに対して、「深い」転移の場合は、それが「下に」向っていると言うことができる。治療者の逆転移の方から言えば、それは無意識に向って開かれているのであり、クライエントの自我に向って「横に」開かれて

いるのではないのである（p. vii）。

　中井が示す描画法における見守り手のあるべき姿としての「自由連想」や「関与しながらの観察」は、水平な転移、強い転移の次元ではなく、まさにこの深い転移の次元に開かれていくための方法と言えるのではないだろうか。そして、このことは風景構成法における転移についても当てはまることだろう。またこれは見守り手の側だけから言えることではなく、描き手の側で言えば、見守り手とのやりとりを起点としながらも、徐々に自身の「歴史性」（p.18）や「文化」（p.42）、あるいは「生の営み」（p.39）（皆藤，2004）などがイメージされることになるのかもしれない。これも、描き手からの転移が見守り手へと（横に）向かっているのではなく、自身の深みへと向かう一種の「転移」と言うことができるだろう。風景構成法においてこういった「深い転移」が生じるのは、箱庭療法を模したものである以上、当然のこととも言える。ただし、箱庭療法がバウムテストと同様に言語による教示の後、作り手と砂と玩具の相互交流を中心とするのに対して、風景構成法は先述したような、見守り手と描き手間での描画の場の焦点移動が繰り返し生じる点が異なり、特に、言葉を何回も聞くという構造的な違いが見てとれる。また、両技法では当然自由度が異なる。風景構成法では、教示によって、「風景」を描くことが求められるが、箱庭は「風景」を作る必要はない。しかし一方で、風景構成法では「風景」という制限をかける、つまり自由度を制限することによって、逆説的に表現が容易になるという場合もあるだろう。中井の描画を用いてきた歴史を考えると、「描きやすくするための補助手段」として、こういった制限をかけたということもあるだろう。もちろん、用具という観点で言えば、箱庭は既製の玩具を用いるので、ある意味自由度が制限されているが、描画では描き手の画力に依拠するとは言え、様々な表現が可能であり、この点では風景構成法の自由度のほうが高いとも言えるだろう。

　以上のことをまとめると、風景構成法は、非対称な心理療法の治療構造を対称に、あるいは水平にすることで、強い転移を起こす――伊藤（2001）の言う、「〈相互性〉によって〈非対称性〉を解消する」――のではなく、非対称な構造を反転した形ではあっても維持したまま、「深い転移」を生じさせる方向へと導く可能

性をもった技法だと考えられる。このことからは、言葉との関連で中井が述べた統合失調症者に対して「毒を微量投与する」ような場合とはまた異なる働き方を風景構成法はしうるのではないだろうか。つまり、風景構成法は統合失調症者に対する「コミュニケーションの手段」としては、「強い転移」を起こさず、また「言語の線型性（一次元性）」といういわば安全弁を備えた技法として機能し、「意外性」という衝撃に耐えられるように「言語の骨格」を強くすることが目指されていたのではないだろうか。さらに風景構成法は、箱庭療法と同様に、見守り手と描き手がイメージの世界へと開かれていく、つまり「強さ」ではなく「深さ」という次元へと開かれていくものにもなりうる。もちろん、統合失調症者とそれ以外の者で風景構成法の機能の仕方がまったく異なるというわけではなく、この両側面は複合したものとして機能するものと考えられるし、中井もそれを区別していたわけではないだろう。河合（1984）は、風景構成法で川を描く際に、「自我意識のレベルで川を描いてもいいし、心のレベルで描いてもいいし、魂のレベルで描いてもいい」(p.252) と述べ、風景構成法の描画項目が非常に多層的な響きをもちうることを示唆している。「自我意識」のレベルで描けば、これは安全弁になるであろうし、さらにそれがどのように描かれているか（歪みがあるかどうか）を見ることが、自我の強さを示すものともなりうる。一方、「魂のレベル」で描けば、それは「深い転移」よりもさらに深いものとなるのかもしれない。中井（1996）はリュムケ（Rümke, H. C.）の言葉を引用し、「深層心理学も必要だが浅層心理学も重要だ」(p.10) と述べているが、河合の言によれば、風景構成法は、このリュムケの態度を的確に実現しているものとも言えるだろう。河合（1984）が風景構成法について「非常にうまく自我を通しながら、相当深いところまで、お互いにやりとりができるという方法になっている」(p.252) と述べていることは、上述したことを端的に表していると言える。このような、言葉による"毒を微量投与しつつも、それを副木として言語の骨格の修復を目指す"ことと、"「強い」転移ではなく「深い」転移へと描き手・見守り手を誘う"ということの両者が複合的に機能しうるという点こそ、非対称で言葉による働きかけを繰り返し行うことによって可能となったものであろう。そして、これが風景構成法の他の描画法と異なる最大の特徴であり、様々な対象に適用可能となっていった一因ではない

かと筆者は推測する。描き手によっては、あるいは風景構成法を導入する見守り手の姿勢によって、前者と後者のどちらが大きな意味をもつかは異なってくるのかもしれない。

ただし、風景構成法は万能な技法ではなく、一般論として侵襲性が低いものだからと言って、いかように用いてもよいというわけではない。このことは、たとえ微量であっても「毒を投与する」という視点があれば、おのずと明らかなことであろう。河合（1984）は風景構成法のやりとりを通して、描き手に「適切なるエネルギーを与える」（p.252）ことが可能になると述べているが、これまで見てきたように、このエネルギーは時に「毒」になりうるものでもある。

6. 本章のまとめと課題

本章では、風景構成法のもつ構造的特徴を、逐次項目提示というやりとりを中心として、主に他技法との比較や中井久夫による風景構成法創案の経緯、また中井の臨床における言葉などを基に検討を行ってきた。その結果、非対称なやりとりであること、また風景構成法において言葉が果たす役割の重要性を確認したと言える。このことを、皆藤（1994）によるモデルを改変したものとして改めて示すと、図2のようになる。

実線は現象的に観察可能なレベルの行動を、点線は内的な動きを示している。

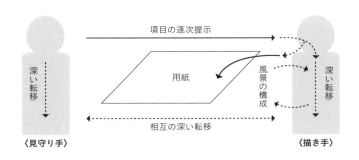

図2　風景構成法における非対称性を加味した構造的特徴

描き手と見守り手は用紙を挟んで対称な位置にあるが、働きかけは見守り手から描き手への言葉（項目提示）を中心として非対称なものである。皆藤（1994）のモデルでは、「治療者」からの「項目の逐次提示」が画用紙に向かっているものの、これまで見てきたように、「毒を微量投与する」という観点からは描き手へと向かうことに重要性があると筆者は考える。「項目の逐次提示」を受けた描き手の中で、点線が2方向に別れている。一方では教示された項目を描くことへと意識が向かい、従来から指摘されているような、パラダイグマティック・シンタグマティックな選択が喚起された中で、何かが選びとられ描かれることとなる。その一方で、上述したような「深い転移」といった「歴史性」「文化」「生の営み」などの想起もまた生じうる。ただし、これらは2方向にはっきりと分割されるのではなく、例えば自身の歴史性、自身が体験してきた風景イメージが想起されて、それをシンタグマティックな選択のもと、配置を考えて描くという動きも生じると考えられることから、この2方向の動きは決して別々のものではなく、相互に繋がり、循環しうるものだと予想される。また、「深い転移」についてはすでに皆藤（1994）のモデルで描き手・見守り手ともに「より無意識的」な方向へと向かう点線が示されているが、これを明示することとした。そして、描き手と見守り手相互に「深い転移」の次元へと開かれる場合には、箱庭療法における「母子一体感」（p.20）のような次元での繋がりが生じるのではないかと考えられる。もちろんこれは、逐次項目提示の際の図式であり、風景構成法のプロセスの中では、導入時の枠づけの時にはまた異なる働きをすると考えられるし、あるいは彩色の時や、描画後のPDIの時にはまた異なる構造になることが考えられる。

箱庭療法では、「基本的安定感に支えられた関係。カルフの言う母子一体感」（皆藤，1994）が作り手と見守り手を支える重要な関係となる。一方、風景構成法では、言葉による逐次項目提示という点では意識的なレベルに守られたものであり、「ことば、それも静的な名辞から出発」し、「最後に言語的なやりとりによって、風景構成法は完了する。言語の線型性（一次元性）によって、言語は貧困化でもあるが、（中略）表象の湧きあがり沸騰してやまない豊饒性に終止符を打って、場の呪縛から個人を解放する」（中井，1996）という記述が示すように、言葉を守りとして用いている点が違いと言える。しかしこれも描き手の特徴によって異

なってくるものと考えられる。中井は基本的には統合失調症者を想定して上記の論を展開していると思われるが、例えば大学生を対象として行った風景構成法後のPDIに関する中野（2010）の研究では、「風景構成法に描かれた世界に入り込んでPDIに答えた人はイメージが自律的に動くのを感じ、描画を客観的に分析して答えた人は、イメージの動きが弱まっていくのを感じていた」（p.217）としている。このことは、中井が想定していたような言葉の「豊饒性に終止符を打つ」機能だけでなく、よりいっそう描き手の内界を賦活する、すなわち「深い転移」が可能となる素地が風景構成法には備わっていることを示しているのではないだろうか。

　本章での未検討な点、問題点も多い。例えば鶴田（2005）が述べているように、ある1つの技法であっても、それが「関わり」や「創造」といった次元に開かれていれば、「検査」よりも「技法」として機能し、そこには見守り手と描き手のやりとりが活性化し、相互性が確かに活きてくると言えるだろう。風景構成法についてもこれは当てはまることであり、風景構成法を用いたからと言って必ずしも「深い転移」が生じるわけではないし、また対称法のスクィグルが必ずしも深い転移を起こさないというわけではない。強い・水平な転移を通して深い転移を生じさせうることは、何枚ものスクィグルがなされるウィニコット（1984/2011）の症例の見事さからも容易に想像されることである。ある1つの技法でも、どのように用いられるかという見守り手の姿勢によってその様相は異なってくるであろう。また、「相互性」や「対称性」を考える際に、枠づけについては取り上げなかったが、枠づけという行為だけとっても、それによって相当のやりとりが活性化されるという面があるということにも注意しなければならない。また、本稿で示した風景構成法の構造的特徴は、何らかの事例やデータに基づいて示したことではない。本章で行ってきた風景構成法におけるやりとりの重要性についての様々な文献的考察が妥当なものかは実証的・臨床的な検討が必要である。ただし、やりとりそのものをどのように検討対象とするのか、という点は非常に難しいものであり、ゆえに方法論的な限定を少なからず必要とする。本章で見てきたやりとりの「非対称性」を考えると、見守り手からの逐次項目提示が描き手に与える影響を明らかにするという方向性と、「深い転移」の実態を明らかにする方向性

の2つが必要と考えられる。

第2章
風景構成法における
作品を眺めるというやりとり

1. 描き手が自身の作品を眺める体験——描き手内のやりとり

　第1章では、風景構成法のプロセスの中で、描き手と見守り手のやりとりを大きく3つの段階から捉えることとした。1つは、枠づけを初めとした導入時のやりとりである。2つ目は、逐次項目提示を通したやりとりであり、第1章ではこのやりとりについての理論的な検討を主に行った。もう1つは、描画後における作品を仲立ちとしたやりとりである。

　風景構成法の特徴を検討する際には、第1章のような理論的な検討もさることながら、実際のやりとりがどのように行われ、そしてそれがどのような意味をもつのか、といった実証的な研究も必要である。しかし、やりとりという、観察可能であるが、実証的な検討の俎上に載せることが難しい事態を心理臨床学の中でどのように検討を行うか、という点は厄介な問題である。1つの方向性としては、皆藤（1998）や坂田（2004）のような、風景構成法を導入しながら拒否されたという臨床事例の検討を基にすることが考えられる。一方では、臨床的意味をいったん棚上げした形で、やりとりを可視化可能なものに限定し、その中で生じている行動の意味を検討するという方法も1つの立場として可能である。例えば長岡ら（2013）は、「描き手が1つのアイテムを描き終わり、見守り手により次のアイテム名を告げる教示を受けるまでの区間に焦点を置き、描き手の行動を分析する」（p.32）という指針のもと、「『はい』（或いは『できました』など）と言う」・「上体を起こす」・「視線を見守り手に送る」（p.39）など、逐次項目提示を受けた際の描き

手の行動特徴による検討を行っている。そして、この描き手の標的行動の種類の推移と、見守り手の「イメージの賦活の程度」（p.33）を対応させた考察を行っている。

　臨床事例の中でのやりとりを検討する場合は、見守り手であるセラピストの視点からの主観的な記述になるため、一般化可能性には留保が必要となる。それに対して長岡ら（2013）の方法は、非臨床群を対象とした研究のため、ビデオカメラによる撮影を行い、データの解析を第三者の視点から可能になるという利点が挙げられる。さらに、従来はセラピストの主観という形でのみしか扱えなかったものを、「見守り手のイメージの賦活度」という形で、あくまでデータの1つとして用いていることなど、非臨床群に対する質的研究の可能性を示したと言えるだろう。

　しかし、第三者の視点からの観察は、あくまで外在的なものとなり、「内側に立つ（under+stand）」ことで「こころを『理解する』」（田中，2001 p.4）という心理学の観点からは、ずれてしまうようにも思われる。もちろん、どちらの視点で研究を行うか、ということには一長一短があるので、単純にどちらの方法がより望ましいと言うことはできない。いずれにせよ、風景構成法におけるやりとりを研究するということは、方法論的にかなりの困難をもっていると言わざるをえない。もちろんこれは風景構成法に限ったことではなく、箱庭療法など、治療関係を基盤とした技法の機序を研究するにあたっては、常に問題となることだろう。

　このように、やりとりを扱う研究には難しさがあるものの、逐次項目提示が続く素描段階を扱うのではなく、それらのやりとりが一応落ち着き、しかし描き手と見守り手が何がしかのやりとりを行っていると考えられる、描画後のやりとりを本章では扱うこととしたい。描画後に両者が完成した作品を眺めている時は、逐次項目提示と比べるとやりとりが生じているとは言えないかもしれない。しかし、第1章の後半で述べたように、風景構成法におけるやりとりは、外的に観察可能な事態だけに限定することなく、例えば「深い転移」と述べたような、描き手の中で生じるこころの動きも、見守り手からの逐次項目提示というやりとりを経て生じるものであり、これも広義にはやりとりとして検討する意義をもつと筆者は考える。さらに、これまでの先行研究においても、描画後のやりとりは以下

のように臨床実践の経験から重視されてきたという経緯がある。

　例えば中井（1996）は「話し合い段階」について以下のように述べ、風景構成法の作品完成後に描き手と見守り手が共に作品を眺めることをあえて強調している。

> 「いよいよできましたね」と言って（このことばは一仕事をやったという達成感を補強し意識化し治療者と共有する傾向を生むことが多い）、改めて一緒に眺める。患者にとっても全体像は意外であるはずである。画を描いたことのあるものは筆を置いた時の達成感と失望落胆の混じる意外感を知っているはずだ。ここで、患者、治療者ともに緊張の低下があるのがふつうである。もっとも、一部の患者は持続的緊張のために低下を起こさず「何とも感じない」ことがあり、また一部はアンヘドニアのために緊張の低下を快感でなく疲労と感じる。完成の時のことばは「ほう」「うーん」でもよく（いずれにせよ語調が重要）、質問も何もしなくてもよいのだが、するなら、まずこの仕上げた際の感覚をきくのもよかろう。「疲れました?」「できると思わなかった?」「始める時より大変だった?」と、それほど大変そうでなくても、否定面から接近支持して「ねぎらう」ほうがよい。（中略）
> 　それ以上の質問は患者の耐性に応じてきめ細かさを決める。季節、時刻、川の流れの方向や深さ、山の高さ、遠さ、家の住人の数、人と家との関係、木の高さ、花の種類などを「この山の高さは何メートルくらいかしらん」などというふうに聞く。詳しさは弾力的でよい。さらに対話を深めても良いが、風景構成が前座で、続く対話が真打である場合を私は経験していない（p.8）。

　また、風景構成法についての言及ではないが、描画後の話し合いについて中井（1976）はサリヴァンを参考にした上で、描画法における治療者からの「解釈は供給が需要をはるかに上廻っている」と指摘し、さらに次のように述べている。

> 　作品が完成された時、それを前にして患者の中に解釈がおのずとできあがることが多い。たとえば退院要求をくり返している患者が羽根の生えそ

ろわない鳥を描く時、それはおそらく退院はまだ尚早だと言う内実を物語っていると同時に、そのようなままで飛翔を試みてきた患者の反復強迫をも示しているのだろう。患者は「この鳥はどうもまだ羽根をあたためていたほうがよさそうですね」という。治療者の方が「この鳥はそんなカオをしているね」と答えればおそらく十分すぎるくらいであろう（p.180）。

また皆藤（2004）は、完成作品を見守り手と描き手が共に眺めることについて、以下のように重視している。

　できあがった風景を同じ方向からふたりでしばらくながめてみる。これはとてもたいせつなときである。（中略）ここまでの段階で、クライエントと心理臨床家は同じ方向から風景を眺めているわけではないのである。クライエントと同じ方向から眺めてみることによって、さまざまな体験や問いが生まれてくる。それはときに、心理臨床に意味深い知恵をもたらすことがある（pp.50-51）。

　見守り手であるわたしには、実は、作品を眺めながらときをともにする体験が途方もなくたいせつな営みであるとの、実践からもたらされた確信がある（p.81）。

もしも風景構成法を心理検査と考えるならば、完成後の作品を共に眺めるといった回りくどいことをせずに、ただ「結果」として完成した作品を回収し、それを分析・解釈することに主眼が置かれるだろう。そうではなく、ことさらに完成作品を共に眺めることが強調されているのは、やはりこの技法が開発された経緯である、「描画をあくまでコミュニケーションの手段とする」という中井の臨床精神が反映されているからではないだろうか。また、風景構成法の出自に関わる箱庭療法においても、言語化して解釈することよりも、まずは「味わう」ことが強調されているが、このことも関係があるだろう。それゆえ、この「共に眺める」ということもまた、やりとりの1つとして、検討対象とすべきものと筆者は

考える。

　風景構成法の作品完成後のやりとりについては、第1章でも触れた中野（2010）がPDI前後での体験変化についての検討を行っているのみで、実証的な研究が十分に行われているとは言い難い。上述した通り、逐次項目提示の際のやりとりの検討困難さもさることながら、「共に眺める」という現象を心理臨床学的な検討の俎上に載せることは困難が伴う。しかし、第1章で見てきたような「深い転移」という観点を導入すると、例えば、描き手が自身の作品とどのようなやりとりをしていたのか、ということも検討に値することと言えるだろう。「共に眺める」という二者の間で生じる複雑な事象を明らかにすることを目指す時、まずは、共に眺めているうちの一方である描き手の中でどのようなやりとりが生じているのかを明らかにするという方法論的な限定も必要ではないかと考える。また、河合（1969）は、クライエントが自らの作った箱庭作品を見る場合、自分の作品の意味を完全にではなくても直観的・潜在的に把握している可能性を指摘しているが、風景構成法においても、描き手が自身の作品を眺め、それとのやりとりの中で自己解釈とも呼べるような体験をしているのであれば、「供給が需要を上廻っている」という見守り手からの作品の解釈も、特段行う必要はなくなるかもしれない。この点については、描画後のやりとりにおいて生じることの中で実証すべき仮説の1つとして位置づけることが可能だろう。

　ただし、中井（1996）が述べているように、風景構成法において、作品完成後の対話が「真打ち」ではないとするならば、あくまで見守り手との対話になる前の、多くの場合言葉を交わさないで共に眺めている時の体験を検討の対象とする必要がある。そのため、中野（2010）が行ったような見守り手とのやりとりとなるPDIに移行する前の状態の描き手の体験を扱うことが必要となる。そのための方法を次節で検討したい。

2. 方法の検討

　上述したような、風景構成法作品完成後に、描き手が自身の作品を眺めることで生じるやりとりを対象とする時に、その体験を捉える方法の1つとして、中野

(2010) が用いたようなSD法による描き手自身の印象評定から体験を推し量るという方法も考えられるだろう。この方法では、結果の数量的な処理が可能な一方、用いる尺度以外の観点からの検討が難しくなるという欠点がある。それに対して、質的なデータを得る方法として、描き手に、自身の作品を眺めていることで、どんな印象をもったか、どんな感想を抱いたか、どんなことが思い浮かんだかを直接尋ねることで得られる発話内容を分析するという方法も考えられる。この方法は、描き手の体験の質的側面を捉えることが可能になるという利点があるものの、見守り手との「対話」（やりとり）に移行してしまい、結果的にはPDIを検討対象とするのと同じ事態になってしまう可能性もある。

　以上のことから、描き手が自身の作品を眺めることで生じる、描き手と作品とのやりとりを検討する際には、何かしらの方法上の工夫が求められる。また、これまでの先行研究においては、臨床的な経験から、完成した作品を眺める体験の重要性が指摘されているものの、描き手の中で具体的にどのような体験が生じるのかは十分明らかになっているとは言い難いため、探索的な仮説生成に適した手法が望ましいと考えられる。そこで、佐々木（2005）の基準に則った形で、非臨床群を対象とした質的研究法を用いることとし、さらに、個々の描き手の体験が大きく異なることも予想されることから、その個別的な体験を詳細に捉える方法として「個人別態度構造の分析：PAC分析（Analysis of Personal Attitude Construct）」（内藤, 1993）を今回は用いることとした。PAC分析は個人毎の態度やイメージの構造を測定する目的で開発されたもので、①当該テーマに関する自由連想、②調査参加者による連想反応間の類似度評定、③類似度評定をもとにしたクラスター分析、④調査参加者によるクラスター構造に関するイメージや解釈の報告、⑤調査者による総合的解釈、という手続きで行われていく一連の分析手法である。石原（1999）は箱庭制作体験の検討にこの方法を用いて、「箱庭制作に伴う個々の主観的な体験、すなわち①どのような意図をもって作ったのか、②制作過程でどのような心の動きがあったのか、③出来上がった作品からどのような感じを受けるのかといったことを理解する必要がある」（p.4　番号は筆者による）と述べている。石原が挙げた③は、本章で検討を行う、描き手が自身の風景構成法作品を眺めた際に生じる、描き手内のやりとりに近似するものと思われる。なお、藤中（2010）

はバウムテストに対して、千秋（2010）は自我体験について、というように、それぞれの研究目的に沿って調査参加者の主観的体験を描き出すことにPAC分析を用いており、この手法は心理臨床学の領域においてもその有効性が確かめられている。この手法を用いることで、数量尺度などの既存の枠組みに当てはめるのではなく、描き手ごとに異なる体験を探索的に捉え、仮説生成が可能になると考えられる。また、自由連想のみではなく、連想間の類似度に基づいてクラスター分析を行い、連想間の背景構造を明らかにすることが可能となるため、いくつもの連想で示される多様な描き手の体験を要約する手がかりを得ることも可能になると考えられる。

このように、本章ではPAC分析を用いることで、描き手が自身の完成作品を見た際に生じるやりとりを探索的に検討することとする。また、その際の1つの仮説としては、上記に引用した中井や河合が示すように、自身の作品を基にした自己解釈が生じていることが考えられるが、それ以外の体験が生じている可能性も排除せずに考察を行うこととする。

3．方法

筆者が調査者となり、以下のような個別面接形式の調査を実施した。

3-1．調査参加者

今回の調査は探索的な試みであり、またPAC分析の侵襲性（内藤、2002）を考慮し、臨床群ではない、X大学の大学生・大学院生19名（男性7名、女性12名、平均年齢20.68歳〔標準偏差2.92〕）を調査対象とした。調査参加者の募集は大学の講義後に募集用紙を配布する形で行った（筆者の担当授業ではない）。講義は心理学関係のもののみではないため、調査参加者の所属する学部・専攻は様々であった。

3-2．手続き

最初に筆者から調査全体の概略を説明し、時間・負担がかかるため、希望すればその時点で調査を中止する旨を伝えた。調査参加者の了解が得られた後、風景

構成法を実施した。クレパスによる彩色をした後、しばらく作品を眺めてから「今ご自分がお描きになった風景の絵をもう一度見てください。この絵を見て、何か思い浮かぶことはありませんか？ この絵に関することでも、それ以外のどんなことでも構いません。思い浮かぶことを、思い浮かんだ順に番号を付けて以下に箇条書きで書いてください」という自由連想の教示を印刷したA4用紙を渡し、自由連想を行った。連想数が多くなりすぎると類似度評定に時間がかかり負担となることを考慮し、用紙にはあらかじめ外枠を印刷した物を用いることとした。連想終了後に、内藤（2002）のPAC分析の手続きに従い、連想の重要順位を記入してもらった。続いて、連想間の類似度評定を行ってもらい、得られた類似度行列を基にしたクラスター分析（ward法）の結果（デンドログラム）をその場で印刷し、連想項目を記入して調査参加者に提示した。いくつのクラスター数に分けるのが最適かを調査参加者自身に決めてもらい、その上で各クラスターの印象、クラスター同士の関係、各連想項目がプラスかマイナスかどちらでもない（ゼロ）かの評価、連想全体の印象などを尋ねた。これらの手続きが終わった後、作品についてのPDIを行い、最後に作品に署名をしてもらい、調査を終了した。なお、PAC分析の手続き中には常に風景構成法作品を提示した状態にして、適宜参照してもらった。調査終了後、研究の目的と結果の概要についてのフィードバックを書面で提供し、調査そのものやフィードバック内容などに不明な点があれば筆者に問い合わせるよう伝えた。

4．結果（以下、調査参加者の発話および連想内容を" "で示す）

4-1．全体の結果

19名の連想数の平均値（標準偏差）は9.47（4.06）、クラスター数の平均値（標準偏差）は3.53（1.35）であった。

次に、全調査参加者の連想項目合計180を筆者がKJ法を用いて分類したが、その際に、PAC分析でクラスター同士の比較を通して明らかとなった、連想が生まれてきた意図を考慮して分類することとした。そのため、調査参加者間で類似した連想であっても、クラスター解釈を通して、その連想に込められた意図が

第2章　風景構成法における作品を眺めるというやりとり　53

異なると考えられる場合は、異なるカテゴリーとした。その結果、3つの上位カテゴリーを作成することとした。1つ目のカテゴリーは87個が該当した〈風景描写とそれに伴い生じる感情的体験〉であり、この中の下位カテゴリーには、"秋"などの風景の季節、"昼間"などの時刻、"田舎"などの場所、"あたたかい"や"住むのはいいが夜がこわいかも"といった風景から受ける肯定的あるいは否定的な印象などが含まれた。2つ目のカテゴリーは、35個が該当した〈作品の技術的評価とそれに伴い生じる違和感や疑問〉であり、この中の下位カテゴリーには、"一部分に岩・石があるのはおかしい"などの作品への違和感、"なぜ川の途中に岩があるのだろう？"などの疑問、"田んぼへただなぁ"などの作品の技術的評価などが含まれた。3つ目のカテゴリーは、58個が該当した〈作品と自分自身との関連〉であり、この中の下位カテゴリーには、"小さい時に住んでいた街を流れる川"などの記憶や思い出、"家の猫"などのモチーフとしたもの、"のんびりしたい"などの自身の状況や気持ちなどが含まれた。

　次に、3つの上位カテゴリーそれぞれに該当する連想のプラスマイナス評価をクロス集計したものが表1である。χ^2検定の結果、有意差が認められ（χ^2=66.08、df=4、p<.01)、残差分析により、〈風景描写とそれに伴い生じる感情的体験〉と〈作品と自分自身との関連〉はプラス評価が有意に多く、〈作品の技術的評価とそれに伴い生じる違和感や疑問〉ではマイナス評価が有意に少なかった。逆に、〈風景描写とそれに伴い生じる感情的体験〉と〈作品と自分自身との関連〉はマイナス評価が有意に少なく、〈作品の技術的評価とそれに伴い生じる違和感や疑問〉ではプラス評価が有意に多かった。

表1　連想のプラスマイナス評価

	風景描写とそれに伴い生じる感情的体験	作品の技術的評価とそれに伴い生じる違和感や疑問	作品と自分自身との関連	合計
プラス	（＋）49	（－）1	（＋）33	83
マイナス	（－）11	（＋）27	（－）7	45
0	27	7	18	52
合計	87	35	58	180

χ^2=66.08，df=4，p<.01

（＋）残差分析の結果，有意に多い
（－）残差分析の結果，有意に少ない

4-2. 各調査参加者のPAC分析の結果

続いて、調査参加者4名のPAC分析の結果を取り上げて考察を行う。この4名を取り上げる理由は、上述したように大きくは描き手の体験を3つに分けたものの、そのような形で連想を分類すること自体が考察の目的ではなく、個々の描き手の中でどのような形でこれらの3つの体験に集約される連想が見られたのか、またその体験間の関係について検討するためには、個別の結果を挙げる必要があると考えたためである。また、個々人の結果を詳述することにより、「個へのアプローチ」というPAC分析の趣旨に沿った形で、上記の3つのカテゴリーに要約された全体的な結果を具体的に示すことが可能になると考えたためである。もちろん、調査参加者19名全員の風景構成法作品は異なり、その作品を眺めた際の描き手の体験も当然同じではないものの、今回は以下の理由から4名を取り上げることとした。まずAとBの2名は、連想数・クラスター数ともに平均値に近かったことと、上記の上位カテゴリー3つの質的な違いを、描き手自らが明らかに言及しており、比較的容易に体験の違いを捉えやすいと考えたためである。Cは、上述した3つの体験のうちの1種類のみが生じており、さらに高石（1996）の構成型の観点で言えば、視点が真上からと正面からの2つに分かれるようなV型に該当する作品で、描き手によっては作品の技術的評価を問題とすることも十分ありえたかもしれないものの、Cはそのような連想を一切しなかったという特徴があったためである。最後のDは、19名中で唯一、作品の表現特徴から自身の状態を想起するような、自己解釈に近い連想が明らかに生じていたという特徴があったためである。

以下、A〜Dの風景構成法作品とクラスター分析の結果（デンドログラム）を示し、その後に各調査参加者のPAC分析での語りの要点を示す。なお、デンドログラム内の縦の太線は、調査参加者が自身でクラスター数を指定する際に用いた線であり、これを基にクラスター数が決定された。

<u>調査参加者A（10代女性）　風景構成法作品（図3）、デンドログラム（図4）</u>
　Aの連想は①川のこっち側にほとんどものがない、②のどか、③平和、④田舎、⑤なぜ川の途中に岩があるのだろう？、⑥緑がいっぱい、⑦空気がおいしそう、

⑧川の水がおいしそう、の8つであり、②・③・④・⑥・⑦・⑧が第1クラスター、①が第2クラスター、⑤が第3クラスターを形成した（図4）。

　クラスター同士の比較を通してAは、"こっちのグループ（第1クラスター）とこれ（第2クラスター）で、出て来た言葉の性質が全然違う"と語り、第1クラスターは"絵から出てきた形容詞、そういうイメージみたいな感じ"であり、第2クラスターは"ただこれを物として見た時に思ったこと"で、この違いは第1クラスターと第3クラスターにも当てはまることだと語った。そして第2・3クラスターの共通点は"この絵を見た時に、浮かんできた疑問点"と語った。重要順位では、第2クラスターの①が1位、第3クラスターの⑤が2位となった。よってクラスターは3つに構成されたが、Aの中では大きく分けると2種類の質の異なる連想が作品を見る中で生じてきたと言え、1つはAの言葉では風景についての"形容詞"や"イメージ"的な体験となった第1クラスターの連想で、これは〈風景描写とそれに伴い生じる感情的体験〉のカテゴリーに該当する。もう1つは、作品を見た時に浮かんできた"疑問"体験で、これは〈作品の技術的評価とそれに伴い生じる違和感や疑問〉のカテゴリーに該当する。また、Aの中では、前者よりも後者の作品への違和感や疑問のほうが重要なものとして捉えられていたということが分かる。

<u>調査参加者B（20代女性）　風景構成法作品（図5）、デンドログラム（図6）</u>
　Bの連想は①一部分に岩・石があるのはおかしい、②山の中にある道はこのようなものだろうか、③川は好きだ、④現実味がない絵だ、⑤どう見ても田んぼに見えない、⑥こんなにきれいな川はなかなかない、⑦季節がよく分からない絵だ、⑧実家がなつかしい、の8つで、②・③・⑧が第1クラスター、①・⑥が第2クラスター、④・⑤・⑦が第3クラスターを形成した（図6）。

　第1クラスターについてBは"実家の前が川で、家の裏が山なんですよ。描いてたらなんだか実家のイメージと結びついてきた"、第2クラスターについては、"現実味のない配置になってしまった"ため、"結構マイナスイメージな、繋がりもあると思う"、第3クラスターについては"非現実的だろうっていう客観的な見方をしている"と語った。

図3 調査参加者Ａの風景構成法作品

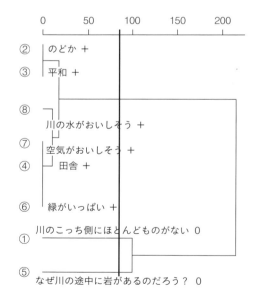

図4 調査参加者Ａの連想クラスター分析

第2章　風景構成法における作品を眺めるというやりとり　　57

図5　調査参加者Bの風景構成法作品

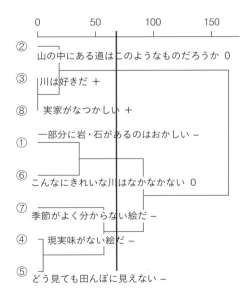

図6　調査参加者Bの連想クラスター分析

第1・2クラスターの比較では、"どちらも川に触れてるっていうところはあるんですけど、あまり関連していない"と述べ、第2・3クラスターの比較では"非現実的っていうところで共通している"と語った。よってBの場合でも3つのクラスターが構成されたが、大きくは2種類に分けることができる。そのうちの1つは、作品に対する"現実味がない"ことを"客観的"に連想した違和感の表明とも言える体験の第2・3クラスターの連想で、これは〈作品の技術的評価とそれに伴い生じる違和感や疑問〉のカテゴリーに該当する。もう1つはB自身の実家という個人的な事柄と結びついた第1クラスターの連想で、クラスターレベルでは〈作品と自分自身との関連〉のカテゴリーに該当する。このような類の連想はAでは見られなかったものだった。Aの場合では、〈作品の技術的評価とそれに伴い生じる違和感や疑問〉に該当する連想の重要順位が高かったのに対し、Bの連想の重要順位は⑤、①、③、⑧となっており、重視されているのは〈作品の技術的評価とそれに伴い生じる違和感や疑問〉であるが、実家のイメージに関する第1クラスターの③の重要順位も比較的高い。

　なお、第1クラスターの中の②"山の中にある道はこのようなものだろうか"は、作品についての疑問であり、第2・3クラスターと共通すると考えられるが、"家の裏が山"という実家のイメージとの結びつきのほうが強く、第1クラスターを構成したと考えられる。

調査参加者C（10代女性）　風景構成法作品（図7）、デンドログラム（図8）
　Cの連想は①大文字山、②祖母の家の近くにある川、③お墓の近くにある田んぼ、④大きな木のある家に住みたい、⑤この夏植えたヒマワリ、⑥かわいいネコ、⑦鴨川あたりの道、の7つであり、①・⑤・⑦が第1クラスター、⑥が第2クラスター、②・③・④が第3クラスターを形成した（図8）。Cは第1クラスターを"京都に関係するグループ"とした。第2クラスターは、"私の好きなもの"と語った。第3クラスターは"田舎を思い出す感じです"と語った。

　第1・2クラスターの共通点は、"ぱっと見、全然関わりないんですけど、思い浮かべた時の気分が似ている"ことだと語った。第1・3クラスターは共に"すぐ近くにあるわけじゃないけど、思い出されるもの"だと語った。第2・3クラス

ターは共に"好きなもの"だと語った。また、連想のうち、②・⑤・⑥の3つがプラス評価となっており、これらはそのまま重要順位の上位3つとなっている。Cはこの3つの連想がプラス評価になっていることについて、"思い出がある感じ"によるためだと語った。このようにクラスターは、AやBと同じく3つに分かれたが、Cの場合は、7つの連想すべてが〈作品と自分自身との関連〉となっており、〈風景描写とそれに伴い生じる感情的体験〉や〈作品の技術的評価とそれに伴い生じる違和感や疑問〉に該当する連想がなかったことが特徴的である。

　また、先述したように、Cの風景構成法作品は高石（1996）の構成型分類で言えばV型に相当するもので、視点が真上からと正面からの2つに分かれている。調査参加者によっては、このような視点の混乱や、構成がうまくできなかったことについて、"へただなあ"といった否定的な技術的評価をする者もいたが、Cの場合はそういった作品の巧拙について連想することなく、"思い出されるもの"や"好きなもの"といった、自身に関連する連想のみが生じていたと言える。また、"好きなもの"に代表されるように、比較的連想を肯定的に捉えており、その点では、Aにおける〈風景描写とそれに伴い生じる感情的体験〉での、"のどか"といった肯定的な印象に近いものがあるかもしれない。しかし、Cの場合は風景そのものからはやや離れて自身の肯定的な記憶を想起しているという点に違いがあると考えられる。

<u>調査参加者D（20代女性）　風景構成法作品（図9）、デンドログラム（図10）</u>
　Dの連想は①家の猫、②小さい時に住んでいた街を流れる川、③黄金色の稲穂がたなびく様子、④花崗岩→P山、⑤能天気な人、⑥空白…ゆとりが欲しい、⑦冷たい水、⑧渋滞、⑨けやきの木、⑩枯れ木、⑪友だちみんなでお花見をしたこと　その日は風が強かった、⑫Q地の山（岩でできていた）、の12個であり、②・⑨・⑪が第1クラスター、⑤・⑥が第2クラスター、③・④・⑫が第3クラスター、①が第4クラスター、⑦・⑧・⑩が第5クラスターを形成した（図10）。

　Dは第1クラスターは"小学生の時の思い出みたいな感じ"と語った。第2クラスターは"実際の自分はゆとりが欲しい"けれど、"能天気な人は思い浮かべる人とかもいるんですけども、なんか自分とは逆な感じがして、ギャップだからこそ

図7　調査参加者Cの風景構成法作品

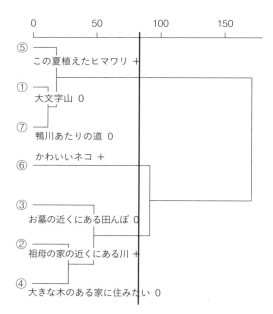

図8　調査参加者Cの連想クラスター分析

第2章　風景構成法における作品を眺めるというやりとり　　61

図9　調査参加者Dの風景構成法作品

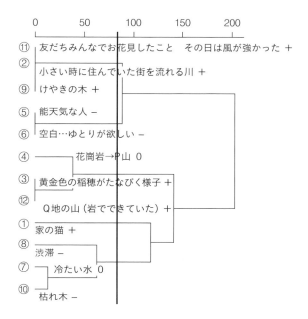

図10　調査参加者Dの連想クラスター分析

なんか関係がある"感じがすると語った。第3クラスターは"実際に見た風景なんだけど、ものすごい感情的になるようなものはないというか、なつかしいとか、そういうのはあんまりない気がします"と語った。第4クラスターは、"家の猫を思い浮かべながら描いた"ものだと語った。第5クラスターについては、"一番なんとなく思い出した感じのグループ"で、"苦い思い出"という点で似ているところがあると語った。

　第1・2クラスターの比較では、"こっち（第1クラスター）はちっちゃい時の思い出なので、すごい時間がいっぱいあったよなぁとか、だから今とは対照的な感じがします"と語った。第1・3クラスターの比較では、"どっちも光景とか風景なんですけど、⑪・②・⑨のほうがなんか強い、印象に強く残ってる"と語った。第1・4クラスターの比較では、"大切なものって言えば繋がるのかもしれない"と語った。第1・5クラスターの比較では、"⑪・②・⑨は割と良い思い出で、⑧・⑦・⑩は良くない思い出でもないですけど、多少……"と語った。第2・3クラスターの比較では、"まず人と自然だからちょっと違う。人に対してなんか見てる時は、いろいろ厳しい目で見てたりするんですけども、自然に対しての時は、なんかもっと緩んだ感じと言うか、もう少しリラックスしてるかなって思います"と語った。第2・4クラスターの比較では、"猫はマイペースなので、なんかうらやましい感じ"と語った。第2・5クラスターの比較では、"あんまり関係がないような感じもするんですけど、嫌な感じがするっていうのでは似てるかもしれない"と語った。第3・4クラスターの比較では、"猫に対して思うのと、自然を見て、ああきれいだなあとか、雄大だなあって思う、そういう意味ではちょっと似てるのかなって感じ"〈気持ちが動く感じ？〉"そうですね、ポジティヴに動く感じです"と語った。第3・5クラスターの比較では、"特に共通点はないですが、情景っていうことでは似てるのかな"と語った。第4・5クラスターの比較では、"家の猫と、前に住んでた家のこととかを思い出すと、家っていうことでは大きく繋がってるのかなっていう気はします"と語った。作品については、"白い部分が多いのが気になりました。全体を埋めたくないのかなあ、と気づいて、余裕やゆとりが欲しいのかもしれないと思いました。拙い絵なんですが、それを基に記憶の中の光景とか出来事が思い浮かびました"と説明した。

Dの連想はCと同じくすべて〈作品と自分自身との関連〉であり、自身の思い出や"記憶の中の光景"といったものが想起されている点もCと同様と言える。ただし、Dの⑥"空白…ゆとりが欲しい"という連想は、自身の置かれている状況と、風景構成法作品の空白の多さを重ね合わせるものであり、これは一種の自己解釈が生じている例と言うことができるだろう。

　Dの連想の重要順位は、②、⑥、⑨、⑪の順となっており、このうちの3つで第1クラスターが構成されている。上述したように、Dは第1クラスターを"良い思い出"として認識しており、その肯定的なイメージがそのまま重要順位にも反映されていると考えられる。その中でも唯一第2クラスターの⑥"空白…ゆとりが欲しい"という連想の重要順位が高かったことは、他の3つとはやや性質が異なり、作品を眺めることにより、自身の状況を把握できたことがDの中では相対的に重要な意味をもったのではないかと考えられる。

5．考察

5-1．4名のPAC分析の結果から

　上記の4名のPAC分析の結果を中心に、描き手が自身の風景構成法作品を眺める際に生じた、描き手と作品とのやりとりの体験について、以下で検討を行う。

　まずAでは、"のどか"や"空気がおいしそう"といった〈風景描写とそれに伴い生じる感情的体験〉と、"なぜ川の途中に岩があるのだろう"という〈作品の技術的評価とそれに伴い生じる違和感や疑問〉の体験が、別々のクラスターを形成していた。これは、Aの中で2つの体験が質的にかなり異なるものであったことを示していると言えるだろう。

　同様にBの連想も、"一部分に岩・石があるのはおかしい"といった〈作品の技術的評価とそれに伴い生じる違和感や疑問〉と、"実家がなつかしい"といった〈作品と自分自身との関連〉の2つに大別された。

　AとBの結果からは、同じ描き手の中でも比較的弁別可能な異なる質の連想が生じているということが確認できた。このことは、描き手が風景構成法作品を目の前にした時に、必ずしも1つの側面のみからそれを眺め、作品とのやりとりを

体験しているわけではない、ということが考えられる。また、"のどか"や"川の水がおいしそう"といった〈風景描写とそれに伴い生じる感情的体験〉の連想は、ただ風景の状況を説明しているだけではなく、そこから感覚・感情的な体験が生じており、その多くは連想評価でプラスとなる、つまり快感情に繋がっていると考えられることが特徴として考えられる。バウムテストにPAC分析を用いた藤中（2010）でも、本研究のAとBで見られたような、「全体的に明るい」や「晴れの日で気持ちがいい」といった風景描写とそこから生じる感情的体験が連想されていることを考えると、このような体験は風景構成法に限らず生じやすいものと言えるのかもしれない。

　また、AとB共に、〈作品の技術的評価とそれに伴い生じる違和感や疑問〉が生じており、その重要順位が比較的上位に位置していた。また、19名全員においても、〈作品の技術的評価とそれに伴い生じる違和感や疑問〉の連想評価はマイナスが多いという結果となった。藤中（2010）のバウムテスト後のPAC分析でも、「幹のところにある枝がおかしな生え方をしている」や「虹の描き方がヘタ」といった技術面での否定的な評価や、あるいはそれが基で生じるであろう作品への違和感が言及されている。この点についても、バウムテストにPAC分析を用いた際とほぼ同様の結果が示されたと考えられる。〈作品の技術的評価とそれに伴い生じる違和感や疑問〉に対する連想評価でマイナスが多いことからは、自身の風景構成法作品を眺めるというやりとりが描き手にとっては不快な体験になってしまうことも多いと考えられる。描画の巧拙は問わないと教示することが、風景構成法を含めた描画法では一般的であるが、AとBの連想の中で、〈作品の技術的評価とそれに伴い生じる違和感や疑問〉の重要順位が高いことからも、描き手としてはやはり注意が向きやすいものと考えられ、描画体験がもつ否定的な側面を表しているのではないだろうか。大山（2001）が箱庭の制作プロセスではズレが次の表現をいざなうと述べているように、こういった違和を感じる体験は、箱庭ではより表現を促す方向に機能する可能性を秘めていると言えるが、風景構成法のような描画では、表現が固定されて修正ができないため、それが「歪み」（川嵜, 2007）となり違和感や疑問の側面が強く出てしまうと考えられる。

　AとBとは対照的に、CとDでは、〈作品と自分自身との関連〉にのみ連想が

限定されていた。よって、必ずしも3つに分類した体験の複数が描き手の内で生じるわけではないと考えられる。また、別の調査参加者では、〈作品の技術的評価とそれに伴い生じる違和感や疑問〉に分類される連想のみの者もいた。つまり、3つに分類したうちの〈作品と自分自身との関連〉のみが単独で描き手の体験を占めるわけではないと言える。

またCの風景構成法作品は、高石（1996）の構成型ではⅤ型に該当するものだが、視点がほぼ1つに定まり、ある程度の遠近感・立体感をもって全体が統合されているⅥ型やⅦ型に該当すると考えられる作品を描いたAやBで生じていたような、作品の巧拙や違和感についての連想はまったく生じなかった。もちろん、構成型は作品の巧拙の度合いを表したものではないものの、遠近法的な表現がどの程度なされているか、ということが反映されている。Cの一例のみで断定することはできないものの、作品の構成型や、一種の「巧拙」と、3つに分類した描き手の体験には直接的な関係はないのではないだろうか。Cにとって、自身の風景構成法作品を眺める体験は、巧拙といった技術的評価に関する次元ではなく、自分の中でこれまでに生じてきたことを想起するというのが主たるものとなったと言える。

同じくDも〈作品と自分自身との関連〉が連想のすべてを占めた。Cの場合は第1クラスターが主に現在に関わるもの、第3クラスターが"田舎を思い出す"という形だったが、Dも同様に、ゆとりが欲しいという自身の現在の状況（第2クラスター）と、小学生の時の良い思い出（第1クラスター）に加え、あまり肯定的に捉えていない思い出（第5クラスター）も想起していた。このように、〈作品の技術的評価とそれに伴い生じる違和感や疑問〉だけがマイナス評価となるわけではなく、作品を眺めることで自身にとっては否定的に捉えられている記憶がよみがえる、ということにも注意する必要があるだろう。そして結果で述べたように、"空白…ゆとりが欲しい"という形の自己解釈を行っている点が、Cの体験との違いと言える。Cの場合は、現在に関する連想であっても、自身の内的状況について言及するのではなく、現在の外的な事象（例えば、"この夏植えたヒマワリ"）を想起している点で、"ゆとりが欲しい"という自身の内的状況（欲求）を連想したDとは質が異なっていると考えられる。このDの連想は、河合（1969）や中井

(1976) が言うように、自身の描いた作品がもつ意味を描き手自身が理解しているということが生じたことを示しているのではないだろうか。

しかし、他の18名の連想とそれに基づくPAC分析からは、少なくとも描画特徴から自身の内的・心理的状況を推察するような自己解釈と呼べるような事態は確認できなかった。もちろん、"のんびりしたい"といった欲求が連想で示されることはあったが、それが明瞭にどの描画特徴から喚起されているかはPAC分析における語りからは十分に捉えられなかった。"空白…ゆとりが欲しい"という形の自己解釈はDにだけ生じた特徴的な反応で、自身の描いた風景構成法作品とのやりとりの中で自己解釈に至るということは一般にも稀なことなのか、あるいは調査参加者の数を増やしたり、質を変えることで、異なる結果が得られるのかはさらなる検討が必要である。よって、少なくともDにおいて自己解釈が生じていたことから、自己解釈が描き手の中で生起する可能性を否定することはできないものの、本調査の結果からは、それがしばしば生じるものとは断定できない。なお、描画特徴への言及がない形での「～したい」といった自身の気持ちや欲求を示す連想については多数認められ、これらは確かに作品とのやりとりを通して生じた描き手の内的欲求の表現であり、このような欲求を言語化させたのは、風景構成法作品を眺めることによる効果の1つと言える。しかし、これを「自己解釈」と呼ぶべきかどうかは留保が必要であろう。これは、意識的に連想を求めるPAC分析の手法に起因している可能性もあり、連想の際に多少の水路づけをすれば[*8]、結果は異なっていたかもしれない。

5-2. 描き手と作品との「やりとり」――イメージという観点から

調査参加者19名のPAC分析の結果の概要と、個別にどのような連想、すなわち作品とのやりとりが生じているかについて、ここまで考察を行ってきた。それでは、〈風景描写とそれに伴い生じる感情体験〉〈作品の技術的評価とそれに伴い生じる違和感や疑問〉〈作品と自分自身との関連〉という形で要約された描き手の体験どうしの関係はどのようなものとなるだろうか。この点を「イメージ」をキーワードとしてさらに検討したい。

〈風景描写とそれに伴い生じる感情的体験〉は、感覚・感情の賦活が見られる

という意味では、「描かれた絵と現物との写実度や照合性によりも、絵や描画活動の背後にうごめき表現される心の現象に注目」する「臨床イメージ体験」（藤原, 2003 p.175）としての側面をもっており、描き手の内的な動きを高める可能性があると考えられる。しかし、そういったイメージの活性化は、イメージ療法について田嶌（1984）が述べているように、強烈で危機的な体験を急激に引き起こし、描き手の内界を動揺させる、あるいは不安定にさせることもあるだろう。これに対して、〈作品の技術的評価とそれに伴い生じる違和感や疑問〉は、一見すると風景構成法実施が否定的に作用する側面を示しているとも言えるが、描き手自身で作品と距離をとり、過度なイメージの活性化を留めようとする、安全弁の役割を果たしている可能性もあるのではないだろうか。風景構成法のPDI前後でのイメージ体験の変化を検討した中野（2010）は、その結論として、「風景構成法に描かれた世界に入り込んでPDIに答えた人はイメージが自律的に動くのを感じ、描画を客観的に分析して答えた人は、イメージの動きが弱まっていくのを感じていた」（p.217）と述べている。このPDI前後で生じた体験は、本章で検討した、自身の風景構成法作品を眺めることで生じる、描き手と作品とのやりとりについても同様に生じていることと言えるだろう。このことは、第1章で述べたように、逐次項目提示の時の見守り手からの言葉が「毒を微量投与すること」にもなりうるが、同時に「豊饒性に終止符」を打つ、いわば安全弁の役割を果たすという二重性とある意味で重なるところがある。つまり、PDIで言葉にすることはなくとも、描き手が自身の作品を眺める中で、イメージを活性化させることもあるし、また同時に心理的に距離をとることが可能となる場合もあることを本章の結果は示していると考えられる。したがって、風景構成法作品完成後に、まず作品を眺めている中でも中野の指摘したような体験は生じており、さらにPDIを行うことで、その体験が変化する（あるいは変化せずにそのままである、もしくはさらに深まる）可能性もあるのではないだろうか。

　また、第1章で風景構成法における「深い転移」が生じる際、皆藤（2004）が指摘するような「歴史性」「文化」「生の営み」が想起されることを可能性として示したが、〈作品と自分自身との関連〉は、自身の故郷や過去の記憶を想起するなど、「歴史性」とまで言ってよいのかは難しいものの、それに近いものが描き

手の中で連想されていたものと考えられる。このことに関連して、中井 (1996) は「本法が今日まで生き延びたのには、『心象風景』ということばがあるように、風景に心境を託する伝統のあるこの島の文化のおかげであろう」(p.3) と述べている。つまり、中井が指摘するような自身の心境を賦活し映し出す機能が、風景構成法作品とのやりとりの中で生じていたと言えるだろう。また、詳細には取り上げていないが、他の調査参加者の中には、例えば連想として和歌を挙げる者もおり、この場合は自身の「歴史性」やあるいは個人という文脈を超えた「文化」[*9]といった側面が、描き手の中で賦活されていたと言えるのではないだろうか。この点も「イメージ」による内的過程の展開と言えるが、〈風景描写とそれに伴い生じる感情的体験〉が、イメージの賦活化による感覚・感情的に「体感」されるのに対して、〈作品と自分自身との関連〉では、自身の記憶や文化的背景など、想起される内容がやや異なると言える。もちろん、例えば「田舎」という連想が生じる時には、広く一般的な、都市部と対比される「田舎」が想起される場合と、描き手自身の出身地や帰省先などの「田舎」が想起される場合とで、その両者を明瞭に分けることは難しいだろう。両者が底では通じているとも考えられるし、そもそも明瞭に分けることができない、ということも考えられる。

　なお、「自分自身との関連」では、風景構成法の作品特徴から、自身の心理的状況を推測するという、自己解釈が生じることが仮説の1つとして考えられたが、19名の中で明瞭にそれが認められたのは1名のみであった。これが他の描画法にはない、風景構成法の特徴なのかどうかは他の技法との比較を必要とする。また、PAC分析という手続きの中では自己解釈はほとんど生じなかったが、中野 (2010) はPDI前後の描き手の体験の変化の1つとして、「風景の中に自分が入り込むことで、自分が強く意識される」(p.215) といった体験を挙げている。この体験も、自己解釈そのものとは言えないものの、作品完成後のPDIというやりとりを通して自己解釈が生じる可能性を示しているように思われる。研究手法に加えて、調査参加者の質や数を変えるなどによって、この点はさらなる検討が必要である。

6. 本章のまとめと課題

　本章では、風景構成法におけるやりとりのうち、完成後に作品を眺めるという事態を取り上げ、さらにその中でも限定を加えて、描き手が自身の風景構成法作品を眺める際の体験を、作品とのやりとりと捉えることで検討を行った。これまでにも風景構成法では、完成後に描き手と見守り手が共に眺める体験が重視されており、特に、自身の描いた作品のもつ意味を描き手自身が捉えているのではないかという、いわゆる自己解釈の可能性が指摘されていたが、それも含めてPAC分析による探索的な検討を行った。その結果、描き手が自身の風景構成法作品を眺める際の作品とのやりとりの体験を、〈風景描写とそれに伴い生じる感情的体験〉〈作品の技術的評価とそれに伴い生じる違和感や疑問〉〈作品と自分自身との関連〉の3つに大別することが可能と考えられた。

　この中でも、〈作品の技術的評価とそれに伴い生じる違和感や疑問〉が少なからず生じていたこと、そしてこれらが否定的に評価されうるような体験となっていた点には注意が必要だと考えられる。また、Dで見られたように、過去の否定的な記憶が想起される可能性があるということにも注意すべきだろう。これらのことから、風景構成法作品が完成した後の作品とのやりとりを通して、描き手は否定的な自己感を強める可能性を考慮する必要がある。ただし、そういった否定的なものが「共・人・間・的・な・場・」（中井，1974　傍点原文のまま）で体験されるということは、描き手が1人でそれを体験するのとは意味が異なるだろう。それゆえ、そのような否定的体験を見守り手がきちんと受け止めることができれば、変容可能性にも繋がっていくと思われる。

　なお、風景構成法作品を眺める際の体験の違いは、描き手のパーソナリティの違いが反映されている可能性が考えられる。なんらかのパーソナリティ特性の高低と、風景構成法作品を眺める体験の関係をPAC分析の事例としても検討する必要もあるだろう。また、今回は非臨床群を対象として調査を実施したが、臨床群の作品と非臨床群の作品とでは印象が大きく異なることが予想される。臨床群の描き手が自身の風景構成法作品を眺める際の体験については、今後の検討が必

要である。

　また、いわゆる「絵画鑑賞」による心理療法的な効果も指摘されているが（例えば、高田ら，1997など）、このような絵画鑑賞と自身の風景構成法作品を眺める体験の異同についても検討が必要であろう。そのためには、自身の描いた風景構成法作品と、他の人が描いた風景構成法作品、あるいは風景構成法ではない、絵画作品のそれぞれを見た際の体験を比較検討することも必要である。また、今回は風景構成法におけるやりとりの1つとして、「共に眺める」ことを取り上げ、その中でもさらに限定を加えた形で、描き手と作品とのやりとりの検討を行ったが、自身の描画作品を眺めるという描き手内の体験と、臨床場面で重視される共に眺める体験では、必ずしも同じ意味をもつとは限らない。共に眺めるというやりとりを検討するために適した研究手法を考えていくことも、今後の検討課題として残されている。

第3章
「描かない」という形での風景構成法におけるやりとり

1. 風景構成法において「描かない」ということ

　風景構成法におけるやりとりについてこれまで、逐次項目提示という観点、描画後の描き手と作品とのやりとりという観点から検討してきた。さらに、第1章で述べたように、風景構成法を導入する際にもしばしばやりとりが生じる。その中でも、見守り手が風景構成法を導入しても、描き手がそれを拒否するということが皆藤（1998）や坂田（2004；2007）で示されている。皆藤（1998）は、風景構成法の描画拒否の際のやりとりに関して、風景構成法を導入しようとしたセラピストの姿勢を中心に考察しており、この事例の中ではクライエントは風景構成法の拒否後に自由画を描いている。坂田（2004）は、描かれなかった白紙の風景構成法作品について、十牛図の観点を導入して考察を行っている。

　上記の2事例ともに、風景構成法の導入時点で拒否が起こり、それを基にした考察が行われている。そこでは、描画拒否は単なる「reject」反応であり、「やりとりが生じなかった」がゆえにその意味を取り扱わないとか、描けないということから描き手の状態の悪さを指摘するといった理解の仕方ではなく、否定的な出来事ではあっても、心理療法におけるセラピストとクライエントの関係の中で生じた出来事として受け止め、そこで生じたやりとりを活かしていこうとする姿勢がこれらの研究には見てとることができる。

　ここで、上記の2例は風景構成法の導入そのものが拒否されているが、この場合は「描画拒否」という事態と言える。一方、風景構成法自体は拒否せず始める

が、一部の項目を描かないという事態もしばしば生じる。このことに関して、例えば山中（1984）は風景構成法の描画項目の中でも人が拒否されやすいと述べている。また、公刊されている風景構成法を用いた臨床事例の中でも、志村（2002）、角野（2004）、富松（2009）などでは、すべての項目を拒否するのではなく、一部の項目を描かないということが生じている。このような一部の項目のみを描かないことと、そもそもの導入自体の拒否の異同についてはこれまで十分に論じられているとは言えない。

　以上のことから、風景構成法の一部項目を描かないことについても、皆藤（1998）や坂田（2004）における描画拒否と同様に、それをやりとりの1つとして捉え、そのやりとりのもつ意味を検討する必要があると考える。もちろん、10個の描画項目のどれを描かなかったかによっても当然意味が異なってくるであろうが、一部を描かないこととすべての描画を拒否することは同列に扱うことができるのだろうか。また、もし異なるのだとすれば、そこにはどのような違いがあるのだろうか。このことについて、筆者の自験例を基に考察を行いたい。以下の事例の中では、風景構成法の項目の中でクライエントは「田」と「道」を描かなかった。志村（2002）の事例でも同様に「田」を描かないことが何回も見られ、それについての皆藤ら（2002）のコメントの中では、身体性についての言及が見られる。志村の事例と本章で取り上げる事例はクライエントの主訴や年齢、問題の背景などはまったく異なるものの、身体性という観点を導入することで、共通する見解を示しうるのではないかと考える。

　以下に取り上げるのは、自傷行為を繰り返した女性との心理療法の事例である。心理療法のプロセスの中で風景構成法を含めた描画法を複数用いているが、その中で生じた風景構成法の一部項目を描かないということを、やりとりという観点から考察する。また、自傷行為と「かく」ということの関係、さらにそこから発展的にクライエントの身体性と風景構成法の関連についても考察を行う。また、第1章で見たような風景構成法の特徴が、この事例ではどのように機能しているのか、ということも考えたい。

2．事例の概要と経過

2-1．事例の概要

> **クライエント**：22歳女性、E。大学4年生。
> **来談経緯**：筆者の所属していた相談機関の地方誌掲載広告を見た母親による申し込み。
> **主訴**：話を聞いて欲しい（電話申込時）。前向きになりたい（初回面接より）。
> **家族**：父（60代、公務員）、母（50代、専業主婦）、弟（大学生）と同居。
> **病歴**：X-3年、うつ症状（抑うつ気分、意欲低下、焦燥感、希死念慮）およびリストカットが始まるが一時改善する。しかし、就職活動がうまくいかなくなったX-1年夏より症状が再燃し、同年秋から大学内の診療所精神科を受診する。初回面接時点で抗うつ薬、抗不安薬の投薬があった。主治医の紹介状記載の診断は「非定型うつ病」であった。
> **初回面接のまとめ**：以降「　」：Eの言葉　〈　〉：筆者の言葉　『　』：その他の人の言葉

　母親に付き添われて来室する。筆者が待合室に迎えに行くと、Eは母親から何か声をかけられるが、それを振り切るかのように待合室を出る。

　X-1年夏頃からやる気が起きず、希死念慮が出現。精神科治療は薬物療法が主体で、話を聞いてもらいたいEは主治医のことを「尋問されてるみたいで信頼できない」という。X-1年夏頃の症状出現のきっかけは就職活動によるものとEは捉えており、当時は家を出ようとすると、胃痛で外出が困難になった。調子を崩してから大学の登校もできなくなり、留年が決まる。家族との関わりを尋ねると、母親には自傷や本音は語っていないという。自傷は腕（前腕）を切っており、X-2年にアルバイトが忙しく、大学との両立が難しくなった時にしたのが最初。「アルバイト先の人に話を聞いてもらいたくても、その人もうつだから、負担になってしまうので相談できなかった」。自傷のことを恋人と友人数人には言ったが、

彼氏は『俺、うつのことは分からないから』と言ってくるので、それ以上は何も言えないという。〈これからどうなりたい?〉「前向きになりたい、どうしてこんなふうになってしまったのか、原因を知りたい」。〈あなたには家族や恋人や友達に、もう一歩踏み込んで話したい気持ちがあるよう。そのことを聞いて、一緒に考えることはできると思う〉と伝え、面接継続をEも了承する。夢を尋ね、その後バウムテストを実施する。

夢①：知り合いが何人もいるけど、誰も私に気づいてくれない。

この夢についての連想は「すごく怖かった、疎外されてる感じが。大学をずっと休んでた時、誰からも連絡が来なくて見捨てられた感じがしてました」。

［バウムテスト（図11）］まず幹を描き、その中にしわのような線を引いた。次に包幹線を描き、それから幹先端を何度も確かめるように分枝させて描いてっ

図11　バウムテスト（#1）

た。続いて、実を描いた（3つの実がどのような順番で描かれたかは失念）。「本当はこれ（実）、地面に落ちたのを描こうと思ったんですけど、"実のなる木"ってことだったので、こっち（樹冠内）に描きました」。調子が良くない時に、時々1人で絵を描いているという。

[外見・印象] 小柄・痩せ型。服装は全体に地味だが、ラメの入った爪だけが浮いて見える。語り口は見下すようなとげとげしさを時折感じさせる。

[母親面接より]（母親面接は担当者・時間共に別で設定し、継続した面接を予定していたが、母親の不調のため、数回で休止状態となる）Eは幼少期より手のかからない子どもだった。中3の受験時、父親に反抗し、物を投げるなどしていたが、高校入学で収まった。現在は昼夜逆転の生活で、イライラがひどく自室に鍵をかけて籠もっていることもある。食事の量が減り、標準体重よりも大きく減少。Eの鞄の中の「死にたい」というメモを見た母親が心配になり相談室に申し込みをした。母親はどう対応したらよいか、困惑しているものの、どこか他人事のようなところもあるという。

[見立てと対応] 自身の苦しさを分かってもらえずに抑うつ状態を呈し、発露がなくなり自傷行為を繰り返している（神経症圏）。疎外感が根強く、自他を壊してしまう恐れから他者に踏み込んで心を開くことができずにいるが、面接においてもそれが反復された時にどのように乗り越えるかが課題。また、母親からの自立の問題も大きいと考えられる。週1回の臨床心理面接（有料）を実施する。

2-2. 事例の経過

毎週の面接契約であったが、キャンセルが多く、実質的には隔週程度の面接となった。キャンセル時にはほぼ毎回、当日母親から連絡があった。

1週キャンセル後の#2では、精神科受診日に付き添いをお願いしていた友人から、当日になって付き添いが無理だという連絡が入り、見捨てられた気持ち・希死念慮が強まり、その友人には「裏切った」「死にたい」というメールを大量に送っていたことを語る。うつになってから感情が出せなくなっているが、最近ブログを始め、悩みなどを吐き出せているという。幼少期は感情表出できていたのかと尋ねると、母親がストレスを感じているのを察して、あまりできなかった

という。特に、小学校でいじめに遭った際、担任の先生に助けを求めても取り合ってもらえず、親にも言えずに辛さを感じていた。〈そういう感情を出してしまうと相手を潰してしまうような怖さがある?〉と尋ねると、わずかに交際していた高校時の同級生男子のことを語りはじめる。当時不登校気味だったこの同級生の話をEが聞くと登校を始めたこと、大学入学後にEが彼にメールを送ったが返事がなく、ほどなくこの同級生が自殺していたのを知ったことなどを語る。

#3では大学内診療所が繁忙期で通常の診察ができなくなるので、他院を受診してほしいと突然主治医が言ってきたことへの不満を語る。「以前に私が大量服薬したことがあって、長期間の薬を出せないからこうするんだって。すごく腹が立って。でも、信頼してなかったから替える良い機会かも」〈何を主治医の先生に求めてる?〉「話を聞いてもらいたいです」と言い、投薬変更に伴う副作用に関して、主治医が取り合ってくれなかったことの不満も語るが、その裏には信頼したいという気持ちも見え隠れする。〈今回の件で、見捨てられたっていう気持ちを主治医の先生に言いたかったんじゃない? もう一度話してみたらどう?〉と伝えると、Eは主治医に再度の診察を希望し、#5では、主治医が今後も診察を継続することになったと語る。

#4では、ブログで知り合った男性に、自傷したくなったら電話していいよ、と言ってもらい、連絡先を交換したことを語る。しかし、「電話が繋がらなかった時は、私なんかいないほうがいいんじゃないかと思う」と、不安定な様子。〈あなたの自傷の話を聞いていると、なんとかしてそれだけ出さないと収まらない、という感じがする〉「溜まってる感じです。病気になってから出し方が分からなくなりました。本当はすごく悲しいはずなのに」。ここで風景構成法を実施する。

[**風景構成法** (図12)] 川を勢いよく描く。田と道は、「描けないです」と、ほとんどためらわずに拒否する。アディションは川の中の鳥。描き終えてから、〈田んぼと道を描かなかったのは?〉と尋ねると「最初に川をこう描いてしまったし、ここに道をどう描いていいのか分からなくて」と語る。

また#5では夢を語る。

夢②:死んだ友達と海ではぐれてしまう。彼に何か紙切れを渡そうとしている。
〈彼に何か伝えたかった?〉「そうだと思います。今でも時々彼に、自分の中だ

第 3 章　「描かない」という形での風景構成法におけるやりとり　　77

図12　風景構成法(#4)

けで手紙書いてます。力になってあげられなくてごめんなさいって。彼、私のこと好きだって言ってくれてたんです。でも私には恋人がいたから。死ぬちょっと前に『Eによろしく』って、共通の友人に言ってたみたいです」。

　主治医から、自傷のことも含めたEの病状を母親に説明することになる(#7)が、自傷のことを知ったら、更年期障害で不調な母親がパニックになるのではないか不安だという。しかし、病状説明後も、Eから見て母親の態度は特に変わらない。「母は私がうつ病だってことをまだ認めたくないみたい」〈お母さんに認めさせたい?〉「去年はそう思ってましたけど、今はもう諦めてます」〈泣きわめいて、認めてもらってもいいと思うけれど〉「泣きわめいたことが1年ぐらい前にありました。就職活動が全然うまくいかなくて爆発したみたいに母の前で泣いてしまって。その時は母が抱きしめてくれました」〈今もそうしてもらいたい気持ちがある?〉「ありますね」。

　2週キャンセル後の#8では、再度の投薬変更により、「まったく抑えが効かなくなり」暴れて、腕を切り続けていたことを語る。筆者にも初めて手首の自傷痕

がはっきりと見える。投薬を戻して落ち着いたものの、主治医への不信感が再び高まる。「無我夢中で腕切ってました。ひとりになると寂しいんですよね。誰かと繋がってないと不安でしょうがない。ブログとかで苦しいとか書くと、『切っちゃダメ』とかコメントくれたり、励まし合うこともあります。ネットで知り合った3人から、付き合ってってお願いされました。断ったけど、もう3人全員と付き合ったらいいのかな。苦しい時に誰か助けてくれる人がいればいい」〈切りたいと思うのであれば、無理に切っちゃダメと僕は思わない。でも自分を大切にしてほしいとは思う。死ぬしかないって思うなら、まずここでそのことを話して〉「はい」。

#9では自殺した同級生について語る。交際を始めた時、お互いに意識してしまい会話もろくにできなくなり、Eから別れを切り出したという。〈自分はもっと何かしないといけないみたいな気持ちがあるのは、彼に対する罪悪感と関係してる?〉「多分そうだと思います。こんなふうにうつになって苦しんでるのも、罰が当たったんじゃないかって思うんで」。

#10では伏し目がちで何も話し出さずにいるEに〈しんどい?〉と筆者が尋ねると、死にたい気持ちが急に高まってきたこと、卒論が思うように進まず、不安が強くなっていることを語る。主治医に『そうやってすべてを否定的に考えようとすること自体良くない』と言われたことが、自身のすべてを否定されたようだと言って涙を流す。〈悔しい〉「悔しいです」と言って断続的に泣き続ける。筆者からは、ただ悔しいと言うこと、泣くだけでも十分だと伝える。

4週キャンセルの後の#11 (比較的調子が良さそうに見える)、「メール送っても誰も返してくれない。自殺したら、やっとその人たちも私のしんどさに気づいてくれるかなって思う」〈死ぬことで苦しさを伝えたい?〉「相手の心の中に傷を残してやりたいって思います。憎いです、お前が死ねばいい、お前がうつになったらいいのにって思います」〈相手の心に傷を残してやりたいくらいしんどい〉「友人が自殺して、少なくとも自分の心には傷が残りましたから」〈主治医の先生も受け止めてくれない?〉「はい、もう替えようかなって思ってます」〈ここでのカウンセリングについてはどう思う?〉「主治医の先生とは一緒じゃないです。ここは自分で来たいって思って来てるから。でも寝たきりで行けなくて、時間とってく

ださってるのに迷惑かけてるなって」〈いや全然、あなたのための時間だから。ただ、来れないことで、余計にしんどい思いが増えてる?〉「しんどいってことはないですけど、でも来週こそは行かなくちゃって」〈それで動ける、調子の良い時は来ようと〉「はい」〈でもそうやってると、調子の良い時だけ見せてることになるよね〉「そうなんですよね。本当はしんどいから来るはずなのに」〈調子の悪いところ見せたくない?〉「あまり見せたくないですね。受け止めてもらえないことがこれまでに重なったので」〈受け止めてもらえないっていう気持ち、出せてる?〉「ブログに書いたりして出せてるとは思います。コメントもらってありがたいなって。でも本当に受け止めてもらいたいのは、ネットの顔の見えない人じゃなくて、もっと身近な人」。ここで筆者から描画を提案する。

　[**自由画**（図13）] 普段家でも描いているという手を描く。〈なんで手を?〉「こ

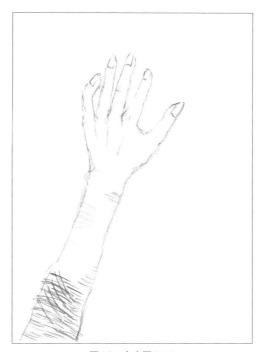

図13　自由画（#11）

ういう痕がたくさんあるやつ、描いてるんです。もしも私が死ぬことがあって、誰かがそのスケッチブック見つけたら私のこと分かってくれるかなって」。筆者から腕を見せるように促すと、わずかに袖をまくり、すぐに戻す。

#12では、「下からの出血」のために婦人科を受診し、性行為感染症の可能性があること、恋人以外にも、ネットで知り合った男性と性交渉をもったことを語る。〈無理に求められて?〉「無理にじゃないです、求められたしまあいいかって。それで自分のこと見てくれるならいいかなって」〈あんまり説教みたいなことは言いたくないけど、自分のことは大切にしてほしい〉「そういう気持ちはあるんですけど、でももういいかなって。どうせいつ死ぬか分からないし」〈自分のこと、嫌い〉「大っ嫌いですね。好きになったことなんてないと思います」と、涙を流しながら語り続ける。「私は悪いことしてないのに、私が悪いことしたみたいに言うんです。誰も私の話聞いてくれなくて。小学校の時もいじめに遭っても担任の先生はいじめたほうの肩をもって。誰も私のこと認めてくれなくてすごく悔しくて。中学校の時、一生懸命勉強して、学校で1番の成績になって、やっとまわりが私のことを認めてくれて。でも就活が始まったら不採用のメールが何通も届いて、私が人間的に問題があるんじゃないかって」。少し落ち着いたところでスクィグルを行う。

[**スクィグル**（図14）] 筆者の描線に少し線を足して、鳥を描く。「色は、今の自分がどんな色かなって思って塗りました。最初が赤で、次が黒。その後灰色とか黄土色とか、なんか汚い色が出てきました」。

#13では、自傷の回数が増えている一方、いつまた動けなくなるか分からないので、調子の良い時は少しでも卒論を書いているという。〈ちょっと前のめりじゃない?〉「でもこれぐらいでやらないと。もし卒論出せなかったら死にたいですし」。続いて、誘発線描画（後藤・中井, 1983）を行う。

[**誘発線描画**] 1枚目（図15）「チューリップに見えたので、おやゆび姫みたいな感じです」と微笑。2枚目は、しばらく固まり何も描こうとしない。〈ちょっと無理かな〉「はい、何も思い浮かばないです」〈次あるけれど、やる?〉「はい」と言うが、3・4枚目も共に描けず。「こんなにも思い浮かばないんだなーって。これって描いて何の意味があるんですか?」〈家で1人で絵を描いてるって言って

第3章 「描かない」という形での風景構成法におけるやりとり　　81

図14　スクィグル（#12）

図15　誘発線描画1枚目（#13）

たけど、ここでもそういうふうに描いてくれたら、それだけでいいかなと思って〉……〈どう思う？〉「あぁ、はい。まあそうなのかなって」と言うが、表情は不満そう。

　その後も自傷は続き、恋人の言葉に傷ついたと言って、部屋中のものを投げ散らかし、腕を切ってシーツを真っ赤に染めるなどしていたが、「誰も助けてくれない！」と叫ぶEに対して、『誰も助けてあげられなくても、お母さんはちゃんと見てあげるから』と母親が抱きしめてくれたという (#14)。しかしそれでも収まらず、飲酒の上で過量服薬しフラフラになる。また、恋人・友人にしんどいと訴え心配させてやろうと思うと語る。〈それって、僕に対してもそういう感じなの？〉と尋ねると、「心配はしてくれてはいても、それは義務でしてくれてるんじゃないかって感じはします」〈死にたい気持ちや、自傷するぐらい苦しいんだっていう気持ちは確かに感じるんだけど、出しきらないで抑えてるんじゃないかっていう感じもする〉「出したら、相手に見捨てられるんじゃないかっていう気がするんだと思います」〈お母さんや主治医の先生や彼氏も友達も、みんな他人でいつかは見捨てられる？〉「他人だっていう感じはありますね。みんな所詮他人なんだなっていう……」。ここで筆者から再度腕を見せてくれるかと尋ねると、袖をまくり、前腕のおびただしい数の自傷痕を見せ、それを2人で眺める。〈あなたは少しずつではあっても自分を出せるようになっていると思う〉と伝えるとEは涙を流す。最後に「ちょっと落ち着いてきました」と語る。

　その後も母親に嘘つき呼ばわりされたことに腹を立て、自傷を繰り返す。家出をしようとして、母親に宛てた手紙を書いて渡すと、それを読んだ母親が泣き崩れ、『どうしたら許してくれるの？』と訴えてきたが、Eはそれを振り切り、これまで許されなかった外泊を初めてしたという。その後はひどく腕を切ることがなくなる。手紙には、嘘つきと言われたことが嫌だった、なぜ自分が自傷をするのか、母親はEの病気には関心がない、病気と認めようとしていない、といったことを書いたという。〈伝わった手応えは？〉「どうでしょうか。『どうしたら許してくれるの？』って、結局私に嫌われたくないっていうことなのかな」と語る (#15)。

　その後、卒論を無事に提出し大学卒業が決まる。また、以前のアルバイト先の

人から元気にしているかという連絡があったことで見捨てられていなかったんだと感じ、調子の良い姿を見せる (#16)。その一方で、母親とケンカになると、やはり腕を切る。また、誰にも会いたくないとの思いでEが自室に籠もっているにもかかわらず、無断で入ってくる母親への怒りを語る (#17)。

卒業後の進路について、面接の中でも話していたが、#18では、希望する進路に備え予備校へ通うことに決め、面接曜日時間と重なるということで終結を希望される。やや唐突な感じもあり、再度の状態悪化もあるのではないかと筆者は思うが、自傷の回数もかなり減り、希死念慮もまったくないと語り、E自身は大丈夫だと言う。母親には依然として反抗を繰り返していて、反対を押し切り、先日初めて友人とカラオケでオールをしたことなどを語る。また、次の夢を語る。

夢③：ピアノが弾けなくて怒られている。弾けるまで帰らせてもらえない。

連想を尋ねると、ピアノは祖母が買い与えてくれたもので、幼少期から習っていたが、Eはとても嫌で、母親に強制されており、中学生の時に、発表会をすっぽかして、やめることになったというエピソードを語る。

これまでの面接を振り返ってもらうと、「自分にとっては大切な場だった。私、これまでここで一度も笑ったことないと思います。外にいる時は、誰と会っても『いつも笑ってるね』と言われてた。でも自然に笑ってるわけじゃなくて、まわりに合わせてた。だから、ここでは笑わなくていい、しんどい自分を出すことができたのは本当に良かった」と語る。

3. クライエントにとっての「描かないこと」の意味

まず、Eの自傷行為がどのような背景で生じていたのかを、心理療法の導入までの経緯とあわせて考察し、さらに、心理療法の過程の中で、描画法がどのように機能し、そして風景構成法と誘発線描画で生じた描かないことがどのような意味をもつのかについて検討したい。

3-1. Eの自傷について

川谷 (2004) が自傷者の特徴として指摘するように、Eには「まわりに合わせて」

(#18) しまうことで感情表出が困難になっていた様子がうかがえる。#1に実施したバウムテストで、自身の描きたかった方法ではない形で実を描いたことにもEの他者に合わせてしまう特徴が認められる[*10]。またEは自身の感情について、「病気になってから出し方が分からなくなりました」(#4) と語ったが、実際には小学生の頃から母親の状態を察して感情を出さず、いじめのエピソードからは、他者への信頼感は希薄で、感情表出は病前より難しかったことが推測される。夢①の「誰も私に気づいてくれない」も、Eが周囲に受け入れられているという感覚が希薄なことを示していると考えられる。そのような状況で周囲の負担になることを恐れ、1人腕を切ったというのがEの自傷の始まりだった。さらにこの自傷の背景には自殺した友人への罪悪感を償うための自罰的な意味が込められていた。夢②でその友人と繋がろうと試みていることからも、Eの中ではまだこの友人のことが消化しきれずにいたものと考えられる。また、感情表出が困難な一方で、Eは腕を切り出すと止まらなくなったり、友人が通院に付き添ってくれなくなると、大量のメールを送りつける (#2) など、溜まった感情が爆発するとコントロールが効かなくなっていた。#4に実施した風景構成法において、最初の項目である川を右上から左下に迷いなく描いたことからは、Eがもつ勢いのよさが感じられるのと同時に、その後の田や道を含め全体を勘案しながら描こうとするのではない、自身の内的な力のコントロールの難しさがここにも表れていると考えられる。

　このような他者への不信が根強い状態で心理療法が開始されたが、主治医に対して直接不満をぶつけることをEは避けていた。筆者の促しにより、Eは再び主治医のもとで治療を受けることとなるが、その後も投薬変更で不信が生じ (#8)、『すべてを否定的に考えようとすること自体良くない』と言われたことが、自身のすべてを否定されたように感じる (#10) など、主治医を信頼することは容易ではなかった。これは主治医の側だけの要因ではなく、Eが他者を信頼することの難しさは筆者に対しても同様だったと考えられる。加えて母親の申し込みによって心理療法が開始されており、面接に通うこと自体が母親に操作され続ける構造の中に位置づけられてしまうため、その時々での不調というのはもちろんあっただろうが、母親に抗うという意味も含まれて、キャンセルが多くなってい

たと思われる。このような経過の中で、Eとの間で描画を用いてどのようなやりとりが生じていたのかを以下に考えたい。

3-2. 関係の中での描画表現の意味

　#1に実施したバウムテストはアセスメントを意識して行ったものであった。その描画後のやりとりでEは、1人でも絵を描いていることを語っており、面接の中でも描画による表現が可能なのではないかと考え、風景構成法を導入した。また、#4で風景構成法を実施した頃になると、Eはブログで自身の思いを発散し、それを受け止めてくれる存在も出てきていた。1人で腕を切り、苦しさを紛らわせるだけだったEが、他者を希求しはじめたと考えられるが、そのエネルギーのコントロールは難しく、なんとかそれが面接の中で収まることはないかと思い、その1つの方法として風景構成法以降の一連の描画を行った。

　風景構成法では人や木を道の上や余白に定位することができず、それらは筆者の引いた枠線の上に描かれた。#1のバウムは根本の安定操作がなされておらず、宙に浮いた状態で、Eの根差すことの難しさが表れていると言えるが、風景構成法の人と木は、かろうじて枠線の上に立つ形となり、ここにもEの他者への希求が感じられるとともに、なんとか筆者との関わりをもてる状態となっているように考えられる。また、川を描いた勢いと同じように、Eは田と道をほとんどためらいなく描かなかった。川と山の配置からすれば、確かに描きにくいと言えるが、そこまで大きな歪みを見せることなく田と道を描くことが「技術的には」可能だったのではないだろうか。あまりのためらいのない様子に筆者も再度促すこともなく、また逡巡することもなく、次の家を教示した。妙な言い方になるが、このためらいなく田と道を描かなかったことに対して、筆者は風景構成法の逐次項目提示のリズムを優先したといったほうがよいかもしれない。ここでEが田と道を描かなかったことの意味を十分に捉えきれなかったために、筆者はPDIでEにこのことを尋ねているが、それに対するEの反応は、配置に困って描けなかったという、いわば「自我的」な視点からの語りであった。もちろん、配置や構成の難しさといった理由は当然あるものの、そうではない何かEなりの意味があるとは感じながらも、筆者としてはこの田と道を描かなかったことの意味を消化で

きないままであった。しかし、「誰も自分のことを分かってくれない」と、1人で自傷するだけになってしまうEに対して、なんとか筆者はやりとり・関わりができているのではないか、そして描画がその後もEの中での表現手段となりうるのではないかと考えていた。この風景構成法における田と道を描かなかったことについては、後に身体性との関連で考察を行いたい。

　#11では、キャンセルの多い状態を筆者から話題にすると、Eはネット上の他者ではなく身近な他者に受け止めてもらいたい気持ちを語った。この回では、さらに自らを表現することが可能ではないかと考え自由画を行うと、Eは家でも描いているという自傷痕の残る自身の腕を描いた。これは、自傷の苦しさを筆者に伝えようとしたメッセージ性の高い描画であるが、それまで自傷痕をまったく見せることのなかったEが、暗に自傷やその苦しさを伝えるのではなく、自傷そのものを描いたということに筆者は驚いた。これは先に見た、Eの感情表出困難およびその表出時のコントロールの難しさに通じ、自傷するほどの苦しみを訴える手段が、それそのものとしての「自傷画」になってしまうというEの表現通路の少なさを感じさせるものであった。

3-3. 共に見る――自身の攻撃性を見つめること

　#12では、「自分のこと見てくれるなら」と、ネットで知り合った男性と性的な関係をもったことをEは語り、筆者は思わずその行為を非難してしまうが、その後のやりとりを通して、Eは自分ばかりが悪者扱いされ続けてきた悔しさを涙ながらに訴えた。さらにスクィグルを行うと、「汚い色」とE自身言うような、赤・黒を基調とした鳥が描かれた。

　ここで、Eが述べる「最初が赤で、次が黒」という色について考えてみたい。赤色からは、シーツを真っ赤にする（#14）ほどの血をイメージすることは容易く、これは自傷に代表されるようにEが自身に向ける攻撃性を示すものだと言えるだろう。一方、黒色は、「相手の心の中に傷を残してやりたい」「お前が死ねばいい、お前がうつになったらいい」（#11）といった形で、徐々に面接内で語られるようになってきた、他者への恨みや攻撃性を象徴するものと考えられ、この両者が筆者の描線という刺激を基にまとまった形をとり、色に感情を託した形で表現が可

能となったと思われる。またこの鳥に目が描かれた点にも注目したい。風景構成法のアディションでEは川の中に小鳥を描いたが、これは風景内の人と同じく表情をもたないものであった。その鳥が、「汚い」色ではあっても、きちんと色（感情）をもった形で表現され、さらにそこに目が生まれたことは、赤や黒に象徴される自身の攻撃性をEが見つめることが可能となったという重要な変化が示唆される。さらに、スクィグルという両者が関与した形で生まれた「汚い」鳥をEも筆者も共に眺めることが可能となり、#11の時点では筆者と共有することが難しかった自傷痕を#14で共に見ることにも繋がったのではないだろうか。

3-4. 描かないことによる主体の確立——幻想の断念と現実への繋がり

　自由画、スクィグルと、Eの表現がより分化しており、複数の刺激に対してどのような表現が可能なのかと考え、#13で誘発線描画を実施したが、このことはEに対して「前のめり」と伝えた態度に、筆者のほうがむしろ嵌ってしまっていたように思われる。これまでも、キャンセルの取り扱いなど、無意識的な面も含めたEの感情を筆者が適切に受け止められていたとは言えず、感情表出を促しつつも、それが受け止められないという意味では、筆者との間でEは、心配しながらも抱えようとしない母親との関係に近いものを体験していたのではないだろうか。そして、Eにとっては筆者が描画を促すことも、自己を表現しても抱えられない体験になるのではないか、と感じていたように思われる。

　このような筆者の「前のめり」な意図をEは見透かしたように、誘発線描画の2枚目以降を描かなかった。誘発線描画の2枚目はその刺激となる描線から、描き手の攻撃性を喚起しやすいと考えられるが、ここではEは自身の攻撃性を筆者に示さなかった。先のスクィグルにおいては、赤や黒といった色に託した形での攻撃性の表現ができていたものの、今回はそういった表現することを拒否し、さらに3枚目・4枚目の描画も拒否した。そして、「これって描いて何の意味があるんですか」と、筆者への不満を示した。描画を促した筆者の意図をEがこのような形で否定したことが示すのは、先に見たスクィグルでの黒色の表現、つまり他者への攻撃性が、描くことによってではなく、描かないことによって筆者に向けて表現されたということであろう。ここにおいて、Eは自身が不満に感じている

ことを身近な他者に直接、さらに適切な程度（「裏切った」「死にたい」などのメールを大量に送りつけるでもない）で表出することが可能になったと言える。あるいは、誘発線描画の2枚目の刺激描線が、筆者から攻撃性を向けられたものとしてEは反応したのかもしれない。1枚目の「おやゆび姫」はそういった攻撃性とは遠い世界を示しているように思われるが、提示された攻撃的な2枚目によって、Eはスクィグルで示した自身の攻撃的な側面を再び暴こうとした筆者に対する反意を示そうとしたとも考えられる。そして上述したように、母親に似た者としての筆者が導入した描画を拒否することによって、自分を抱えようとしない両者を否定しようとしたのではないだろうか。

　この後、理解してもらえないことに不満をもっていた母親にもEは明瞭に反抗し、自身の苦しさを分かってもらいたいことや、E自身の考えがあることを主張し、ぶつかり合うことができたが、この後のEの母親に対する態度は、この描画拒否の延長線上に位置づけられるように筆者には思えた。そして、「相手に見捨てられるんじゃないか」という恐れを抱いていたEは、母親に見捨てないでくれと懇願するのではなく、逆に母親は「結局私に嫌われたくない」（#14）だけであることに気づいていった。つまり、このような形で筆者と母親を否定することで、Eは徐々に自身の主体を形成しえたのであり、自分なりの進路を模索し、面接終結を希望したのもまた、母親によって用意された心理療法を否定（終結）する行為だったと言える。

　あるいは、Eは描画拒否によって、自分にはもはや投影して「描く」べきものがないことを筆者に示したとも言えるのではないだろうか。これらの否定の表現を通して、Eは自身の空虚さに向き合わざるをえなかったようにも考えられる。別の見方をすれば、バウムに端的に表れているような、うまく根差すことのできなかった現実にEは向き合い、結果的に面接の終結を選んだとも言えるだろう。このような観点からすると、面接終結時の夢③において、怒られながらもEはピアノの前から立ち去っていないことは重要だと思われる。夢②で亡くなった友人との繋がりを求め続けたEだが、そういった「不可能な繋がり」という幻想を断ち切り、恋人や母親がいつでもEの話を聞いてくれる、つまり万能的に受け止めてくれる存在ではなく、「所詮他人」であるという、受け入れ難かった現実とい

う課題（夢ではピアノ）にEは目を向けていったように考えられる。河合（1998）が「求めていたものが存在しないとか、それが喪失されたとか、否定的に体験することは、同時にその逆の体験を本当は知っていることを意味する」（pp.270-271）と述べているように、Eは母親や筆者、あるいは亡くなった同級生などとの「繋がり」を求めていたが、それらと「切れている」ということを認識することで、逆説的に現実との「繋がり」を取り戻し、面接を終えていったのではないだろうか。

3-5．描画と自傷——「描くこと」と「搔くこと」

　Eの自傷行為はカッターナイフなどで腕に傷をつけるリストカットと呼ばれるもので、Eの自傷痕を見た時、筆者はおびただしい数の「引っ掻き傷」のようだと感じた。ここでは描画における「描く」ということと、自傷行為における「搔く」ことの両者の基盤にある「かく」という観点から、Eの描画と自傷を考えてみたい。

　石川（2002）は「書く」「描く」などで表される「かく」ということの背景には「人間が道具（農具や筆記具）を用いて対象世界にはたらきかけ、対象を変形することを通じて自己を確立する」（p.162）という共通性があると述べている[*11]。Eの繰り返される自傷行為は、自殺した友人に対する罪悪感を動機とした自罰的行為によって、「（E自身という）対象を変形することを通じて（新たなE自身という）自己を確立」することが当初は目指されていたのかもしれないが、繰り返された自傷は、松本（2011）が言うように嗜癖化されてしまい、空疎なものとして本当の意味で実現することなく反復されていた。

　この悪循環を抜ける契機となったのは、逆説的ではあるが、描画において自身を表現する（描く）ことだけではなく、「まわりに合わせて」しまうEが筆者の描画の促しを#13で拒否したことに示される、「かかない」ことであったと考えられる。つまり、Eの描画拒否は、上述の通り、筆者を否定するという側面があるが、さらに、空疎で意味をもちにくかった「かく」という行為に、それを否定することを通して逆説的に意味を回復させるものであったと考えられる。そして、描画拒否を通して「かく」ことがEの中で空疎なものでなくなり、そのことに

よって「自己を確立する」ことができてくると、自身の腕を「かく」（この場合は自傷としての「掻く」）ことは必要なくなり、徐々にその回数は減っていったのではないだろうか。

　以上のことから、Eの描画拒否は、まず筆者や母親を否定することで主体の生成のきっかけとなったが、これを別の視点から見れば、「かく」ことの本来もつ意味が、「描かない」ことを通して逆説的にEの中で実現し、「自己を確立する」ことが可能になったと言える。このことからは、風景構成法における田と道を描かなかったことも、Eの中での「かくこと」が意味をもちはじめる契機だったと考えられる。特に田は、上記の石川（2002）が述べているように、農具を用いて自然という対象世界を人工物に変えることによって初めて生まれる領域である。その田を描けないということは、「自我的に」見れば、配置や構成の難しさという観点で考えることが可能ではあるものの、Eの深い次元では、まだそういった形での「かく」ことの意味は受肉していなかったがゆえに、描かないという選択をせざるをえないものだったのかもしれない。この風景構成法における田と道を描かなかったことについて、身体性という観点を導入して、以下にさらに考察を行いたい。

4.「描かない」というやりとりと「身体性」

　風景構成法において、Eが田と道を描かなかったことを考える際に、自傷行為を問題としたEに対して、風景構成法がどのように作用したのか、という点からの検討も可能と思われる。風景構成法で描かないことが生じた際のやりとりを取り上げ、特にそれを、筆者が感じた「リズム」という意味での身体性の次元と、第1章で検討した「深い転移」に関わるEの身体性の問題という次元の2つの水準で考えてみたい。

4-1. やりとりのリズムと身体性
　まず、Eが田と道を描かなかった時の様子をもう少し詳細に振り返りたい。
　#1でバウムテストを行っていたこともあり、筆者からの風景構成法への導入

と教示に対してEが戸惑いを示すような様子はなかった。あるいは、「まわりに合わせて」しまうEは風景構成法の導入自体の拒否はできなかったのかもしれない。先述した通り、川を勢いよく描いた後の山は、川の大胆さから考えると不自然と感じてしまうほどに、右上の領域にひっそりと描かれることとなった。用紙の左上の領域が空白となり、風景全体の背景に山が描かれる構成とならなかったことに、筆者は多少なりに違和感を覚えた。確かに遠近法的には背景となる山を小さく描く、ということは適切かもしれないが、そうであれば、左側にもEは描くことができたのではないだろうか、という疑問のようなものがあった。しかし、こういった「疑問」も後になって言語化可能なものであり、風景構成法実施時には、かすかな違和感という程度で感得できたに過ぎない。

　そして田の教示を行うと、先述した通りほとんど考える間もなく、「描けないです」と語った。Eが田を描けないということに何より驚いたが、しかしその一方で、「なぜ描けないのだろうか？」という疑問が筆者の中に強く湧きつつも、逡巡するよりも前に、次の道の教示を行っていた。そして、Eは道も同様に描かなかった。もしかすると、次の項目である家も描けないのではないかという思いがありながらも教示すると、ほどなくEは描くことができた。以後の項目もほぼ同様に描かれていった。

　Eが田と道を描かなかった時、筆者にはなぜそのようなことが生じたのか、その意味がよく分からず、しかしその事態に留まることもできず、ほとんど迷うことなく次の項目を告げていた。#1で感じた、Eの「見下す」ような感じに筆者のほうが畏縮してしまったという側面もあっただろう[*12]。しかし、そこには描かないということがありつつも、筆者が次の項目を告げる、それを聞いたEが描く（もしくは描かない）という何かしらのリズムが生じていたように感じる。もちろん、風景構成法を実施した場合のすべてにおいて、あるいは一部の項目が描かれない場合にいつでもこういったリズムが生じるわけではない。非常に迷いながら描く人や、あるいは例えば田で稲を1つずつ描く人など、描くことへの没頭が見られる時には、やりとりはリズム良く進むという感じではない。もちろん、このような描き手が没頭する様子を見て、「リズムが悪い」と否定的に感じることはなく、むしろその没頭する様子は、描き手なりのコミットが感じられ、筆者としては描

き手への「関与しながらの観察」の深さが増す印象である。一方で、明らかに風景構成法実施への意欲が低い場合には、淡々と進むという感じで、これもまたリズムが感じられにくい[*13]。しかしEとの風景構成法では、そのどちらでもなく、逐次項目提示の際には時間をかけた没頭もなければ、意欲が低いといった感じでもなく、ただそのやりとりにリズムが生じている、というものであった。第1章において非対称なやりとりの喩えとして用いたシートノックで言えば、筆者の打ったボールをEがエラー（後逸）したか、あるいは、筆者の打ち方が悪かったためにボールが全く別の方向に行ってしまって、Eが捕球できなかった、といった感じである。だからといって、そこで筆者が次の球を打つことを止めるわけではなく、テンポよく次の球を打っていき、Eもそれに応えていった、というような感覚であった。

　このシートノックの喩えや、「リズム」という言葉が示すように、Eがなぜ田と道を描かなかったのかについて、その意味が十分に分からないまま、しかしただそのリズムに乗る形で、筆者は次の項目を告げていたように思われる。その瞬間には、立ち止まって「理解する」とか、「考える」といった要素は筆者の中でまったく機能していなかったように思われる。考えるよりも、「思わず身体が反応して」次の項目を告げていた、と言い換えることができるかもしれない。これはちょうど、プレイセラピーにおいて、子どもの遊びの意味を「考える」ことで筆者が止まってしまうと、クライエントの中で生じていた動き自体が止まってしまうように、考えることなく反応するような瞬発力でもって、筆者が反応していたように思う。もちろん、個々の事例で見立ても異なり、瞬発的に反応することがクライエントに対して破壊的に作用するような相応しくない場合もある。また、瞬発的な反応をするにしても、その反応の仕方は様々にあるだろう。Eとの風景構成法において生じていたと筆者が感じたリズムは、このような瞬発的なものであり、そこには思考といった要素のない、まるで脊髄反射のような身体ごとの反応があったように思う。このようなことが生じたのは、もちろん筆者の側の問題も多分にあったと思われる。Eが田と道を描かなかったことに対して、そこに含まれていたであろうEの否定的な感情を受け止めきれずに、流してしまいたいという無意識的な反応（逆転移）があったかもしれない。しかし、このリズム

が生じたこと、あるいは、なぜ川や山ではなく、描かれなかったのが田と道だったのか、ということを考えると、Eもまた筆者と、あるいは風景構成法と呼応して、このリズムを生み出していたのではないかと考えられる。そこで、Eの側から田と道を描かなかったことの意味を考えてみたい。

4-2. 田と道を描かないこと――身体性の問題

　志村（2002）は、チックの女児の事例の中で風景構成法を用いているが、この事例のクライエントは、繰り返し田を描いていない。心理療法の進展の中で、ついにこの女児は田を描けるようになるが、皆藤ら（2002）は、田とこの女児の身体性との関係についてコメントしている。特にその中でも、風景構成法において、川や山は自然の領域に属するものであるが、田は、人が自然に手を入れる、いわば自然が「去勢」されて、「人間世界へと開かれる窓口」（p.209, p.237）であるという捉え方をしている。田が生まれるには、自然を「去勢」する必要があるという観点から、この項目は身体性が深く関わるものであると捉えられている。

　志村（2002）の事例と本章の事例のEは年齢も主訴も背景も異なるので、すべてを同列に扱うことはできないものの、上述したような「かく（描く、掻く）」ということとEの自傷行為との関連からは、田を描かないことの意味はEにおいても身体性との関連で考えることが可能だと考える。石川（2002）が述べる「かく」ということの意味を用いれば、Eは「田」という自然を「引っ掻き」、自然を人間の世界のものとする項目をこの時点では描けなかったものと考えられる。すなわち、川、山という「自然」は描けても、自然を人工・人間にするという作業、生身の身体をもった人間として生きるという次元にはまだ降り立てないということ、さらに、自然と人工（風景構成法の施行順で言えば「家」が該当する）を「道」で繋ぐこともまだできないということを示しているのではないだろうか。このような観点からすると、Eの繰り返された自傷行為は、風景構成法で言えば、「田」を耕そう・描こう（掻こう）と何度も引っ掻き続けるが、どうしても描けない（掻けない）ともがき苦しむものだったのではないだろうか。つまり、Eは自身の身体が自然から人間へと受肉したものとなれずにもがき、引っ掻き続けていたと言うことができる。

以上のような形で田と道を描かなかったEの「繋がらない」風景は、人や木を枠線の上に立たせることとなった。このことはかろうじて筆者の引いた枠線に繋がることができているという、関係の繋がりを示すものでもあるが、しかしクライエントが自身の足で立てない、未分化な弱々しい状態にあることをも示している。そして、以上のようなメッセージを、Eは風景構成法のやりとりの中で筆者に伝えようとしていたのではないかと考えられる。もちろん、ためらいなく描かなかった様子を考えれば、Eがそこまでのことを一瞬の内に意図的に「考えて」行ったというわけではないだろう。しかし、第1章で検討したような風景構成法における「深い転移」の次元でのEからのメッセージは、以上のようなものが瞬間的に喚起されていたのではないだろうか。また同時に、確かにメッセージとして伝えようとするものの、それを出したところで、もしもそれを受けとってもらえなかったらどうしようという思いもあり、それを目に見える形で明らかに伝えようとはせず、ちょうど服を着て自傷跡を隠しているように、この描かないというやりとりの中に、このメッセージを込めて（隠して）いたのではないだろうか。

　ある意味では、瞬発的に反応した筆者とEの間で、身体性という共有項をもつことがこの時点では生じていた、あるいは、やりとりが共鳴するリズムを生んでいた、と言うことができるかもしれない。しかし、このやりとりには、以下に見るように、身体が必然的に抱える「断絶」が布置されることになったように思われる。

4-3．やりとりのずれと**身体の断絶**——断絶から「繋がり」へ

　以上に述べたように、Eとの風景構成法におけるやりとりには、2つの次元があり、そのどちらもが身体性と関わるものであったと考えられる。表層の逐次項目提示における音声のやりとりは、筆者が身体ごと反応するリズムという形であり、ある意味ではうまく進んだのかもしれない。しかし、筆者は「深い転移」の次元での、田を描こうとしても描けない（掻けない）というEからのメッセージを適切に受けとることができずに、そのままさらに描画を用いる面接が続いた。田と道を描かないことがあったものの、Eは関係の中で自身を表現することが可能となりつつあり、このまま描画による心理療法を続けることが有効に働くのでは

ないか、という「前のめり」に筆者が陥っていた。結果的に、この次元でのメッセージの受けとれなさ、やりとりのずれが、Ｅと筆者との間に亀裂を生じさせ、ひいてはＥと母親、そしてＥと世界との亀裂を生むこととなったように思う。この局面においても、身体性という人間にとって不可避な側面が作用していたのではないだろうか。

　身体は物理的には他者と繋がっていることはない。心理的には母子一体となっているような乳児と母親のペアであっても、出生で切り離されてからは、その身体は断絶している。"相手の身になって"という言葉が示すように、確かにその断絶を乗り越えようと思いを馳せることはできても、しかし、それによって完全に繋がることができるとか、完全に相手の気持ちが分かるなどの形で、その断絶が乗り越えられると考えることは、幻想でしかないだろう。この身体の断絶のように、Ｅと筆者は風景構成法において、それが実施されるリズムは共有はしていても、その底に流れるＥからのメッセージを筆者は受けとり、繋がることができなかった。あるいは、自覚的に筆者がそれを受けとろうとしても、そもそも受けとれなかったのかもしれない。このずれ・亀裂が端緒となり、Ｅは他者との繋がりではなく、隔たりがあるということを受け入れざるをえなくなり、心理療法の場を離れて、逆説的に世界と、あるいは現実と「繋がる」こととなったのではないだろうか。

　田が、自然に亀裂を生じさせて初めて生まれるものであることを考える時、その田を描かなかったＥは、まだこういった世界との断絶を受け入れられる状態にはなかったのかもしれない。しかし、この亀裂・断絶はＥが生きていく中で向き合わざるをえないものであろう。それが心理療法の場で布置されてしまったということは筆者の見立ての甘さが一因となっていた。しかし、いずれどこかでこのような体験をせずには生きていけないのだとすれば、決して筆者の治療態度を正当化するつもりはないが、遅かれ早かれこのような局面が訪れていたのかもしれない。もちろん、この局面を軟着陸させるような抱えがＥには必要だったと思われるが、面接の終結の仕方では、それが十分に実現できなかったのではないかと考えられる。ここで、Ｅとの最後の描画となった誘発線法における描画拒否についても改めて考えてみたい。

誘発線法の1枚目で描かれた「おやゆび姫」は、単なる「お姫様」が描かれたのではなく、「おやゆび」という形で形容されていることが重要で、まだこの時点においても、おやゆびほどの大きさしかないというEの身体性を象徴するようなものであろう。またこの物語を、少女が成長し困難を乗り越え王子との結婚を果たすというような女性性の獲得という視点から考えることもできる。つまり、Eの自傷行為をめぐる母親との葛藤と拒否、そして母親からの自立は、女性としての成長の物語でもあり、それをおやゆび姫になぞらえることもできるだろう。あるいは、Eは極度の体重低下を示しており、摂食障害のような状態であったが、月経の止まってしまう摂食障害は女性性の成熟の拒否との関連を指摘されることが多いことから、これまで述べてきたEの身体性の問題は、自然から人間になるという意味のみではなく、心理的な意味で「女性の身体になる」という次元の問題も含まれていると考えられる。ネットを通して知り合った男性と性的な関係をもったということは、リストカットと同じく決して「適応的」ではないものの、Eが心理的に「女性になろう」ともがく中で行われたものであったのではないだろうか。
　しかし、Eは2枚目以降、固まってしまい、まったく描かなかった。技法の違いはあるものの、風景構成法とも違い、この時のやりとりはまったくリズムの感じられないものだった。誘発線描画の後の、「描いて何の意味があるのですか」というEの語りは、筆者への怒りや不満の表明という次元で捉えることができるし、その奥には、先述したように「自分には描くべきものがもはや何もないこと」を示しているとも思える。あるいは、もうこれ以上「かく」必要はない、これ以上（自身の身体を）「かかせる」ような辛い目に遭わせないでくれ、という願いや、自分と他者の「身体」は繋がっていない、という断絶を悲しみ、恨む言葉のようにも聞こえる。
　以上のように、Eにとっては、「かかない」で良くなる、すなわち自傷行為をしなくてもよくなるということは、症状がなくなるという観点からは確かに「適応的」になったかもしれないが、その背後にあったのは、「身を切られる」ような苦痛、自己と他者は異なる身体を生きているという断絶（あるいは現実）を受け入れて、受肉していく過程であったように思う。あるいは、自分と他者は異なる、

第3章 「描かない」という形での風景構成法におけるやりとり　97

切れているという意味での身体性を獲得する（身体性と「繋がる」）ことだったのではないだろうか。「適応」の背後には、このようなEの苦しみが流れているということを忘れてはならないだろう。

4-4. 風景構成法が果たした役割

　最後に、Eに対して行った一連の描画法の中での特に風景構成法が果たした役割について考えてみたい。

　筆者は初めからEに対して描画法が向いているとか、あるいは描画法を用いて心理療法を進めていこうと考えていたわけではない。しかし、#1でバウムを行い、語りを聴くのとは違う、何か別の次元のEの表現があるように感じていた。それゆえ、自傷に至ってしまうほどに抑えきれないEの思いを「つかまえる」通路として描画を導入した、という意味が強かった。

　ここで、バウムテストの後の#4でなぜ他の描画法ではなく、導入したのが風景構成法だったのか、という疑問を抱く方もいると思われる。筆者が描画法を用いる際、バウムテスト→風景構成法という順序で導入していくことを必ず決めているわけではない。この時点でスクィグルなど他の描画を導入することもできた中であえて風景構成法を選択したのは、筆者の中でアセスメントを意識した点がなかったわけではないと思われる。正直なところ、まだEの姿が筆者にはつかめていないという思いがあり、もう少し「知りたい」という思いが強かったように思われる。第1章で見たように、スクィグルは「精神病理よりも精神療法の跡が残る」という性質があると考えられ、筆者の側が出過ぎてしまうという思いもあり、ここでは導入しなかった。しかしこのように述べてきたことはあくまで後づけの理由であるとも言える。面接の中ではほぼ直感的に風景構成法を導入したが、これは筆者が「風景構成法ならば」と、この技法を信頼（過信でもある）していたところがあったのは間違いない。

　導入した結果として、Eは田と道を描かなかった。このことをもって、Eには描画が向いていないと判断する場合もあるだろう。しかし筆者には、これらを描かなかったことの意味を十分につかむことができていたわけではないものの、むしろこれだけはっきりと描くものと描かないものをE自身が選べたということに

Eの主体性を感じ、描画を導入していくことの手応えを感じていた。第1章で述べたことを用いるならば、「微量投与」された「毒」をE自身が受け入れられるものとそうでないものをはっきりと示していたとも言える。

　その後、自由画、スクィグル、誘発線描画と進めていったが、その中で筆者のほうが「前のめり」に陥っていたのは先述した通りである。Eにとってみれば、ただ自分が描かされるだけの暴露的な方法となっていったという側面は間違いなくあるだろう。これは、経過の中で用いた描画に限ったことでなく、Eの自傷跡を見せるようにと筆者が伝えたこととも同様であり、治療者の対応としては決して望ましいものとは思えない。それでもあえてそのようなことを行ってしまったのは、筆者の側にあった、「なんとかEとの通路を開きたい」という焦り、逆転移の問題があった。Eは自身で描画を拒否し、そういった筆者からの「微量」ではない「毒」から自らを守ることによって、自身の主体を確立していったが、これはEの力に委ねた乱暴な方法であったと筆者は反省している。

　よって、Eとの間で行った風景構成法は、第1章で見たような「毒を微量投与する」という側面が、Eの主体性の芽生えるきっかけとして作用した側面があったかもしれない。しかし同時に、描かなかったことに込められていたメッセージを筆者が捉えられなかったという意味で、「深い転移」の次元での繋がれなさ（筆者のつかまえられなさ）が露呈したという、この心理療法の経過の重要な岐路にあったように思われる。

5．本章のまとめと課題

　本章では、自傷行為を繰り返したEとの心理療法過程の中で生じた、風景構成法の一部項目を描かないというやりとりの意味を、事例の経過と共に論じてきた。Eのような自傷者の治療について、ウォルシュら（Walsh, B. W. et al.）（1988）は「伝統的な精神分析でみられる、例のよそよそしい態度」に自傷者が耐えられないので、治療者が「転移を汚染してしまう」危険性も覚悟しなければならないことを主張している（p.196）。この指摘に沿えば、決して望ましい形ではなかったと思われるものの、筆者はEに対して、「よそよそしく」接することなく、む

しろ、「厚かましい」ほどの態度で風景構成法をはじめとする描画を導入し、「転移」を汚染し、それに対してEが抗議を表明した、というのがこの面接の経過だったと言えるだろう。

　また、Eが風景構成法において、田と道を描かなかった際には、2つの次元でのやりとりが生じており、そのどちらの次元にも身体性が関わるものだったと考えられる。リズムに乗って、筆者が反応をするという次元は、風景構成法の流れを止めないものであった。しかし「深い転移」の次元では、Eは自身の身体性を回復するためにもがき、「かき（掻き）」続けているという苦しみを、そしてそれがまだ実現しない状況で、「田」を描くことや自然と人間を繋げる「道」は描けないということをメッセージとして伝えようとしていた。しかしこの2つの次元のやりとりのうち、深い転移の次元の把握が困難となり、Eと筆者の間には亀裂が生じた。身体がそうであるように、他者とは異なる存在、繋がっていないという亀裂が入ることで、逆説的にEは自身の身体性を獲得し、「かく」ことが本当の意味をもちはじめていった。しかし、同時にこれは面接関係の亀裂でもあり、そのまま終結（あるいは「中断」）へと至った。

　問題部分で触れた、先行研究中で扱われてきた風景構成法の導入の拒否と、一部描画項目を描かないことを同列に論じることができるかという点について、本章の事例からという限られた形になるが最後に述べておきたい。風景構成法の一部項目を描かないことで生じるやりとりの意味は、Eで見たように、田という描かれなかった項目の特徴とその意味を考えるべきだと考えられるが、本章の事例の検討からは、描かないという事態に通底していることとしては、皆藤（2004）が「クライエントが自身の境位を現在の分節化段階に留まらせようとする決断であると同時に、心理臨床家との関係をとおして分節化されリアライズされる世界体験にはいまは与しませんという決断である」（p.169）と述べていることを、風景構成法全体に敷衍するか、ある項目に限定するかの違いだけであり、本質的には変わりないと考えられる。ただし、上記の皆藤の引用の記述は、Eの描かなかったことの意味を考えると、「現在の分節化段階に留まらざるを得ないという苦しい決断であると同時に、心理臨床家との関係をとおして、分節化されリアライズされる世界体験に、与したくてもいまはできないというもがき苦しむメッセージ

である」という多少の修正も必要ではないかと考えられる。
　なお、本事例で検討してきたように、風景構成法を実施する際に、クライエントが描かないことも心理療法の過程で意義をもちうると筆者は考えるが、しかしこれは、むやみに風景構成法を実施して、拒否されても構わないということを意味するわけではない。当然ではあるが、描画の実施は慎重な見立ての上で行われるべきことだろう。第1章で見たような、「毒を微量投与する」という視点からすれば、毒を投与された上に、描かないということに含めて投げ返したメッセージを適切に捉えてもらえないという事態が、どれほどクライエントに不要な苦痛を強いているかは想像に難くない。また、田という項目が身体性と関わりが深いものであるということも、安易に一般化して捉えるべきではないことも付け加えておきたい。

第4章
風景構成法作品の
変化を捉える視点

1. 風景構成法作品をいかに理解するか

　第3章までは、風景構成法におけるやりとりに焦点を当てて論じてきた。序章でも述べたように、風景構成法について筆者が関心を寄せるもう1つの側面、すなわち、「描かれた作品はいったいどのようなもので、これをどのように理解することが可能か」という点について、本章含め、以下の章で論じていきたい。ただし、上述したテーマについて、描画法の研究の中で多く用いられてきたような、描き手の特徴を反映した指標の作成により、この目的を果たそうとするのが本書でのねらいではない。第3章で見たように、臨床実践の中で風景構成法作品が目の前に現れた時、描き手にとってどのような意味をもつのだろうか、といった描き手の体験への想像とともに、ここがこう描かれているからこのような人である、という論理的な説明はできないものの、感覚的に「この人らしいなあ」と感じることもあるし、そういった連想が湧くことなく、むしろこの作品をいったいどのように理解したらよいのかと当惑するような体験もある。あるいは、風景構成法をするまでは気づきえなかった姿を垣間見たような感覚を抱くといったこともある。風景構成法においてやりとりが重要であればこそ、結果として生まれる作品もまた重要なものであり、それをどのように理解していくのかを検討していきたい。

　なお、筆者は「描き手らしい」ということを述べたが、この「描き手らしさ」を描き手の性格や精神病理や発達の程度との関連で捉えようとするのが、従来か

らの描画法への指標化によるアプローチだと考えられる。この方法が洗練されれば鑑別診断に風景構成法を用いることも可能となるだろう。しかし、風景構成法を含め多くの描画法がそうであるように、ある描画特徴が表現されたからと言って、必ずしも描き手の性格や精神病理を言い当てることができないことは周知の事実である。後節でも見るように、中里（1984）はこのような「絶対的指標」による理解ではなく、「相対的指標」の必要性について言及し、複数の風景構成法作品の中での「変曲点」を捉えようとしている。つまり、風景構成法において、仮に「大きな川」という「絶対的指標」があり、これを「川幅7センチ以上」などと定義したとしても、常に10センチの川幅を描く人が7センチの幅の川を描いたのと、また別の描き手は常に1センチにも満たない川を描いていたのが突如7センチの幅の川を描いたとなれば、どちらも「大きな川」という絶対的指標に該当するものの、それがもつ意味は異なってくるだろう。

このような視点からすると、指標の絶対化は有効でない場合が多く、あくまで相対的に表現特徴を捉える必要がある。そして、ある表現特徴が、その描き手らしさを表しているのかどうかは、1回のみの風景構成法実施では分からないのではないかという考え方も当然生じるだろう。これに関して例えば佐々木（2012）は「ある風景構成法の描画が『その人らしい』描画であるとすれば、複数回描き手が描いたものに毎回その表現が現れるはずである」（p.55）という仮説を立てて、構成と各描画項目の表現の安定性を検討している。

しかし筆者には、風景構成法による描き手理解の際に、複数回実施しなければ「その人らしさ」が捉えられないとは感じられない。むしろ、第3章のEのようにただ1回の風景構成法の実施のみでも、見事に描き手らしさを示していると感じることもある。もちろん、こういった理解のあり方は主観的なものであり、上述した佐々木（2012）のように、複数回描く中で毎回表現されるものに着目するということのほうが、客観的、あるいは科学的な方法論に則ったものと言えるだろう。しかし、中井（1996）が風景構成法について「あまり規格化されていないのはテストでないからである」「規格化と単純化は、統計処理と論文作成にはよいだろうが、実際の場面においては、肝腎の多様性、自然性、変化性が大幅に減少する」（p.4）と述べているように、風景構成法を客観的、科学的方法論でのみ

取り扱うことは、風景構成法を創案した中井の臨床精神に反するもののように思われる。それでは、創案者の中井自身は、風景構成法作品をどのように理解し、向き合っていたのだろうか。このことについて本章では、「作品変化」についての記述を基に考えてみたい。この議論の出発点として、中井（1983）の「十余年後に再施行した風景構成法」という論文について、まずは検討を行いたい。

2.「十余年後に再施行した風景構成法」

　原論文でサマリーを含めてわずか3頁のこの論文は、冒頭に「かつて入院治療を担当した5名[*14]の患者に、十余年をへだてて風景構成法を再施行した。その結果を以下に報告して参考に供したい」という導入があり、その後、症例の記述が主たるものとなっている。その症例記述の後に、以下のように結論が示されている。

> 　以上は少数例であるが、通常の面接や生活状況の知見からははっきり見えない面を窺うことができた。第1例に、変化がないことは、硬直的にしても堅固な枠組みがあって、彼を支えているのかも知れない。第2例は、強力な絵画精神療法を行なった例であって、それが彼の転回点となるのだが、その期間、彼の心理空間が開発され分化していたが、次第に残留効果が減衰していったのかも知れない。その他、いろいろな考察ができるであろうが、とりあえず、症例の報告を主体とする（pp.58-59）[*15]。

　この結論の前半部分、「通常の面接や生活状況の知見からははっきり見えない面を窺うことができた」というのは、十余年という月日のことを抜きにしても、風景構成法だけでなく芸術療法一般にも当てはまることであろう。むしろその後の各症例における考察にこそ、この論文の意義があると思われるが、中井はあまり多くを述べないままこの論考を終えている。しかし、この論文のサマリーでは症例の記述ではなく、「この試みから得られた示唆」が5つに分けて次のように述べられている（以下、筆者訳）。

（1）患者はみな本技法（筆者注：風景構成法のこと）の手続きだけでなく、時に過去の作品についてさえも明確に記憶していた。このことは、風景構成法（あるいは芸術療法全般）の著しい影響を示しているだろう。よって我々は、芸術療法の持つ影響力に自覚的でなければならないし、その実践においては注意する必要がある。
（2）幅広い対人関係を維持する能力は、描画表現と強く関連する。家族や職場の同僚といった狭い人間関係の中でのみ生活することは、風景構成法における水準を低下させる傾向にある。
（3）描画作品における多くの特徴は、外来患者の生活の現状を示唆している。
（4）構成面における患者の特徴は概ね保持されていた。
（5）加齢の影響が全症例において見られた（p.59）。

　この論文の特徴の１つは十余年という大変長い期間を置いて風景構成法が再実施されたことにあると言えるだろう。そして、症例１において、十余年が経過し患者の生活が大きく変化しているにもかかわらず、風景構成法作品の変化がほとんど見られない場合や、逆に症例３のように、生活が維持されているにもかかわらず、風景構成法の水準が低下している場合のように、決して患者の外的生活レベル・適応といった側面と風景構成法作品が対応していないということを確認したのが、この論文の意義だと筆者は考える。本章では、この論文とそこから得られた示唆、あるいは様々な形で述べられている中井の臨床精神を基に、「その他、いろいろな考察ができるであろう」という中井の言葉を筆者なりに引き継いで考察を試みたい。ただし、中井が上記論文で提示した５症例とその風景構成法作品について直接考察するのではなく、以下の点について検討することが目的である。つまり、継時的に施行した風景構成法作品が変化すること、あるいは変化しないことは何を意味するのか。そういった変化を見ていく際に前提となっていることはどういったことなのか。そして、作品の「変化」があるとすれば、それを支える風景構成法における表現論理とは何か、その風景構成法における表現論理から、作品をどのように捉えることができるのかということについて

考察を行う。

3.「変化」について——「相対音階に頼ること」の是非

　まず、風景構成法作品の変化を考える前に、そもそも「変化」とはどのような事態を指すのか、このことを考えてみたい。

　事物が何か「変化した」と認識することが可能となるためには、当然ながら変化する前の状態が何かしら存在しなければならない。時間軸の上で変化を考えることが通常の考え方である。よって、風景構成法作品について「変化した」あるいは「変化しなかった」ということを議論するためには、少なくとも複数回の風景構成法実施が必要となる。

　しかし、何をもって「変化した」と判断するかは時に容易ではない。例えば、ある性格特性を捉えるために作成された尺度の得点が100から130に変化した時、30という値の変化量をもって、「変化した」と言うことができるかもしれない。しかし、それが101になった時、これも1という変化量が存在することから「変化した」と言ってよいのだろうか。数値が「変化」したことは確かであるが、わずか1という変化量は測定誤差によるものかもしれない。逆に、2回とも100という数値を示した時、これらを「同じ」と言ってもよいのだろうか。こういった数値で表現できるものの場合、偶然には起こりえない（誤差では説明ができない）ほどの変化が認められたかどうかについて、統計学を基に判断することが可能となる。推測統計という手法を用いることで、それが統計学的には偶然には起こりえない有意な変化かどうかを判断することは可能となるが、これもあくまで統計的に「有意な」変化の存在の有無が確かめられるということであり、仮に有意な変化が認められなかったからといって、それは「変化がまったくなかった」ことの証明とはならない。

　風景構成法を含めた描画作品の変化となると、さらに問題が難しくなる。描画作品そのものは数値で表現されるものではないため、統計的に有意な差が存在するかどうかを確かめることが困難となる。もしもそういった俎上に載せるとなると、例えば青木（1980）がバウムテストについて、また皆藤（1994）が風景構成法

について、それぞれの技法の再検査信頼性を検証する際に行ったように、作品を何かしらの指標を用いて細分化し、その指標に該当するか否かといった形で得られる数値を基に、指標ごとに「変化したか変化していないか」を検討し、全体として「変化したか変化していないか」を考えることとなる。この2つの研究では、どちらの技法にも再検査信頼性が認められているため、指標レベルにおいては両描画法共に、作品が「変わる」ことは偶然には起こり得ないこととなる。つまり、もしも作品が「変化」したのであれば、それは偶然や誤差によるものではなく、その変化の背景に何かしらの描き手側の要因の変化の存在を仮定することが可能となる。

　しかし、複数回の描画を得たとしても、それを指標ごとに細分化していき変化を確認するということはあまり実際的なこととは言えない。バウムテストの再検査信頼性を、上記のように指標による細分化によって確かめた青木も、描画の解釈においては、まず全体的印象を分析の出発点とすることを挙げている（青木, 1986）。もちろん、こういった全体的印象を、例えばSD法などを用いて評定し、全体的印象の背景に見られる因子構造を見出し、その各因子得点の変化や因子構造の変化を追跡することも可能だろう。しかし、描画作品の全体的印象は、各個人がどう作品を捉えるかという主観的なものであり、主観的なものを何かしらの共通尺度によって数値に置き換えたところで、それが絶対的な変化の存在を確かめる根拠になるとは言いきれないだろう。さらに、佐渡ら（2013）が行った研究は、従来から言われてきたバウムテストの再検査信頼性の高さに疑問を投じるものとなっている。また、先述した佐々木（2012）では、風景構成法の構成型は複数回実施しても比較的安定しているものの、「個々の表現については、安定している表現はそれぞれの描き手に見出されたが、どのような表現が安定しているかについてはそれぞれの描き手によって異なっていた」（p.105）という結論に至っている。一見すると、描き手内での再現性の高さから風景構成法の再検査信頼性が裏づけられたとも言えるが、同時に「6枚通して見ると、安定している表現よりも変化した表現の方がずっと多かった」「結局のところ、『表現の安定性』は描画を受け取る側の見方に大きく依存するという側面がある」（p.105）とも述べており、再検査信頼性という観点で言えば、上記の佐渡ら（2013）と同様に、疑問

を投げかけていると言える。

　これらのことから考えられるのは、風景構成法を含めた描画作品の変化について言及する時には、佐々木（2012）が述べているように、受け取る側の見守り手が主観的にその変化を認識していると言えるのではないだろうか。もちろん、誰がどう見ても変化している作品というのはあるだろう。その一方で、変化はないと大多数の者が判断したとしても、臨床実践の中で言えば、ほんのわずかな作品変化であってもそれがクライエントにとっては計り知れない大きな一歩を示していることもある。逆に、信じられないような「大きな」作品変化であっても、それが意味ある変化とは言えないことも時にはあるかもしれない。わずかな違いでもそこに意味を見出し、変化として拾いあげるのか、大きな変化であっても、あまり意味のないものだと考えるかは、特にその風景構成法作品を受けとることになるセラピストの主観的判断が重要となる。

　では、創案者の中井はこれらの事態をどのように考えているのだろうか。中井（1996）は例えば風景構成法の読みとりについて次のように述べて、作品を相対化して見ていくことの重要性を強調している。

　　風景構成法においては、おそらく、ロールシャッハの平凡反応に当たるものは、空間の単数的統合性と遠近法的整合性および色彩の印象派以前的平凡性の三つである。その他のものはことごとく個性であるといってもよい。（中略）縦断的に眺めることが必要であり、一枚の風景構成法から多くを読み取りすぎることが戒められるのも箱庭と同じである。変化を追跡することは、絶対音階ではなく相対音階に頼ることである。実際上これで十分なのは、上記三項目を揺るがすような大きな変化が、分裂病からの回復を初めとして、人生の大きな変化の際にしか起こらないからである（p.22）。

　　風景構成法が実際に役立つのは、経過の中に現れる変化である。まずH型的経過の中である回にP型的な方向への変化、特に近景が突発的に現れた時である。この場合に、日頃の、距離に依存する「受動型」的な生き方に似合わない「能動型」的な自己破壊的生活拡大が準備されている可能性を

考慮してよい (p.23)。

ここでは、1枚の風景構成法作品から主観的に、時に恣意的に多くを読みとることに比べれば、作品を相対化し、経過の中での変化を捉えて検討することのほうが誤りを犯しにくいということを中井は示している。同様の趣旨のことは中里（1984）によっても次のように述べられている。

「変化」にのみ着目するのが「相対的」な見方である。
ところが在来の描画研究は「絶対的指標」のほうに比重が傾きすぎているとは言えないだろうか。描画のスコアリングが「絶対的指標」研究の最たるものであろう。象徴解釈の目安を設けようとする努力も同一の方向性をもっている。
「絶対的指標」は大変便利なものであり、それが的を射ているかぎりにおいて、必要不可欠である。しかし「絶対主義」の理念上の目標が、画用紙に描かれている物の種類、色、形などに関する「十全な辞書」を編纂することにあるとすれば、それはかなわぬ夢であろう。「全体は部分の総和ではない」というゲシュタルト心理学の言葉を持ち出すまでもなく、描画はsituationの中で描かれ、また読まれなければならないものだからである(p.226)。

つまり、中井も中里も1枚の作品からの拙速な解釈がなされてしまうことを戒めるためにも、作品の相対化を重視したのだと考えられる。

このようにして風景構成法作品を相対化することで変化が見出される時、それが描き手の変化と対応していると考えることが多い。中井（1996）が風景構成法における平凡反応に該当する3つが、人生上の大きな変化がなければ容易には変化しないと述べていることも、基本的にはこのことが念頭にあると思われる。実際、事例研究においては事例の経過とその中で実施された風景構成法作品を提示し、その作品変化と描き手であるクライエントの変化を対応させて考えていくことはそれほど珍しいことではない。しかし、風景構成法を含めた描画作品の変化

と描き手の変化が必ずしも一致しないことは、冒頭の中井（1983）のような長期の実施間隔を置いたものでなくても、以前から指摘されていることである。例えば宿谷ら（1969）は、「確かに絵画表現と疾患の状態像および病状推移との相関はパラレルな関係にあり、われわれはこのことを認めて診断の一助とします。ところが、われわれは実際の臨床に携わっていくと、おおむねはその関係が認められますが、ときに見かけ上この関係が逆になっていることが起こり、それをどう受け取り、さらにいかに臨床面に役立てていくかを検討することが必要であるように思われます」（p.42）と述べている。近年では角野（2006）が、統合失調症患者の回復過程と風景構成法の関連性について検討しているが、事例の考察において、「少なくとも統合失調症の回復過程と風景構成法での風景の再生は、必ずしも相関するとはかぎらない」「風景構成法による構成的心理空間では、統合失調症からの回復過程をすべて知ることには限界がある」（p.32）と述べている。これらの記述から読みとれることは、描き手の変化と風景構成法作品の変化を同期させて考えることはおおむね可能であるが、臨床的な事実としてはその対応関係からはみ出るものが間違いなく存在するということである。

　それでは、描き手と風景構成法作品の大まかな対応関係からはみ出るものは、あくまで例外的なものとして扱うということだけでよいのであろうか。むしろ、このような臨床的事実を基に風景構成法の作品変化について考えることこそが必要だと筆者は考える。このことを考える上で、描画と心理療法の関係についての青木（1983）による次の指摘は示唆的である。

>　事例報告は、臨床場面の宿命として実用性に偏よると共に、その解釈はいよいよ借物の寄せ集めとなり、理解を本当に深め体系化する作業に乏しいきらいがある。もちろん、テストの目的は被験者・病者の成長・治療に益することにあり、そのためならばいかなる寄せ集めであっても役に立つことは絶対に不可欠である。だが、借物に終始したのでは、結局テストは他の方法で見い出された病理－回復・成長現象の手頃な確認手段の域を出ない（p.22　傍点原文のまま）。

青木の言うような「確認手段」として風景構成法を用いる時には、風景構成法が描き手の内界を表現するという前提があるように思われる。確かに、第3章の臨床事例において見たように、風景構成法作品は描き手の何かを反映している。しかし、それはあくまで見守り手との関係の中で、切りとられた一側面を表しているということであり、万能的に描き手のすべてを反映しているわけではない。あるいは青木（1986）がバウムには現状ではなく願望・理想的な自己像が表現される可能性を示しているように、また、中井（1996）が「いずれの方法も『心の総体を映し出す鏡』という特権を持っていない」（p.10　傍点原文のまま）と述べているように、個人の内界すべてを固定的に映し出すものとして風景構成法や描画法を考えることには注意が必要である。

4.「一期一会」としての風景構成法

　前節で見たように、中井の言うような「相対音階」に頼って風景構成法作品を見ていく際にも留意すべき点があると言える。しかし、中井はあくまで風景構成法作品の相対化は意図していても、風景構成法の実施それ自体を相対化しようというわけではないと考えられる。例えば、中井（1979）は描画法について次のように述べている。

> 　一回一回の面接が一期一会的なものであることは、いうまでもないが、このことを改めてなるほどと教えてくれるのが、芸術療法の一徳かもしれない。言語を主にする治療では、いつでも、ある話題をもう一度とりあげられるように思いがちである。いわば、同じ川にいつでもまたはいれる、と思うようなものだ。しかし、決して同一の絵画が二度描かれ得ないことは、ヘラクレイトスのいった意味で、われわれは「二度と同じ川に入ることはできない」ことを示唆していよう。つまり、川の形は同じでも、水は一たび流れ去れば還らない。むろん、似たような描画はあるだろう。しかし、もはや文脈が違っている（p.248）。

また、すでに引用したが、風景構成法については次のように述べている（中井, 1996）。

> あまり規格化されていないのはテストでないからである。（中略）一般に規格化と単純化は、統計処理と論文作成にはよいだろうが、実際の場面においては、肝腎の多様性、自然性、変化性が大幅に減少する（p.4）。

これらの記述からは、中井が風景構成法あるいは描画を実施する際、その場限りの一回性・即興性を重視していることが分かる。同様に、皆藤（2004b）も、「風景構成法がもたらされるとき」について次のように述べている。

> ときに一回性の在りようを共有したいと思うことがある。かけがえのなさを忘れないための布石がほしいと感じるころである。それは、関係がほぼ繋がれかかってテーマが両者に共有されるころであろうか。そのころに風景構成法はやってくる（p.22）。

> 心理臨床における本質の在りようとしての一回性の体験を心理臨床が求めているときに風景構成法がやってくると言うことができる。それは風景構成法こそがまさしく一回性を生きているということでもある（p.23）。

この皆藤の記述も、中井の述べるような、面接が「一期一会」であることと通底するだろう。

つまり、作品理解において中井は相対化を重視するものの、同時に風景構成法が、心理療法の一期一会性を気づかせてくれる性質についても重視しており、一見すると２つの姿勢が存在するように思われる。この２つの姿勢については皆藤（2004a）の投映法論における、「検査（test）・方法（method）・技法（technique）」を用いて次のように考えることができるのではないだろうか。すなわち、「検査・方法・技法については、この順序で、検査に向かうほど科学性が重視されており、技法に向かうほど関係が重視されている」（p.11）ということであるから、風景構

成法に対する態度として考えるならば、作品の相対変化を重視する立場が検査に開かれたものであり、逆に作品の変化ということを第一義に考えない、つまり風景構成法実施の一回性を重視する立場が技法に開かれたものと言えるのではないだろうか。極端な言い方をすれば、風景構成法作品には描き手の心が映し出されているので、結果として得られる作品そのものや、その作品の相対変化を重要視する極左の検査と、作品を得ることやその変化が問題ではなく、作品が生まれる場の関係、あるいは描き手と見守り手のやりとりを重視し、中井が芸術療法において特に強調する「関与しながらの観察」というその場1回限りにしか得られない「結果」をこそ重要とする極右の技法という違いと言うことができる。

　このように見てくると、「再検査信頼性」という概念は、当然のことではあるが、風景構成法を「検査（test）」として位置づける場合でなければ、有効な概念ではないと言えるだろう。「技法（technique）」として風景構成法を捉えるならば、すなわち、中井の言う「二度と同じ川に入ることはできない」という立場からすれば、同一人の描いた、寸分たりとも違わぬ2枚の風景構成法作品も、まったく様相の異なる2枚の風景構成法作品も、哲学的にはどちらも「異なる」ものであり、当然「再検査」によって信頼性を問うこと自体不可能である。もしくは、「技法」であるのだから、「再検査」という前提自体がそもそも成立していないということになる。

　それでは、再び中井（1983）の「十余年後に再施行した風景構成法」に戻って、この論文における中井の姿勢がどのようなものであったのか、検討してみたい。

　まず、この報告がなされるきっかけについてだが、サマリーの中に、「Incidentally I met five of my male ex-patients in March 1983」(p.59)とあることから、偶然に（incidentally）十余年以上経過して同一患者に風景構成法を再施行する機会が得られたことが分かる。また、1991年出版の中井久夫著作集第4巻に当該論文が所収されているが、そこでは若干の修正が加えられており、オリジナルの論文には見られなかった記述として、「十余年後に私がかつて勤務していた病院を再訪問したのが、この報告のもとになった」(p.236)と加えられていることからも、中井自身が10年以上治療を続けた患者に施行された風景構成法について論じているのではなく、「偶然に」このような機会が得られ、それを活用した「試み

(attempt)」を報告したというのが、この論文の背景であったことが分かる。
　しかし、偶然に得られた機会だったとは言え、筆者は中井のこの試みには、これまで見てきたような中井の風景構成法・芸術療法に対する姿勢とはやや異なるものを感じる。それは特に、「水準低下していないが、不安定な例」と題された2番目の症例の取り扱いを中心に感じられるものである。この症例の詳しい記述は省略するが、風景構成法については次のような説明がされている。

> 最初の風景構成は10年前から半年をへだてて3枚ある。社会復帰の前後である。印象的なのは青空、川むこうの巨大な赤褐色の山、手前の田で、あとは目だたない。3枚を比べると、山容も、川の向きもことごとく違う。10年を距てた風景構成は、全く異なったものであったが、気づかわしさは変らない。いやむしろ増大しているくらいである。(中略) それは、まず、さざめき流れる谷川である。川はもはや直線的ではなく、小石の間をさざめき流れている、中央やや左寄りを向うから手前へ。しかし次の「山」は、川をはさむ絶壁であり、山頂は絵を突きぬけている。彼はここで描くのをやめ、彩色もことわった。川の分化性をプラスとみても、全体の印象は凄まじい。これは一過性で何らかの心的危機を水面下に通過しつつあるのだろうか。あるいは、まさか好ましくない大変化の予告では？と私は首をひねっている (p.58)。

　さらに、この症例について著作集第4巻では「実際その予告であったと聞く」(p.233)、「第二例はその後再発したという」(p.236) という記述が補われている。この記述は、風景構成法の持つ未来予見性 (中井, 1996) を如実に示すものだと言えるし、またそこから再発の可能性を察知した中井の慧眼は賞賛すべきものだと言える。しかし、論文の末尾では「第2例は、強力な絵画精神療法を行なった例であって、それが彼の転回点となるのだが、その期間、彼の心理空間が開発され分化していたが、次第に残留効果が減衰していったのかも知れない」(pp.58-59) と総括されている。この記述も加えて考えると、十余年後の中井 (1983) による風景構成法の再施行は、作品の相対変化を捉えようとすることに主眼が置かれた

もの、つまり検査に強く開かれたものであり、相対的には治療という意味合いは弱かったと言えるのではないだろうか。かつて中井と行った絵画精神療法の「強力さ」がこの患者の中では再賦活されたかもしれないが、それがうまく治療的に機能したとは筆者には思えない。もちろんこの患者の再発は避けられないものだったかもしれないので、中井によるこの風景構成法の実施自体を咎めることはまったくできないが、ただやはり「検査」として実施されたという意図を強く筆者は感じる。このことに関しては、後に中井（2006）は次のように述べ、治療を目的としていなかったことが明確となっている。

> 　私はかつて絵画療法を行った8人に14年後再会して、風景構成法をやってもらったことがある。彼らは全員がまだ外来に通っている慢性患者であった。なるほど新たな風景には一種の「くすみ」が生じていた。風景構成法に対して当時とちがって気のなさそうな人が多かった。これは、もはや治療者でない私とつくる場だから当然であろう（p.148　傍点は筆者による）。

　中井は統合失調症者への治療的接近を試みる中で、風景構成法などの技法を開発していったが、決して無思慮にそれを行っていたのではなく、例えば風景構成法については「うつ病者への実施はためらわれるので経験がない。うつ病者の前に急に視野が開けることは一般に危険なのではないかと思うからである」（中井,1996 p.9）とあるように、適用対象については中井なりの基準をもっていたと思われる。こういった慎重さがあるからこそいっそう、中井（1983）のこの試みがやや異質なものに感じられるのである。「相対音階に頼る」ことが重要だとする中井は、この試みにおいても以前の風景構成法作品との比較を試みている。しかし、治療を主目的としないこの「偶然の試み」が、確かに再発を予見したとはいえ、中井との治療の中に活かされていくことがないのだとすれば、相対音階に頼ることの意味はそれほどないのではなかろうか。
　ただし先述したサマリーの（1）に、風景構成法の使用・芸術療法の影響についての警句が、他の結果から示唆される事柄よりも先に挙げられていることは、検査にのみ開かれているとは言えない中井の姿勢が見てとれる。そして、風景構

成法の創案者として、創案初期に用いた患者に対してこの技法が十余年という長期間を経た後にどのような影響をもたらしたのか、いわば、その「後遺症」もしくは残留効果を自身の手で確かめようとしたことは、ある意味技法の創案者としての責任を全うすることだったようにもとれる。その検証の結果、風景構成法が残す影響の大きさに気づいた中井自身の自戒、あるいは風景構成法・芸術療法施行者への警句とも言えるのがサマリーの（1）なのではないだろうか。同様の趣旨のことを、後年に中井（2006）は次のように述べていることからも、中井の慎重さ、自戒が十分に感じられる。

　　人生の危機において医者と出会って治療の場で起こることはこれほどまでに記憶されているのだ。出会った当時すでに5～7年入院していた患者たちである。そして私がその病院を立ち去ってから14年の時間が流れている。慢性統合失調症患者としての日々を送っている人たちの中に手つかずにあるものの大きさを改めて実感した。
　　むろん、絵だけが記憶されているのではあるまい。発病の恐怖こそ昨日の如くであるかもしれない。様々な言葉も、摘出できない弾丸のように刺さっているかもしれない。そういうことをも示唆する一幕であった（pp.148-149）。

5. 描画法における「検査」か「技法」かという問題

　本章ではここまで、中井（1983）の論文を中心的に検討してきたが、この時の中井の姿勢が検査に強く開かれていたこと、それを補償するように警句を発していることは確かに重要なことではあるが、このこと自体を筆者は問題としたいわけではない。あくまで風景構成法作品の変化をどのように考えるかが主眼である。しかし、これまで見てきたように風景構成法を含めた描画作品の相対化を重視する検査の立場と、面接・芸術療法の一回性を重視し、作品の「変化」という概念自体がともすると妥当ではない技法の立場が存在し、両者は乗り越えられな

い違いのような印象を受ける。これらをあくまで技法に備わった機能として捉え、風景構成法にはそういった機能の両面が備わっていて、どちらがより強く機能するかはセラピスト・見守り手の姿勢次第であるという論も確かに重要だろう。しかし、結局どちらも有効な視点であり、相互排反なものではないので、時に風景構成法、あるいは描画法には「検査にも治療にも（つまり技法的なスタンスでも）用いられる」という解説が付与されることとなる。このような記述がなされた時、風景構成法がとても実用性の高いものであるかのような錯覚を与える恐れを筆者は抱く。検査として施行し、それを縦断的に観察すれば益するところが大きい、さらに、用いる姿勢次第ではあるが施行することが治療になるとしたら、これほど見事な技法はないと言えるだろう。筆者には、こういった検査にも技法にもどちらにも用いることができるかのような記述の仕方自体が大きな問題を孕んでいるように感じられる。つまり、このような記述の仕方を鵜呑みにして風景構成法を行ってしまうと、風景構成法のもつ検査性も技法性も中途半端な形でしか実現しないのではないだろうか。もちろん、実践においては検査か技法かということを厳密に考えて風景構成法を実施するということはあまりないであろうし、実践において活かされる風景構成法というのは中途半端であろうとも、どちらの性質も帯びているはずである。しかしだからと言って、実用性だけを求めて、風景構成法を施行するのも無自覚ではないかと思われる。

　こういったことの問題の背景として、かなり乱暴な言い方になるが、描き手という存在と風景構成法の表現・作品が安易に直結してしまうことが問題としてあるのではないだろうか。もちろん、描き手のために活かされない風景構成法の実施があるならば、倫理的に問題だと言われるかもしれない。風景構成法が臨床実践の中で、その描き手のために活かされないのであれば、もちろんそれは意味がない。しかし、ここではそういった次元のことを問題としているのではなく、筆者が問題と考えるのは、風景構成法の実施と、その描き手の理解が直結してしまうことである。つまり、まず描き手の存在が前提にあり、描き手の側の理解の枠組み──例えば、描き手がどんな症状をもっているのか、など──から風景構成法を考えていくという姿勢には限界があり、その範疇で生じる検査か技法かという議論を止揚する、新たな風景構成法あるいは描画法のためのパラダイムが必要

なのではないだろうか。しかし、必要となるパラダイムは「新たな」ものではなく、すでに先行研究の中で言及されてきたことでもある。次節ではそれらを取り上げていき、その「新たな」パラダイムのもとで風景構成法作品の変化について、再考したい。

6. 表現心理学の可能性

　描き手の状態を前提・主体とした風景構成法についての議論ではなく、ここで必要となるのは風景構成法の表現の側から検討していこうとする姿勢である。この視点はすでに以下のように「表現心理学」として示されている。

> 　表現心理学では描画そのもの、描く行為の過程を分析しようとする（中略）描画の読みとり作業ではまず第一に表現概念に立脚すべきである（青木, 1983 p.31）。

> 　子どもの絵や病者の絵は、大人の正常者から見ると確かに不十分だったり、かわっていたりする。しかし、正確さの欠如や異常性のみ指摘していたのでは、なぜ彼らがそのように描くかを深く知ることは出来ない。表現心理学は描画に内在する表現論理を読み取り、それを通じて、描いた個人の内的世界をいわば体験的に理解することをめざす。心理テストが治療構造の中で本人の心的成長に役立つためには、個人とその世界のかかわりが、テスターによって体験的、あるいは体感的に了解されるのがのぞましい（青木, 1984 p.7）。

　この青木が提唱している表現心理学こそ、検査か技法かという問いを乗り越える可能性を秘めていると筆者は考える。青木（1984）では確かに描き手理解という視点が色濃く見てとれる。しかし、目指されているのはあくまで「描画に内在する表現論理を読み取り、それを通じて、描いた個人の内的世界をいわば体験的に理解する」（傍点は筆者による）ことであり、まずは表現論理の読みとりという点

に重心が置かれ、それを通して描き手理解を行おうとしている。これと同様に、描画表現を主体とする立場は、大山（2003）が構造論的解釈として次のように述べている。

> 描画は、外部観察者である解釈者の認知秩序に従う指標や順序性によって解釈されるべきものではない。解釈者自身のフレームワークをいったん括弧に括りながら、描画そのものから立ち現れてくる意味世界に開かれた態度で、かつ、解釈者に現れ了解される意味世界を常に見直し相対化しつつ、描画のひとつひとつの特徴に着目しつつも、それら全体を含めた描画者の存在様式を内在的な視点から了解するという、現象学的還元とでもいえる態度が必要となってくる（p.210　傍点は筆者による）。

大山はこの立場で描画研究を進めているものの例として、バウムの幹先端処理についての一連の研究（奥田ら, 2001；鶴田ら, 2002）を挙げている。奥田（2005）は、このバウムの幹先端処理研究のねらいを「①バウムをそのバウムの論理に沿って見ること②バウムを描く際に何が起こっているかを問うこと」（p.148）としており、バウムの論理に主体性を認めた点は、まさしく表現の側に立脚した描画研究の方法と言えるだろう。つまり、いったんは描き手がどのような病理や発達的特徴をもっているかなどという視点を外し、あるいはブラインドアナリシスのように限られた情報から描き手の特徴を描き出そうとするのではなく、まずは描画表現そのものに軸足を置き、その表現論理を見つめようという姿勢である。なおバウムの幹先端処理の研究を鶴田（2005）は検査・方法・技法の中の技法に位置づける一方、青木の表現心理学を方法と位置づけている。しかし、どちらの研究も描画表現に主体性を認めていこうとする点については共通しており、この点では方法と技法を明確に分けるほどの本質的な差異はないと考えられる。

こうした姿勢でバウムの表現論理の読みとりを試みると次のようなことが生じると山川（2005）は述べている。

> 浮かんだ連想の質を仔細に吟味していく中で、"バウムのありようを語っ

ているだけなのに、いつの間にか描き手の性質の何かを物語っている"かのような感覚が生じてくる。(中略)
　描かれたバウムと、描いた描き手は、イメージという地下水脈でつながっており、受け取り手がイメージを通じてバウムを見るとは、その地下水脈にアクセスすることを通して描き手を理解しようとする試みである (p.230)。

　つまり、いったん描き手という存在を括弧に入れて、描画表現に軸足を置き、その表現論理を見ていこうとする作業によって、逆説的に描き手に対する理解が可能となるのではないだろうか。これは検査のように、「絶対的指標」を用いて解釈を行ったり、複数作品を相対化して描き手を理解していこうとする態度とは異なるものである。また、こういった描画表現に対するアプローチは決して受身的に描画表現の側が何かを示すのを待つという姿勢ではなく、表現そのものに留まり続け、描画表現に対する主体的な関与を必要とする。例えば、「なぜここをこんなふうに描いたのだろう」と、その描いた様子を模写するように、体験的理解を目指す関わりである。
　それでは、中井はこのような観点をもっていなかったのかと言うと、そうではなく、中井の芸術療法の試みの中には、表現心理学の可能性が多く秘められていると筆者は考える。例えば、中井 (1996) は「風景構成法において中井が記載したH型とP型とは症候学における破瓜型と妄想型、生活臨床における受動型と能動型とある程度関連している。しかし、完全に一致するわけではなく、ましてや、いずれかがいずれの『原因』などということはできない。仮に風景構成法から出発すれば……」(p.23　傍点原文のまま) と述べているように、「仮に」ではあっても描画表現を起点とする発想がうかがえる。また、中井 (1971) においても、「臨床型と描画型との一致性の検討は、ロールシャッハ学者がすでに逢着したように、臨床型の定義の不明確性によって大きく阻まれざるをえない。ロールシャッハ学者のあるものがすでに試みているように、描画による分類を独立先行させるべきなのかもしれない」(p.75　傍点は筆者による) と述べていることも、表現に立脚した視点の表れと言えるだろう。そして、本章で中心的に扱ってきた1983年の論文にも風景構成法の表現を主体とした考察が認められる。この論文の第1の

症例である「全体的改善にもかかわらずおどろくほど変化がなかった例」をその1つとして以下に挙げたい。中井は次のように、この症例の風景構成法作品について述べている。

> 12年後の風景構成法も、おどろく程似ている。岩峰の数まで同じである。彼が（妻の協力があるとはいえ）律儀に通院し、悩みを語り、時に抗酒薬を求めるのも、「基本的なもの」が全く変化していないからかもしれない。「基本的なもの」といったが、かりに描かれたものを「心象風景」とするならば、このおどろくべき同一性はどういうことだろうか。その間、周囲の状況も、本人の状態も大きく変化しているのである（p.57）。

ここでは、この患者の生活が大きく変化していることと、風景構成法の作品構成がほとんど変わらなかったことについての考察が試みられている。例えば、この一見すると矛盾する事態に対する解釈の例として、「風景構成法では捉えられない次元での変化が患者には生じているのではないか」とか、「風景構成法はこの患者の変化を捉えるには適当ではない」などと、風景構成法の限界を示すこともももちろんできるだろう。しかしこういった「解釈」は、患者の生活変化ということに、風景構成法作品の変化が示すものが引っ張られてしまっており、青木（1983）の言う「手頃な確認手段」（傍点原文のまま）か、あるいは中井（1979）の言う「定式（フォーミュレーション）を『追認』するための芸術療法」（p.251）にしか過ぎない。そうではなく、中井は疑問視しつつも十余年という月日を経ても「変わらなかった」風景構成法作品をまず中心に据え、その上で、いったい患者の何が変わらなかったのかという推論を展開している[*16]。

もちろん、中井によるこのような解釈は決して稀有なものではなく、風景構成法作品を理解する際に広く行われているものだろう。描き手にも風景構成法表現にも何かしらの変化が認められる時に、「描き手の〇〇が変わった→風景構成法作品の△△が変わった」というどちらも「変わった」という文脈の場合、描き手・風景構成法作品のどちらを出発点にしても結果が同じことのように見えるため考えやすいのだが、この症例のように風景構成法の示すものと、描き手の変化が対

応しなかった時にどのような理解が可能なのかを考えていく時にこそ、風景構成法の表現をいったん主体とする必要がある。

　よって、ここまで見てきたように、この中井（1983）の論文で行われた「偶然の試み」は、実施ということについて言えば検査性の強いものであるが、同時に芸術療法・風景構成法の実施についての警鐘を鳴らすものであった。さらに、作品の理解のあり方としては、簡潔ではあるが、中井自身による表現心理学的解釈の一端が示されているものであったと言える。十余年後の風景構成法作品の変わらなさと、描き手の生活の大きな変化が一見すると対応しなかったというところが、このような風景構成法作品の表現を主体とする解釈を提供する素地となったと言えるだろう。

7．風景構成法における表現論理の読みとり

　それでは、風景構成法の「表現論理」とはどのようなものとなるだろうか。すなわち、表現心理学の観点から風景構成法を考える時に、どのような捉え方が可能となるのだろうか。このことを考えるのに、まずは、バウムの表現論理についてもう一度まとめて確認しておきたい。

7-1．バウムにおける表現論理――幹先端処理

　奥田ら（2005）で行われているバウムの幹先端処理についての研究は、バウムの幹先端を処理する（描こうとする）時に、何が生じているのか、いかなる形でそれに取り組まれているのか、という点を「体験的、あるいは体感的に」（青木, 1984）理解することを目指したものである。このことは、バウムの幹先端をただ「開いているか、閉じているか」という二者択一で捉えるような指標化によるバウムへのアプローチと一見すると同じものなのではないかと思われるが、まったく異なるものである。もちろん、幹先端処理の方向性を示すものとして「分化」と「包幹」という視点はあるものの、この二択で考えてしまうものではない。ゆえに、奥田らの研究では、具体的な幹先端処理の実例を挙げることはされていても、あくまでその幹先端処理の体験的側面、つまり「このような形で幹先端処理

をする時には、何が描き手の中で起こっている（喚起されている）のだろう」という記述がされており、決して指標化を目指しているわけではないし、実例として示された幹先端処理の仕方を描き手の性格特徴に結びつけるといった結論を導こうとするものではない。山川（2005）が「幹先端処理はバウム理解のかなめであり、そのバウムを象徴するものである」(p.222)、「幹先端処理は、受け取り手が、根から幹にあがってきたエネルギーが、この先どうなっていくのか、イメージしながら見ていきやすいポイントなのである」(p.229　傍点原文のまま)、「幹先端処理は、バウムに対するコミットメントを可能にする契機であると同時に、勘どころである」(p.241)と述べているように、幹先端処理について考えるということは、指標によってではなく、バウムを、そして描き手を理解しようとする際の視点であるということにこそ意義がある。そして、この発想は、描画の理解の際に陥りがちな、描き手の病理や発達特徴という視点を超越したところからの検討となっている。このことに関連して、青木（1983）は次のように表現心理学に関して述べている。

　　テストではわざわざ制限した描画を実施するのであり、その制限は知識の比較・蓄積のためになされるのであって、各種の研究の間に有意義な対話が可能でなければならぬ。ところが、発達的研究や方法的基礎的研究と臨床的研究や事例研究の間には断絶に近いものがある。これは研究者の姿勢の問題を別とすれば、一般の発達的変化と病理－回復過程を共に記述しうるような理論が全く欠けていることによる。かりに、ある臨床群に発達上より以前の段階を示唆する特徴が見出されても、退行、未分化、未熟の3語を用いるとほとんど説明にならぬ説明が終わってしまう。逆に発達的研究の中に臨床的研究の中から見出された知見を加味することはさらに困難である。実際、発達研究は基準作りの資料集め、標準化を目的として、各要素を総花的に追うことを中心とし、そのような試みさえしていない。藤岡・吉川（1971）による幹端処理への着目による発達的研究は例外的なものである。だが、バウム表現における課題は、青木（1980）が述べているように、三次元性の処理、複雑さの処理、安定操作他にも多い。これらに着目した

発達的研究が待たれる。
　　この断絶を埋める可能性は、バウム画という共通の対象を扱っている以上、描画そのもの、描画行為そのものをいかに深く理解していくかにかかっている。描画という二次元的空間への表現はその表現上の制約の故に一定の内的論理によってなされる。この描画表現自体のもつ内的論理をきわめていけば、たとえ大人の目からは変わってみえる子供の絵も病者の絵も同一の用語で論じえるのではないか。そのような立場として表現心理学が限りない重要性をもっている（p.22　傍点原文のまま）。

　　表現心理学では描画そのもの、描く行為の過程を分析しようとするが、次のような基本的立場に立つ。その1つは、描画は一見如何に不完全であり歪んでいようとも、その人にとってはその時その場において、もっとも適切になされており、あるおさまりを持っている。次に、描画行為は描く人の中に潜在型で存在する空間性をもった概念と、1本の線を描くことで刻刻と変る用紙上の空間構造との限りない能動的対話の中で行われる。第3に、描画は二次元的表現としての媒体の制約を受けているので、Arnheim（波多野・関訳，1963，64）の言葉を使うと、知覚的概念が表現的概念によって構造的等価物として成立している。したがって、描画の読みとり作業ではまず第一に表現的概念に立脚すべきである（p.31）。

　そして、青木（1984）はバウムでしばしば指標の1つとして扱われる「一線幹」について、以下のように述べているが、これは「発達的変化と病理－回復過程を共に記述しうるような理論」の1つと言えるだろう。

　　正常な発達においては一線幹は非常に少ない。（中略）二線幹のものとちがって、一線幹への退行は元々もっていた形式へのそれでなくいわば袋小路への、形式の発明による退行であることがわかる（p.21）。

　以上のような青木の表現心理学の観点からすると、発達的には比較的少ないと

される「一線幹」を病者が描くということは、単なる「退行」という言葉で示される事態ではなく、オーソドックスなバウム画の発達からは捉えにくい、発達の「袋小路」へと迷い込んでしまった描き手の姿を想像することがまずは必要なことだろう。

　奥田らの幹先端処理についての研究と、青木の表現心理学によるバウムの理解をまとめると、バウムを描くということについて、そこで生じる「内的論理」を「体験的、あるいは体感的に」捉えることが必要であり、それが実現すれば、「発達的変化と病理−回復過程を共に記述しうるような理論」になりうる、という可能性をもつと考えられる。そして、そういった「バウムの表現論理」の1つとして、幹先端処理あるいは幹の処理の仕方（具体例としての一線幹）に着目することが挙げられる。

7-2. 風景構成法における構成の表現論理──川から描きはじめることの意味

　それでは、発達・精神病理を連続的に捉えられる、風景構成法における表現論理とはなんだろうか。このことを考える上で、まず青木（1983）が「一般に描画の表現概念で最も重要なのは色と形である」（p.31）と述べていることに着目したい。バウムテストでは基本的には色を塗らないとされるが[*17]、風景構成法では素描と彩色の2つの段階それぞれの意味が認められている。しかし、風景構成法という形でこの技法の名称に冠されている通り、風景構成法は、その「構成」に着目する研究が多く見られた。これは「形」への着目と言えるであろう。このことを、風景構成法の表現論理という視点から考えてみたい。

　風景構成法の創案以降、中井が示した「H型・P型」といった統合失調症の破瓜型・妄想型との関連で捉えられる構成や、高江洲ら（1984）の「近接型・離反型・固着型」、あるいは高石（1996）が自我発達との関連で示した「構成型」といったものは、一方は精神病理、もう一方は発達的側面から構成を論じたものであり、別々の文脈から行われている研究ではあっても、構成という特徴は風景構成法の表現論理になりうると言うことができるだろう。そして、発達的な変遷を経る中で「川が立つ」（山中，1984）という事態が生じたり、あるいは、精神病理の観点からは「無意識と意識の反転現象」と捉えられる「川と道の取り違え」（山中，

1996) が報告されているように、構成を決める上で重要となる「川」は、作品全体の構成以前に、これ自体を表現論理の1つの現れとして捉えることも可能であろう。皆藤（1994）の誘目性の研究において、熟練した臨床家が川への着目を多くしていたことからも示唆されるように、作品の表現を考える上で重要なこの「川」は、見守り手にとっても重要な意味をもつと考えられるが、なぜ風景構成法が川から描きはじめるのかを改めて検討したい。

　風景構成法において川から素描を始める理由として中井（1984）は「『山』から始めると、第一歩で構図があんまり決まりすぎる」(p.266) ということを挙げている。同様のこととして、中井（1996）は、「すべての方法には多少の『意地悪』が含まれているものだが、『川』を天際から流してしまった場合には山の処理に困ることになる。整合性への指向の強さと優先性とがここで試されているわけである」(p.12) と述べている。川から描くことの難しさは、時に「川が立つ」といった表現のように、構成の特異性を表出させる。これはあくまで風景構成法の「課題」としての難しさという描き手の側に立った論である。しかし、川から描きはじめることは、描き手にとってのみ重要な意味をもつというわけではない。そのことを考える上で、次の中井（1979）の指摘は示唆に富んでいる。

　　おどろきのない治療はつまらない、いや不毛なのだ、と思う。不安を伴わないおどろきが、治療者患者の双方に同時に生じる時が大きな治療的転回の時であろう。（中略）そういう意味では、芸術療法は、おどろきの機会を無数に提供してくれる。治療の過程でわれわれの中に生じる固定観念、冷えつつある熔岩の表面に生じる薄皮のようなそれを、破ってくれる機会は、しばしば芸術療法の持つ力である (p.251)。

　つまり、中井が「構図があんまり決まりすぎる」ことを避けて、川を第一項目にしたことは、見守り手である「治療者のデカクシス」（中井, 1976 p.184）を救い、面接の中に「不安を伴わないおどろき」を散りばめ、見守り手の関与しながらの観察を容易にするという点で、その意義があるのではないだろうか。関与しながらの観察は、第一項目の川が切り開いていく風景全体へと向かっていく。そして

「川が立つ」という表現に見られるように、川から描きはじめることは、風景構成法の課題としての難しさの極まるところでもある。始原を枠内に収められない者、空間の分節化を避けるように、此岸なしの川や隅を横切る川になる者など、描き手の多様な反応が認められる箇所である。このことは、その後に特に問題となることが予想される、全体の配置をどうするかというシンタグマティックな過程（中井, 1971）が喚起されると言ってもよいかもしれない。つまり、描き手にとっては表現の難しさが極まるところであり、それゆえに見守り手にとっては関与しながらの観察の起点となり、「退屈」を防ぐのがこの第一項目を川から始める理由と言える。これは、バウムにおける幹先端処理が、「バウム理解のかなめ」であるということと同じと言えるのではないだろうか。つまり、風景構成法では川を第一項目とするという工夫が施されていることで、描画のプロセスをより活き活きと感じやすくなり、それによって、作品が描かれていく際の表現論理の「変化」を関与しながらの観察によって捉えていくことも可能となっていくのではないだろうか。これは固定化された完成作品の指標化による解釈では見えてこない事態である。

7-3. 風景構成法における彩色の表現論理

それでは、青木（1983）が指摘した、「描画の表現概念」のうち、もう一方の「色」に関する風景構成法の表現論理とはどのようなものであろうか。

風景構成法における彩色のもつ意味については、例えば中井（1996）は「いちおう構成された『風景』を修正し、情動づけ、混沌を最終的に追放する機会」（p.16）であると述べ、あるいは佐藤（1996）は「個々のアイテムを彩色により情緒的につなげ、風景として構成していく」（p.154）と述べている。これらは、構成を補完するものとして、彩色が扱われてきたことの一端を示しているように思われる。しかし、松井（2009）・松井ら（2012）が述べているように、構成という観点に回収しきれない彩色自体がもつ独自の意味もあるだろう。さらに、中里（1984）が、「風景構成法において『変化』が最も著しくみられる側面を一つだけ挙げるとすれば、それは彩色面である。描線よりも彩色のほうに『変化』が生じやすいというのは、構成法の理念からすれば逆説的かもしれないが、事実はそう

である」と述べていることも、風景構成法の表現論理の1つである「構成」あるいは「川から描くこと」とは別のものとして、彩色に関する表現論理が存在することを示唆しているのではないだろうか。ただし、表現心理学の視点に求められるのは、あくまで発達的観点と精神病理の観点を同一地平で論じられるような風景構成法理解の「勘どころ」である必要がある。ここで、限られた彩色に関する研究の中で松井ら（2012）が「指標」の1つとして挙げている、「重色」という現象に着目してみたい。

重色とは、「複数の色を同一の箇所に重ねて塗る」（p.104）場合を指すもので、これは従来「混色」として呼称されてきたものである。精神病理という観点からは、統合失調症者では色を混ぜないこと（中井，1985）、「嗜癖者ではほとんど全例で混色が見られる」（松井，1996 p.31）ことが指摘されている。松井ら（2012）は、高石（1996）による構成型のうち、内的な転換点の時期に多く現れるというV型の構成や、10代の描き手という、「危機的状況」や「大きな変化の最中」（p.108）には重色が生じにくいのではないか、と述べている。

発達的に何歳頃から風景構成法における重色表現が生じてくるのかといった点は不明だが、上述のいくつかの例が示すように、少なからず発達と精神病理の両側面から捉えられるこの「指標」は、単に「指標」としてだけ片づけてしまうべきではない意味が潜在しているように思われる。つまり、構成に関する「表現論理」が、川から生じる空間の分節化およびそれをどう繋げるか（関係づけるか）、そして結果的に生まれる作品の「構成」という視点から作品を捉えようとするのに対し、彩色に関する「表現論理」の1つとして、この重色を位置づけることができるのではないかと筆者は考える。この視点は、従来から言われてきたような、彩色が構成の最終段階である、もしくは構成を補完するものである、というような、構成という視点に回収されてしまわない彩色特徴への着眼点になりうる。そして、その際には、「重色したか、していないか」といった指標に留めてしまうのではなく、どこが重色されたのか（すべてにおいてなのか、ある特定の項目だけなのか）、どの段階で重色されたのか、重色することによってどのような印象の違いが生まれているのか、といった特徴を考えることが、彩色を通して風景構成法作品について考える「勘どころ」となるだろう。

また、この重色という視点を導入すると、例えば彩色についての研究を行う際に、単なる「彩色面積」を測定すること、あるいはおおよそ何割が塗られているか、といった観点だけで風景構成法作品を捉えるのは不十分であるということが分かるだろう。つまり、単純な「面積」の算出によっては、単色で塗られた箇所であろうと、重色された箇所であろうと、数値としては同じになる。しかし、このような彩色の捉え方をしてしまう場合、描き手が色を重ねるということに込めた意図やその体験の意味が削ぎ落とされてしまう。

　ただし、この重色という視点が、風景構成法における有効な表現論理となりうるのかどうかについての検討は現時点では十分なされているとは言い難い。風景構成法における構成は、川から描きはじめるという難しさがあるがゆえに、独特の表現特徴を残すこととなり、はっきりと「表現論理」と言うことができるかもしれない。しかし、重色については、川から描きはじめるのと同様な課題としての困難さをもつ表現ではなく、重色をしないで彩色を終える場合も決して少なくない。重色は、あくまで「ニュアンス」を表現するという、どちらかと言うと付加的な表現特徴である。ゆえに、重色が必須となるわけではないことから、重色をしない場合に、どのように彩色を理解するのか、という点には弱点を残すこととなる。これは、構成の場合には「構成放棄」といった形で構成を考えられるのとは若干異なると言えるだろう。あるいは、彩色をする技法であれば、何も風景構成法に限って重色を論じる必要はないだろう。風景構成法における重色と、他技法における重色が同じ意味をもつのかどうかは現時点では確認されていない。今後の検討が必要である。

　今回取り上げた重色に限らず、構成に回収されない彩色独自の意味を探究していくという視点が表現心理学的に風景構成法を考える際には必要ということもここでは強調しておきたい。

7-4. 風景構成法の表現論理と作品の「変化」
　　　──相対変化から「絶対変化」へ

　以上のように、表現心理学から見た、風景構成法の表現論理として、川から描きはじめること、そしてそれによって生じる空間の分節化の果てとして現れる構

成という視点、また彩色の中でも構成に寄与するとは限らない、重色という視点の2つについて取り上げてきた。これらのうち、特に構成については、創案以降重視されてきたものであり、それをわざわざ「表現論理」として取り扱うことは、意味のないことかもしれない。しかし、例えば構成を高石（1996）の構成型といった形で指標化して分類してしまう前の段階、「表現論理」として扱うことこそが重要であり、これは、バウムの幹先端処理を「開・閉」の二者択一で考えてしまわないことと同じような扱いが求められる。同様に、重色を表現論理としてみなすとしても、重色したか重色していないかという二者択一のみで捉えるのではなく、どこをどのように重ねて塗ったのかを考える必要もあるだろう。また、全体を重色する人と、ある項目のみを重色する人とでは、その意味は異なっているだろう。

　表現論理を読みとると言うと、思弁的なことのように思われるが、要はどのように描画表現がなされたのか、そこでどのような感覚が湧き上がってくるのかを例えば、上記2点の表現論理に沿って「体験的、あるいは体感的に」（青木，1984）確かめていくというだけである。いわば風景構成法表現への関与しながらの観察と言える。つまり風景構成法の表現論理を読みとろうとすることは、検査とは異なる方法論で描き手の理解を目指すものであると同時に、面接の一回性を再体験するように風景構成法の生成プロセスを辿り直す技法性をもつのではないだろうか。この意味において、表現心理学の試みは、検査か技法かという問いを止揚する新たなパラダイムだと筆者は考える。

　そして、このような作品の表現論理を読みとろうとする姿勢をもつことで、作品の「変化」を考える際の視点の幅が広がるのではないだろうか。まず、継時的に実施した風景構成法作品においては、これまでと同様に、「相対音階」に基づいた理解・読みとりが必要と考えられる。ただし、その際にも、なんらかの指標に該当するかしないか、といった二者択一ではなく、表現論理の変化を検討することが必要となる。

　また、1回の風景構成法実施のみでも、川から始まる個々の項目ごとが描かれていく際の表現論理を「関与しながらの観察」によって「体験的、あるいは体感的に」理解するよう努める必要がある。無機質に10個の項目が描かれるさまを

見るのではなく、関与しながらの観察をしていると、時に「おっ」と思うような、驚きの瞬間が見守り手の中に生じる。それまで描かれてきた時の「表現論理」と、「おっ」と思わされた項目の描き方とを比べた時に、何か描き手の手応え・感触に違いは生じていないだろうか。あるいは、素描ではとても閑散とした風景で、彩色も項目のみに乱雑になされていた中で、ただ1つ山にだけ重色がなされたとしたら、「えっ!?」という驚きが見守り手には生じないだろうか。こういった、1枚の風景構成法を共にしている中でも生じる表現論理の変化は、相対変化ではなく、同一作品内での表現論理の「絶対変化」[*18]と言えるものかもしれない。第3章の事例でEが田と道を描かなかったことも、このような「驚き」や同一作品内での「変化」に当てはまるものである。中井が重要視する相対変化の把握は、あくまで、風景構成法という、一期一会の体験・一回性の中で、関与しながらの観察により「絶対変化」を感得することがあった上でのことだと筆者は考える。またこれは、完成作品に向き合う際にも同様のことが当てはまる。岸本（2013）が「なぜそのように川を描いたのか。川がそこに描かれている状況で、なぜ山をそこに描いたのか、と順に問うていくことが、筋書きに添った理解」(p.20)であると述べているように、「時間経過に添った丁寧な読み込み」(p.16)を行うことで、完成作品を見ていく中でも、「絶対変化」を見出すことが可能になると思われる。

8. 本章のまとめと課題

　本章では、風景構成法作品の変化をどのように捉えることができるのか、という点について、中井（1983）による「十余年後に再施行した風景構成法」という論文を起点として考察を行ってきた。中井には、風景構成法作品の相対変化を重視する観点と、風景構成法の実施が「一期一会」であることを重視する2つの観点が存在していたが、そのいずれか一方が重要ということではなく、青木の表現心理学の観点を基に、この中井の2つの姿勢を止揚するものとしての、風景構成法の表現論理を理解しようとする観点を導入することが可能ではないかと考えた。臨床実践においては、複数回の風景構成法の実施が難しい場合もあるし、そ

もそも、そういった複数回実施できることを前提とすること自体が、目の前にいるクライエントに対する姿勢としては不適切であるかもしれない。それゆえ、1枚の風景校構成法作品でも、複数枚の風景構成法作品でも、仔細にその表現論理を徹底的に読み込んでいくことがまずは必要である。その際に、結果として描き手の理解が立ち現れるはずだという「幻想」を抱くべきではないように思う。風景構成法作品の表現論理の理解という「地下水脈にアクセス」（山川，2005）することを通して、描き手を理解しようとすることは、時にその試みがうまくいかないこともあるかもしれないが、しかしそれもまた心理療法において生じる事実として受け止めるべきではないだろうか。また、表現論理の側から描き手を理解していくという方向性は、精神病理や発達という側面に「迎合」するような描画研究のスタイルとは一線を画すものである。「寄せ集め」や「借物」（青木，1983）ではない、風景構成法に表現されるものという心理学的事実の中から見出される表現論理、それを通じた描き手理解こそ生きたアセスメントとなりうるものであり、そういった試みを重ねることにこそ、風景構成法のような臨床の知の創造に繋がる本質があるのではないだろうか。

　そして、心理療法における風景構成法のもつ意義を考えていく際に次の青木（1986）の警句には注意深く耳を傾ける必要がある。

　　　バウムの読み取りは、結局は人間の読み取り方である。バウムの読み方のみが、他と切り離されてはどうにもならなくなってしまう（p.86）。

　心理療法の一技法としての風景構成法が独立して存在しているわけではなく、風景構成法作品は描き手と見守り手のやりとりを通して生じる表現であり、その読みとりが心理療法の中に活かされる必要があるという視点を忘れてはならないだろう。どのような小さな作品変化であっても、それが描き手にとっては大きな意味をもちうるし、それを描き手と見守り手の両者が感得することは、心理療法のプロセスにとって時に大きな意味をもつ。風景構成法の表現論理の変化を捉えていくという視点を、ただそれだけで済ませてしまうのではなく、あくまで読みとった表現論理やその変化が描き手の理解、ひいては心理療法の中でどのように

活かされるのかという視点を常に忘れてはならない。そうでなければただの絵画分析・絵画批評に終わってしまい、臨床という営みからは乖離してしまうこととなるだろう。

　本章での考察を基に、次章では、臨床実践にいくらか近い形で実施した風景構成法の作品変化を、描き手自身の振り返り体験と交えて検討を行いたい。

第5章
風景構成法作品の変化と
描き手の振り返り体験

1. 描き手にとっての風景構成法作品の変化
――振り返り体験という視点

　第4章では、継続実施した際の風景構成法作品の変化をどのように考えるか、という点について検討を行った。その結果、描き手の状態の変化に対応させた「手頃な確認手段」にならないような、表現論理の変化を中心に据えた作品の読みとりが必要であると考えられた。このような、見守り手の側からの作品変化を捉えようとする方向性に加え、本章では描き手自身が作品変化をどのように体験し捉えているのか、という逆の立場からの検討を加えることで、複合的に風景構成法の作品変化について検討を行いたい。

　風景構成法に限らず描画法を用いた時には、第2章で見たように、自分の作品の意味を完全にではなくても直観的・潜在的に把握している可能性がある（河合, 1969）。しかし、第2章で検討した調査結果においては、こういった自己解釈と呼べるような体験が描き手の中で生じることは多くないことだと考えられた。では、複数回の風景構成法実施後に作品の振り返りを行った場合には同様の結果となるのだろうか。このことを考える前提として、こういった描画作品などの振り返りが、心理療法の実践における実際的な問題としてどのように捉えられてきたのかについてまず触れておきたい。

　例えば皆藤（1994）の事例においてはバウムテスト・風景構成法作品などの振り返りがセラピストと共に行われている。加藤（2003）は、10年間にわたって患

者が描いた樹木画170枚を共に見直すという作業を行っている。これらの例では、複数の描画の変遷を振り返ることが、心理療法のプロセスのある側面を振り返ることになり、心理療法を通してどのようなことを成しえたのかを、クライエント自身が俯瞰的に捉えることになっていると言える。こういった振り返り体験は、河合（1992）が次のように述べていることが背景としてあり、臨床的に有効だと考えられていると言えるのではないだろうか。

> 箱庭療法や絵画療法などの表現活動を主として用いたときは、治療の流れを大切にするために、治療者としては思っていることを言語化していないことが多い。そこで、クライエントが子どもではないときは、終結に際して、箱庭のスライドや絵などをクライエントと共に最初から終りまで見直すことをするのが望ましい。全体をシリーズとして見ると新しい発見をするし、治療者の考えを言語化してクライエントに伝え、クライエントも自分の考えていたことを語ってくれて、お互いに多くを得ることができるであろう。絵などの作品はクライエントに返し、箱庭のスライドもクライエントに渡して、コピーを治療者がもっていていいかと許可を得るべきである（pp.255-256）。

一方で、作品の振り返りについて直接言及したものではないが、治療の場でなされた描画を患者本人に返すかどうかについて、以下に中井（1983）が述べていることを基にすると、おそらく中井は作品の振り返りに対しては慎重な姿勢をとるのではないかと考えられる。

> 絵は患者に返すものかどうか。「古い病的体験を聞いてはいけない」ということからすると返さないほうがよいように思える。日記をつける患者には、前日までのを読み返さぬように告げることが大事だと教えてくれた先輩もいる。しかし、求められれば筆者は返すことにしている。なお精神療法的な意味の絵は、患者と担当者だけの秘密で家族にも絶対に見せるべきではない（p.269）。

このように、上記の河合と中井の見解は異なるものではあるが、描画の振り返りが実際に行われた時に、どのようなことが生じるのかを実証的に示し、その結果からこれらの見解の妥当性について考えることも必要だろう。風景構成法を含めて、芸術療法においては、第1章などで見たように、その場におけるやりとり、すなわち「今ここ」における関与しながらの観察が重要なのは当然であるが、終結時の作品の振り返りを行うことが、本当に意味のあるものとなりうるのかどうかについては、十分な検討がなされているとは言い難い。他技法においては、近藤（2012）がS-HTPP法による調査事例での描き手の振り返り体験についての検討を行い、振り返りによって断片的だった描き手の語りがまとまるという、物語の生成という観点を示しているが、風景構成法で同様のことが生じるのかは確認されていない。またこの研究では、見守り手による「積極的な介入」による振り返りを行っているが、これは中井が示しているような、描画法に対する解釈のあり方とは性質を異にするものと考えられる。

　そこで本章では、描き手が自身の風景構成法作品を振り返る体験に焦点を当てて検討を行うこととするが、これを調査研究の範疇で行うこととする。臨床事例において風景構成法が実施された時には、当然描き手の理解や心理療法に寄与する形での風景構成法の活用が求められる。臨床事例における倫理的な制約からも、作品変化を確かめることだけを目的とした風景構成法実施は決して認められない。一方、調査研究であれば、例えば佐々木（2007）が行ったような、調査参加者の日常的な出来事などを聞くことを通して、作品変化と連動させて振り返り体験を理解する試みも確かに可能であろう。しかし、心理療法における風景構成法実施および、それを通した描き手理解と、調査を目的とした風景構成法の実施および、それに付随する形での描き手の理解では、目的が異なるため、擬似的には心理療法に近い設定が可能であっても、根本的には異なるものであると言わざるをえない。そうであれば、むしろ、描き手の日常的な出来事や心理的な状態、またそれらの変化を安易に把握しようとせずに、まったくそれが分からない、もしくは把握しないということを逆に利点として扱う形での調査を行うことで、風景構成法を「手頃な確認手段」に貶めず、あくまで描き手の振り返り体験に絞った形での検討が可能となるのではないだろうか。また、見守り手としても、安易

に描き手の心理的・外的状況と作品変化を照合することができなくなるため、自然と第4章で見たような、風景構成法の表現を主体とした作品の読みとりに近づきうるのではないかと考えられる。

2. 方法の検討

　風景構成法作品の振り返り体験は作品も個々に異なるので個別的な体験となることが予想される。また、振り返り体験を十分に論じたものがない状態であるため、探索的な方法として、今回も第2章で用いたPAC分析による検討を行うこととする。

　次に、調査手続きの検討を行う。本章で行う風景構成法の振り返り体験では、同一の描き手に風景構成法を複数回実施し、その後にPAC分析を行うことになる。その際に問題になることとして、風景構成法を何回実施するのかということと、実施間隔をどの程度空けるのかということが挙げられる。

　前者については、佐々木（2007）の調査では、計6回の風景構成法実施になることを当初から調査参加者に伝えている。しかし、学派による違いはあるものの、心理療法では終結時期をあらかじめ決めておくことが難しく、ゆえに心理療法での風景構成法実施の回数も、本来的には事前に決めることができないものであろう。さらに、安福（1992）が箱庭を用いた調査を行った際に述べているように、こういった自己表現を行う調査の場合、調査の実施回数が限定されることで、調査参加者の表現内容が影響を受けるということも考えられる。例えば、6回という形で回数があらかじめ決まっていれば、最初のうちは様子見のような表現になるかもしれないが、4～5回目ぐらいで描き手のコミットが深まり、最後の6回目に再びコミットを浅くし、調査終了に合わせるといった具合に、表現を調節する可能性も出てくるであろう。こういった経過も心理療法のプロセスとしては確かに生じる可能性はあるだろうが、調査を開始する時点では風景構成法を施行する回数を設定することがないような調査手続きのほうが、風景構成法の実際に即していると考えられる。また、風景構成法の実施は2回でも振り返りは可能となるが、描き手にとっては2枚のみでは、単なる比較に留まってしまう可能性もあ

ると考え、3回以上の風景構成法施行を念頭に置くこととした。

次に、実施間隔についてだが、実際の臨床場面においては、例えば中井（1996）は「適応の患者に三か月に一度くらい」（p.9）と述べていたり、「レントゲンをとりたくなる時」（中井，1984 p.269）に実施するとしている。また、第4章でも見たように、「患者の記憶に予想外に長く残る」（中井，1996 p.9）とされることから、最低でも3か月以上、できれば6か月以上の間隔を空けることが望ましいのではないかと考えた[*19]。

上記のような調査手続きをとることで、最初から終結時期を明示せずに、必要に応じて適当な実施間隔をおいて風景構成法を行うという心理療法のプロセスに似た構造を設定することが可能となる。しかし、心理療法を目的とした形で調査を行うわけではないため、毎週の臨床心理面接が行われるわけではない。そのため、描き手にとっての「治療の節目」（皆藤，1994 p.12）と言えるような時期に風景構成法が実施されているかどうかはまったく判断できない。こういった限定的な状況で行う調査であることを念頭に入れ、考察の一般化可能性については注意することとする。

3．方法

3-1．調査参加者

初回時19歳女性（以下、Fとする）1名。Fと筆者は、既知であったが、調査期間中に日常的な接触はほとんどなかった。調査期間中にFは大学生から大学院生となった。

3-2．手続き

X年6月に1回目の調査を行った。1回目以降は、適当な期間を空けた後に筆者から調査実施の連絡を行い、Fの都合のつく時に風景構成法を実施した。1回目の実施時点では、2回目以降の実施予定については知らせていない。結果として、2回目をX＋1年6月、3回目をX＋3年8月、4回目をX＋5年3月に実施した。4回目実施後にFは大学院を修了し就職となるため、ここで調査終了とした。4

回目の風景構成法施行直後に、すべての風景構成法作品を提示し、PAC分析を基にした振り返りを行った。PAC分析の実施方法は、第2章と同様に、すべて内藤（2002）に準じて行った。毎回の風景構成法実施の見守り手とPAC分析による振り返りは、すべて筆者が行った。

4．結果

問題で述べたように、本章の目的は、風景構成法作品の変化（あるいは変化しないこと）を描き手の心理的な状態や外的状況の変化に安易に結びつけるのではなく、あくまで描き手自身による振り返り体験がどのようなものになるのかということと作品表現の変化を合わせて検討することにある。よって、結果の記述では、まず各回の風景構成法作品を提示するとともに、見守り手である筆者が、実施時に気づいたことや印象的だったことを記載する。その上で、PAC分析を基にしたFによる振り返り体験を記述する。

これらの2つの側面から結果を記述することによって、振り返り体験と風景構成法作品の変化の読みとりを総合的に考察することとする。

4-1．1回目（X年6月）

作品は図16となった。道・家・人・動物が特にそうであったが、項目の教示後、描く前に考え込んでいることが多かった。PDI時には、「3人の人は楽しそうにしている」と語った。

素描時には、用紙の中央になかなか描こうとせず、大景群ではなく、中近景群で埋めたことが印象的であった。

彩色時は、2つの山を塗り分けているのが印象的だった。また、家の建物部分を白く塗っていたが、山を塗る際に、山の色が家の白色にわずかに混ざってしまうことがあったが、それを嫌がったのか、塗るのを止め、やや戸惑っていたのが印象的であった。

4-2. 2回目（X＋1年6月）

作品は図17となった。山奥へと続く道はアディションで描かれた。PDI時に、人は道を歩いており、「描いている途中でちっちゃい女の子になった」ということを語った。

素描時には、2段に分かれる構成になっていることが目を引いた。川が画面中央の高さから流れており、始源があまり収まりよく描かれていないと感じた。また、山の頂上が見えなくなっているように、全体に前景化していることが印象的だった。田や家が、画面の端に収まらない形で描かれているのは、1回目で中央を埋めようとしなかったことと似ていると感じた。アディションで描かれた山に続く道と、人が棒人間でなくなったことが印象的だった。

彩色時には、1回目と同じく、塗った色の上にさらに別の色が混ざらないように注意しながら塗っていた。1回目と同様に、山や花が塗り分けられていた。

4-3. 3回目（X＋3年8月）

作品は図18となった。2回目と同じく、山の道はアディションで描かれた。PDI時に、「夏休みに、おばあちゃんの家に来た少女が、犬と散歩している」風景であることを語った。

素描時には、これまでと比べて全体的に項目が多くなっていることが印象的であったが、彩色も終えると、さらに雑多な感じが増し、筆者は「うるさい」印象を抱いた。田や家が端に描かれて全体像が見えないこと、山奥へと続く道、背を向けている少女などは2回目と似ていると感じた。ただし、人がより明細化されてきた印象であった。描画時にはあまり気にならなかったが、川が風景の中でやや浮いている印象で、風景全体と調和していないことを後に感じた。

彩色時には、これまでと同じように山などの塗り分けがなされていた。また、色が混ざることを嫌がる様子も同様であった。道の彩色が最後まで残されていたこと、素描ではなかった、道の両脇の草を彩色のみでかつ色を重ねて表現したのが、これまでになかったもので印象的だった。

図16　Fの風景構成法1回目（X年6月）

図17　Fの風景構成法2回目（X＋1年6月）

第5章　風景構成法作品の変化と描き手の振り返り体験　141

図18　Fの風景構成法3回目（X＋3年8月）

図19　Fの風景構成法4回目（X＋5年3月）

4-4. 4回目（X＋5年3月）

作品は図19となった。2回目・3回目も時間をかけて描いていたが、4回目は、1回目の時と同じくらいに、悪戦苦闘しながら描いているような印象だった。2つある田のうち、左側はアディションで描かれた。PDI時に、「女の子は、これから何をして遊ぼうかと思ってわくわくしている」と語った。

素描時には、最初に描かれた此岸なしの川に非常に驚いた。また、道を描き辛そうにしていた。右側の田の上にいくつか線を描くが、そこからどうしようかといった感じでペンが止まり、苦肉の策といった感じで山の中に、これまでにも描かれていたような曲がりくねった道が描かれた。また、これまで表情がなかったり、背を向けていた人が、こちら側を向いたことや、人の服に花が描かれたことも印象的だった。

彩色では、色が混ざるのを嫌がる、山や花を塗り分けるなどはこれまでと同様のものだと感じた。人のまわりの草原に色を重ねたが、広い面積に色を重ねるということがあまりなかったように感じていたので、印象的だった。

4-5. PAC分析による振り返り体験

4枚の風景構成法作品を提示した際のFの連想は、①絵がにぎやかになっている、②イメージの変わらないものが多い、③季節が同じ、④人、⑤人と一緒にいるのは、犬、⑥絵の端から埋めていく、⑦川の流れ、⑧絵の空白、⑨人物、の9つとなった。重要順位は、⑨「人物」④「人」③「季節が同じ」②「イメージの変わらないものが多い」①「絵がにぎやかになっている」が上位5つとなった。F自身に自由連想項目の類似度評定を行ってもらい、得られた距離行列に対してクラスター分析（ward法）を行った結果（デンドログラム）が図20である。Fは②・③・⑤・⑥を第1クラスター、④・⑦・⑨を第2クラスター、①・⑧を第3クラスターという形で指定した。以下に、各クラスターについての説明と、クラスター同士の比較、およびクラスターのプラスマイナス評価やその他についてFが語ったことの要点をまとめた。

第1クラスター（②・③・⑤・⑥）

全体的に変わらないものです。私の癖とか。どの絵でも変わらないものがこの

第5章　風景構成法作品の変化と描き手の振り返り体験　143

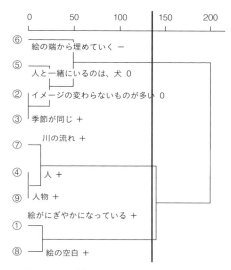

図20　Fの連想についてのクラスター分析

4つです。配置を悩んで、家でもそうなんですけど、端から埋めていって、大体半分とかなんですよ、絵が。で、真ん中をどんと最後に残るような描き方をずっとしてると思います。

第2クラスター（④・⑦・⑨）

⑦・④・⑨・①・⑧は、絵で変わってきたことが書いてあるんですけど、特に⑦・④・⑨は自分の変化が出てるところなのかなと思ったところです。

第3クラスター（①・⑧）

これはさっき（第2クラスター）と同じで、年数に従って、絵がちょっと変わってるなって思ったところを書いてるんですけど、ぱっと見た時に、絵のにぎやか度が増えてるっていうのと、こういう空白（1回目の中央部分）はなくなってきた。ずっと（空白が）気になってたんですけど、最後（4回目）に描いてみて、それがなくなってきた、減ってきてるかなって。〈2枚目でも空白は感じる?〉これ、結構ないんですけど、なんでここ（山に続く道の下の辺り）が色ついてないのか、ちょっと分からないです。ここも多分、道をどうしたらいいんだろうと思って、

そこでやめちゃったと思います。

第1クラスターと第2クラスターの比較
　上（第1クラスター）は、自分の癖って言うか、イメージとか出てるところだけど変わっていないところで、下（第2クラスター）は自分の何かが出てて、変わってるところだと思います。

第1クラスターと第3クラスターの比較
　変わってることと変わってないことなんですけど、にぎやかになるとか、絵が明るくなるっていうのは、だんだん描いててそうしたいなと思ってしたことです。（空白は）ずっと初めから気になってたんです。気になってたのが多分出て、ちょっとずつ変わってきたのかな。〈意図的に、こうやったってこと？〉意図的、そうですね、意図もあるし、自分の希望、みたいな。そういう絵が描きたいんですけど、初めは描けなかった、みたいな。

第2クラスターと第3クラスターの比較
　どっちも変わったことなんですけど、上（第2クラスター）の変わったことのほうが、単にこう変えてみたっていうよりは、自然と変わった感じがします。下（第3クラスター）は、いろいろ描こうと思って、描きたいなって思って描いたことな気がします。

⑥「絵の端から埋めていく」のみがマイナス評価されたことについて
　なんか真ん中に"とん"って描けないんですよ、どうなるか分からないから。安全に描いてるんで、ほんと描けないんですよ。

⑦「川の流れ」について
　初めは多分すごい急流なんです。2枚目（の川）はおっきくて、結構強い川なんですけどだんだん細くなってきてて、これ（4枚目）だともうほとんど小川みたいになってて、ちょっと穏やかな感じになってるな、と。

④「人」と⑨「人物」の違いについて
　初めは多分記号に近いんですけど、それがだんだんちょっとずつ人になってる。なんか、人にかけてる思い入れが違う。「人物」は、思い入れが強くなっているぶん、絵を見てこの人を見て、その時の感情が思い浮かぶみたいな。気持ちの入り度合いがおっきくなってるのが、重要順位1（の「人物」）です。その気持

ちがちょっと変わってるなって思ったのが、(重要順位) 2 (の「人」) です[*20]。

4回目の作品について

すごいストレートに自分の今が出てるなって。社会人生活を待ち望んでる感じです。不安と期待が入り混じる、みたいな。今はとりあえず何かが一区切り終わって、さあ次何しよっかなっていう時期なんかなって。選択肢が1個じゃなくて、いろいろあって、さあどうしようっていう。

山に描かれた道について

描きやすいのはありますけど。山は登るもんだと思ってるんです、きっと。眺めるとかじゃない。最終ゴールみたいなものです。

山などを塗り分けることについて

〈塗り分けるのって面倒ではない?〉嫌です、きっと、同じ色が。花も同じ色にはしないですね。せっかくいろんな色があるし。

　以上のクラスターについてのFの語りを基に、第1クラスター(②・③・⑤・⑥)を「変わらないもの」、第2クラスター(④・⑦・⑨)を「自然とにじみ出たF自身の変化の反映」、第3クラスター(①・⑧)を「意図的な表現変化」と命名した。

5．考察

5-1．Fの風景構成法作品の表現特徴

　まず、Fの4回の作品において、印象的な変化をした点や、4回を通じてあまり変化が見られなかった点などを取り上げるが、それらをFの心理的状況や外的状況などと関連させるのではなく、風景構成法の中において、どのようなことが生じていたのか、という観点から考察する。その際に、主に構成・彩色・項目の3つの観点から検討を行うこととする。

　まず構成に関しては、川の位置が毎回変わっている一方で、1回目の田や2回目以降の田や家は、一貫して画面の端にはみ出し、見切れた形で描かれているという点が特徴として挙げられる。このような描き方をすることによって、用紙の中央が大きく残されたままとなるが、その空白をどのように埋めるか、というこ

とにFは毎回取り組んでいたと考えられる。2回目・3回目で中央の余白を埋めたのは人と、中央に位置する道であった。このように見切れる形で田や家を描くことは、やや「硬直化」した表現となっているようだった。それに対して、構成に大きく影響を及ぼす可能性のある川が比較的自由に位置や向きを変えていたという点が印象的だった。ゆえに、4回目も川がまた異なる形で描かれるのではないかという見込みのもとで筆者は見守っていた。4回目で描かれた此岸なしの川も、4回を通して変化しにくかった表現である見切れた田や家と合わせて考えると、Fはなるべく空間を分断しないような川の描き方を毎回模索していたのではないかと考えられる。

　また、構成に関する項目として、川とともに道も重要と考えられるが、振り返りのPAC分析における第3クラスターの説明で語っているようにFにとって道は描きにくい項目だったようである。1回目、下枠まで伸びていない二筋の道は、途中で途切れており、遠近法的な処理も見られない。それに対して2回目・3回目では遠くへと続く道が描かれている。さらにこの両回では、アディションで山の奥へ伸びる道が描かれたが、この表現は4回目の道の素描の際に用いられることとなった。4回目の道の描画時には、田の上側に道を描こうとしていたようだったが、描きあぐねて、2回目・3回目のアディションで描いていたような山道をFは描いた。この4回目は、川が此岸なしの川となっており、これまで以上に空間が分断化されることがないまま描き進められていたが、その一方でFは新たな形でなんとか道を空間の真ん中に位置づけようと試みていたのかもしれない。しかしそれが叶わず、2回目・3回目のアディションで描いていた、ある意味「慣れ親しんだ」形の山道に「逃げた」、あるいは「戻った」という印象であった。この4回目の道の描画は、バウムで言う幹先端処理のように、Fにとっては非常に処理が難しい「勘どころ」であったと思われるが、Fはそれに直接取り組む（バウムで言えば幹先端を分枝させていく）のではなく、空間をなるべく分断しない山道を描くことで保留した形（バウムで言えば幹先端の分枝はせず包幹する）で処理したのではないだろうか。

　彩色に関しては、1回目のみ中央部分に彩色がなされていない箇所が大きくあるが、これは上記の構成とも関連することと考えられる。つまり、田や家といっ

た項目を見切れた形で描き、中央を埋められないのと同様に、余白として残された中央を塗って埋めることは1回目では難しかったものと思われる。PAC分析における第3クラスターの説明で語ったように、2回目でもわずかに中央に空白が残っているのは、これと同じ文脈で捉えられるだろう。また、Fの彩色について1回目から筆者が着目していたこととして、山や鳥などの複数描かれた同一の項目を塗り分けるという特徴がある。この塗り分けについては4回を通じて一貫して何かしらの項目に対してなされていた。また、2回目では見られないが、1回目の川と田、3回目の川と道の両脇、4回目の人のまわりの草原のように、色を重ねることは比較的よく見られる彩色特徴であった。統合失調症者は「効果の予測しがたい行為に対して用心深いから」色を重ねないとされるが（中井, 1979 p.250）、Fはむしろそういった用心深さを示すことなく色を重ね、特に3回目では素描で描かれていない道の両脇の草を彩色のみで表現した。しかし、色を重ねる一方で、1回目に特に表れていたが、意図せず色が混ざってしまうことをFは嫌っていた。

　このように、Fの彩色は、特に1回目で中央部分を塗らないという意味では構成とも関係するものの、塗り分けを多用し、さらに色を重ねることで素描にはない表現あるいは、表現の奥行きをもたせたという形で、構成には回収しきれない形でFなりの表現を彩色を通して行っていたと考えられる。ただし、「塗り分ける」といったことは比較的意図的に行っていたことだったと考えられ、逆に、意図しない形で色が混ざってしまうのを忌避するということからは、彩色における表現の自由度は高いものの、あくまでそれは自身のコントロール下での表現の自由度の高さと言え、不意に色が重なることで未知なる表現が生まれてしまうことは、Fにとっては好ましくないものだったのではないだろうか。

　個々の項目の中で、変化が顕著に感じられたのは人の表現である。1回目の棒人間から、徐々に明細化され、3回目では背を向けていたのが4回目では正面を向き、初めて表情が示された。渡部（2005）は、学生相談における継続面接で実施された風景構成法について、構成での変化が少ない一方、人物が具象化するなどの小項目の変化が中心になることを報告しているが、このような変化の意味を、「描画者の『持ち味』（この場合は適応の良さという生きてゆきやすさ）は大切にし

ながら何らかの変化を模索する仕方」(p.654) としている。Fの心理的・外的状況という文脈で、こういった「何らかの変化を模索」することが生じていたのかは判断できない。しかし、これまで見てきたような、川の配置を比較的自由に変えて描いていることや、塗り分けや重色といった形で表現に幅をもたせようとすること、さらには、4回目において此岸なしの川を描きつつも空間を分断する可能性のある道を描こうと模索した（結果的にはそれを避けた）ことと同様に、この人物の明細化は、Fが風景構成法という場において、自由な雰囲気の中で「何らかの変化を模索」した取り組みをしていたことの1つの表れと捉えることができるのではないだろうか。

　以上の3つの観点から検討してきたFの4回の風景構成法作品に関して、表現の一貫性と変化については、次のように要約できる。構成の観点からは、見切れる形で中央に描けないということ、空間を分断する道を描こうとする際に生じる葛藤に対しては、ややそれを避けがちであることという一貫性が認められた。彩色の視点からは、自身のコントロールを外れるような色の混ざり合いを忌避すること、同一物を塗り分けることという特徴が浮かび上がる。しかしその一方で、川の配置を毎回変えたこと、また人を徐々に明細化していったという変化からは、葛藤回避的に、あるいは自我統制的に同一の表現を繰り返すように恐る恐る描いていたというより、自由な雰囲気の中で「何らかの変化を模索」しながら描いていたという特徴も指摘できる。別の見方をすれば、見切れた形で中央を空けておくことや、色を塗り分けること、アディションで山の道を描くなどの比較的一貫した表現特徴を「安全基地」のようにして、それ以外の箇所で、模索的に表現を試行錯誤していたが、時にそれがうまくいかなくなると、4回目の道のように、これまでにも用いていた「安全基地」のような表現（この場合は山道）を用いたと言えるのではないだろうか。

5-2. Fの振り返り体験について

　Fの振り返り体験は、作品の変化についての認識を中心として大まかに3つの構造で捉えられ、「変わらないもの」「自然とにじみ出たF自身の変化の反映」「意図的な表現変化」という3つのクラスターを構成しているものと考えられる。ま

た、単なる作品変化の有無という観点からのみ振り返っているのではなく、同じ作品変化の中でも第2クラスターで示された連想はF自身の変化が自然に反映された一方、第3クラスターの連想は、端から描いていくことで作品中央に空白が生じてしまうのをいくぶん意図的に変えていこうとしたという違いが認められた。このような作品変化についてのF自身の気づきは、振り返りを行うことで生じたものであるが、作品が「変化した」場合でも、その意味づけが異なるということを示している。このことからは、作品変化を捉えようとする時に、表現上複数の変化が認められたとしても、描き手にとっての意味としてはそれらを等しく扱うことができないことを示していると考えられる。特に注意すべきなのは、指標を用いて作品変化を捉えようとする際には、こういった描き手の意図や体験が少なからずこぼれ落ちてしまう危険性がある。

　また、Fは作品変化について、それが自然に出てきたもの(第2クラスター)であっても、意図的になされたもの(第3クラスター)であっても、肯定的に捉えている傾向が強かったと言える。その一方で、変化しなかった点として挙げられる、「絵の端から埋めていく」という連想は唯一マイナス評価となった。振り返り体験全体で見ればFは肯定的な体験をしていたことが個々の連想評価からはうかがえるが、「絵の端から埋めていく」ことはどうしても変えることのできないFのありようとして、振り返られることとなった。このように、全体的には自身の作品の変化を肯定的に受け止めつつも、どうしても作品を描いていく中で変えることができなかった、変化できなかった点が否定的な意味合いをもつ体験となりうることをFの振り返り体験は示していると言える。今回のFでは、この否定的な体験によって混乱が生じるようなことはなかったが、心理療法の中で振り返りを行う場合には、描き手の状態などを慎重に検討し、描き手が過去の「自分自身」に向き合い、変わっていないということを受け入れられるかどうかを見極めた上で行うことが望ましいと思われる。なお、Fの「絵の端から埋めていく」という振り返り時の連想は、表現上変えられなかった点という、作品の表現の中でも自身の描画技術に関する特徴について言及したものであり、これは第2章で検討を行った、描き手が自身の風景構成法作品を眺める体験における、〈作品の技術的評価とそれに伴い生じる違和感や疑問〉の側面を持つものと考えられる。

ところで、振り返りにおけるPAC分析でのFの連想は、「絵の端から埋めていく」という構成に関するもの、「人物」や「人と一緒にいるのは、犬」といった項目や項目同士の関係についてのものであり、自ら彩色についての特徴に言及することはなかった。もちろん、「季節が同じ」や「絵がにぎやかになっている」という全体的な印象の変化・不変化に言及した連想は、彩色による影響も当然あると思われるものの、そのことは明確に言及されていない。構成に関しては、「絵の端から埋めていく」や「絵の空白」のように、変化した点と変化しなかった点の両方についての言及があるものの、彩色は、変化しなかった点についても言及がなかった。このことからは、少なくともFにとって、彩色は意識にのぼりにくい、あるいは、注目しにくい側面だったことがうかがえる。一般に、彩色は感情との関わりが指摘されるが、このような観点から、Fが振り返りにおいて感情的な側面を「抑圧して」触れないようにした、といった解釈も可能であろう。ただし、PAC分析におけるクラスター比較の後のやりとりの中で、筆者から色を塗り分けることについて尋ねてみたところ、「せっかくいろんな色があるし」「同じ色になる」のは嫌だからという理由が語られたことからは、Fなりに彩色に関して込めた意味があるものと考えられる。むしろ意識的に塗り分けているように、彩色はF自身取り組みやすいもので、それゆえ振り返りの中でことさらに連想することがなかったという可能性も考えられる。ただし、このような形で見守り手とのやりとり（PDI）を通して、F自身が言及しなかった側面を振り返りの中で取り上げることは、意識していなかった自身の風景構成法作品の特徴、ひいては自分自身の何らかの傾向への気づきを促す側面もある。その一方で、触れないようにしていたところをむやみに明らかにしてしまう危険性もあると考えられる。

5-3．作品特徴と振り返り体験から見た、Fの風景構成法作品の変化

F自身による風景構成法の振り返りでは、作品の変化した点と変化しなかった点、さらに変化した表現でも意図的な変化とそうではない変化の2種類があることが示された。それらの中で、「絵の端から埋めていく」「川の流れ」「人物」などは、毎回の実施時に筆者の印象に残る箇所と関連するものであった。つまり、筆者の着目していた点とF自身による振り返りの着目点の一部に重なりが見られ

た。ただし、「絵の端から埋めていく」ことをFは否定的に評価しているが、こういった表現特徴のそれぞれが描き手自身にとって肯定的もしくは否定的な意味のいずれになるのかまで、筆者が捉えられていたわけではない。さらに、例えば4回目の道のように、描く際に苦心していたと思われる箇所は、筆者の着目する点となったが、F自身からは言及がないこともあった。

　このように、F自身による言及の有無という違いはありつつも、おおまかには構成と項目（人）についての観点からFは振り返りをしていた。そして、それぞれの変化・不変化をどのように意味づけるか、という違いはありながらも、大枠では筆者が描画時に着目していた点と重なっていた。

　しかし、上記の4回目の道同様に、彩色についてのFの言及がまったく見られなかったことは、筆者にはやや意外であった。Fにとっては、塗り分けることや色を重ねることは、当然の表現であり、ある意味それが意識にのぼらないのは当然だろう。一方で、「絵の端から埋めていく」という構成に関する表現もFの中では変わることがなかった特徴であるが、こちらについては振り返りの中で自発的な言及が見られた。このような違いが生じたのは、筆者との風景構成法の中でFが（半ば意識的に）取り組んでいたことが、画面中央の空白をなんとか埋めていこうという、主に構成に関するものであったことを示しているように思われる。つまり、彩色に関しては、「安全基地」のように背景に退き、それよりもむしろ構成において、Fは自身の表現を模索していたように思う。渡部（2005）は学生相談で実施する風景構成法について、「描出された系列描画では概して構成面での変化が少なくわずかな描画変化のなかにClの変化を読み取ってゆくこととなる」（p.648）と述べているが、Fの場合は、むしろ比較的安定した（一貫した）彩色に守られた形で、構成変化に取り組むことで、自身を表現する機会をもっていたように考えられる。4回目の道の描画時に苦心していた様子からも、このような試行錯誤の跡をうかがうことができるが、この時のFが、どうしてもうまく描けない道を、その葛藤の末に、それまでのアディションで描いていた山道の形で描いたことを「逃避」あるいは「退行」と捉えてしまうのではなく、むしろFの中に、この葛藤に対処する手立てがそれまでの風景構成法実施を通して育っていたと捉えるほうが適切なのではないだろうか。このことは、4回目の作品につい

て、F自身が「選択肢が1個じゃなくて、いろいろあって、さあどうしよう」と語ったような、様々な可能性・選択肢の中から何かを選ぶというFの現実的な状況にも合致するように考えられる。

6. 本章のまとめと課題

　本章では、風景構成法の作品変化について、描き手の振り返り体験を基に検討を行った。4回の風景構成法を実施した振り返り体験においてFは、作品で変化した箇所・変化しなかった箇所の両方について言及したが、同じ「変化」であっても描き手のFの中では意味づけが異なっていた。それは、意図的に表現を変えようとした点と、意図せず自然に表現が変わったもの、という形に分けることができる。また、意図的に表現を変えようとした一方で、どうしても変えることのできない表現（絵の端から埋めていくこと）もあり、その点について振り返りの中で気づくことは、Fにとっては否定的な評価となるような体験となった。その他の表現の変化については、それが意図的であってもそうではなくても、多くが肯定的に体験されていたのとは対照的であった。変えられる箇所と、どうしても変えられない箇所があるというのは、作品の表現のことはもちろんのこと、当然描き手自身であるF自身のことも暗に示しているだろう。よって、従来から心理療法における振り返り体験で言われていたように、振り返りには描き手自身の内的理解を深めるという肯定的な側面がある一方で、変えられないという、否定的に体験されるような自身の側面に気づく可能性があるという、二面性をFの振り返り体験は示していたものと考えられる。
　さらに、Fの4回の風景構成法の表現特徴を合わせて考えると、F自身による振り返りの際の観点、すなわち、作品の構成や、個々の項目の変化への着目は、筆者がFとの風景構成法を実施する中で着目していた観点と重なるところがあった。その一方で、筆者の着目していた彩色や、道の描画については触れられないなど、必ずしも重ならないところがあった。また、観点として重なっていても、「絵の端から埋めていく」という連想がFにとっては否定的なものであったのに対し、筆者はそのようには捉えていなかったなど、意味づけも完全に重なったわ

第5章　風景構成法作品の変化と描き手の振り返り体験　153

けではない。このような観点のずれや、意味づけのずれが生じることは、描き手と見守り手が異なる存在である以上、当然のことと言えるだろう。しかし、このようにずれているからこそ、振り返りの中での対話を通して、例えばFに彩色の特徴を指摘したり、道の描きにくさを改めて共有するなどによって、そういったずれを気づかせると同時に、Fが自身の表現特徴、ひいては自分自身を理解することを促す側面もあるのではないだろうか。

　なお、今回のFが行ったような、自身の作品の変化についての意識化が心理療法における振り返り体験の中で、可能なのかどうか、またそれをすべきかどうかという点については個々のケースで事情が異なってくるものと考えられる。

　また、第2章では自身の風景構成法作品を眺めるというやりとりについて、描き手の体験を検討したが、同様のPAC分析による検討を行ったFの振り返り体験においても、連想レベルでは第2章で抽出した3つの体験に似たものが生じていたが、連想そのものが自己解釈を示しているとは言い難い。しかし、作品変化と変化しない箇所についてのFの語り——例えば、「どうなるか分からないから」どうしても真ん中に描けない——は、決して風景構成法作品のことだけでなく、実質的にはFにとっては「解釈」となりうるものだったのではないだろうか。第2章でも見たが、描画後の作品を仲立ちとして、「患者は『この鳥はどうもまだ羽根をあたためていたほうがよさそうですね』という。治療者の方が『この鳥はそんなカオをしているね』」(p.180) というやりとりを中井 (1976) は示しているが、このやりとりに似た構造が、PAC分析を用いた振り返りの中で生じていたと考えることもできるだろう。つまり、F自らが"「どうなるか分からないから」どうしても真ん中に描けない"という自身の状況を暗示的に知り、見守り手はそれを支持する——例えば「先のことは分からないですよね」といった形で——だけでも、明示的ではないものの、「解釈」が両者の間で生まれていたのではないだろうか。この、「明示」しない形での「解釈」に関しては、中井 (2007) は次のようにも述べている。

　　たとえば、スクリブル法で描き終えた鳥の絵に添えて「また飛び立とうかどうか迷っているのです」という言葉、太陽と惑星の絵に添えて「これ

だけ離れると私の悩みも小さなものに思えます」という言葉である。こういう言明は症状の語りでも生活の困難の語りでも「内面」の苦悩の語りでもなく、状況と心境の「一挙照明的な」言葉で他者に繋がる珠玉の言葉である。(中略)絵画を支柱として生まれた言葉によって、治療者が立ち止まり、感動する瞬間が治療の場に訪れるならば、素晴らしいことである。精神療法としての絵画療法とは、この言葉に極まるものではなかろうか。絵画を描きそれについて語る過程で得られる照明体験である（p.194　傍点は筆者による）。

　風景構成法の作品変化をどのように捉えるのかを考える時に、本章で行ったように、描き手に直接尋ねてみる、ということも時には有効なのかもしれない。「相互限界吟味法を加味したスクィグル」を創案した中井（1982）は、「そうだ、患者に聞いてみればよい」(p.237)という思いつきがこの技法の誕生の背景にあることを示しているが、見守り手が無暗勝手な解釈をせずに、描き手と共に継時的な作品を眺めることで生じるやりとりから、新たな「一挙照明的な」気づきが両者にもたらされる可能性も十分あるだろう。もちろん、振り返り体験は、否定的な体験にもなりうるものであるから、実施する場合でも慎重に行う必要がある。そして、「解釈はその有効性の九割以上が時機（タイミング）の問題である」（中井，1976 p.180）という考えからすれば、例えばFとの振り返りの中で、自発的に言及されることがなかった彩色のことを取り上げようとする「解釈」は、Fにとってはまだ機が熟していなかったと考えることも必要だろう。

　なお、PAC分析自体、内藤（2002）が指摘するように、気づきを促進することが危険な可能性も秘めているので、振り返り体験をする場合でも、それにPAC分析を用いることを推奨しようとするものではない。また、振り返り体験におけるFのような気づきが心理療法を経たクライエントにおいても同様に生じるのかは判断を保留しなければならない。病的体験をもつ人々とそうでないFとでは、風景構成法作品のもつ特徴・印象自体が大きく異なっているとも言えるし、それゆえ振り返り体験も大きく異なる可能性もある。この点については、さらなる検討が必要と言える。

第6章
指標によって捉えられる風景構成法作品の変化

1. 指標によって風景構成法作品の変化を捉えること

　第5章では、調査参加者Fに対して風景構成法を4回実施し、その作品変化とPAC分析を用いた振り返り体験について合わせて考察を行った。本章では、Fと同様の非臨床群の大学生の描き手に対して風景構成法を複数回実施した際の作品変化についての検討を行う。

　第4章で見たように、描き手の心理的あるいは外的変化と、風景構成法作品の変化が必ずしも一致するわけではない。また、中井（1996）が「空間の単数的統合性と遠近法的整合性および色彩の印象派以前的平凡性」の「三項目を揺るがすような大きな変化が、分裂病からの回復を初めとして、人生の大きな変化の際にしか起こらない」（p.22）と述べているように、Fの作品における変化は、ここで中井が言うような意味での変化と言えるものではなかった。ところで、学生相談で風景構成法を用いた渡部（2005）は、「描出された系列描画では概して構成面での変化が少なくわずかな描画変化のなかにClの変化を読み取ってゆくこととなる」（p.648）と述べているが、Fの作品で生じていたレベルの変化は、Fのみに特徴的なことなのか、あるいはFと同年代の大学生であれば容易に生じるものであるのかという点については検討を要するだろう。すなわち、複数回風景構成法を実施すると、構成・彩色・項目でどのような変化が生じやすいのかについて、非臨床群の大学生を対象とした調査によって明らかにし、Fの作品変化を相対的に捉え直すことが本章の目的である。

なお、作品変化をどのように捉えるのかという点は第4章で見たように、大変難しい問題を孕んでいる。これまでに述べてきたことから、筆者は指標を用いた作品変化の理解では不十分であると考えている。もちろん、指標が有効ではないということではないが、往々にして指標を用いた作品理解では、その指標の背後にある、「なぜそのように描いたのか」という表現論理を捉えることが難しくなってしまうためである。しかし、本章では中里（1984）の言う意味での「絶対的指標」によって、作品変化の検討をあえて行うこととする。指標による理解に対して否定的な立場であるにもかかわらず、指標を用いる理由の1つは、これまでの先行研究との比較が可能なためである。検討する際の指標の1つとして、高石（1996）の「構成型」を用いるが、これについては佐々木（2008）が非臨床群の描き手の作品について、構成型の安定性を確かめている。この安定性が妥当なものかどうかを検討することとする。「構成型」としては安定しているとされるが、「構成型」に大きく影響する川や道といった項目同士の関係も同様に自然変動は少ないのだろうか。そのことも検討を行いたい[*21]。また、Fの作品で変化が生じていた人については、渡部（2005）もその変化を検討しており、それとの比較を行うことが可能である。指標を用いる2つ目の理由は、第4章でも触れた松井ら（2012）による彩色指標は、臨床群の作品を基に作成されたものであるが、同一の描き手に複数回風景構成法を実施した際に、当てはまる指標が変化するのかどうかは確かめられていない。ゆえに、まずは非臨床群の描き手を基にその検討を行うこととしたい。指標を用いる3つ目の理由は、指標レベルでの「変化」がまったくなかった時に、それを「同じ」作品とみなすことができるのかどうかということも検討可能だと考えるからである。

　以上のような形で、指標による作品変化の理解を試みるが、同時にその限界を確認することとする。なお、第5章のFの風景構成法作品を検討した時と同じように、作品変化と描き手の心理的・外的な状況変化を対応させることなく、作品の表現特徴だけを指標を用いて検討することとする。

2. 方法

2-1. 調査参加者と調査実施間隔について

今回分析対象とする風景構成法作品の収集は、すべて筆者が個人面接形式で行った。実施時期は第5章の調査参加者Fとほぼ同時期である。なお、これらの調査は複数の研究目的で実施したものであり、必ずしも同一の条件で描き手の募集が行われたわけではない。調査参加者は20名で、そのうち2回の風景構成法実施が3名、3回実施が15名、4回実施が2名であった。4回実施のうち、1名は第5章のFである（本章では描き手2に該当する）。性別内訳は男性・女性共に10名ずつ、調査参加者の初回時平均年齢（標準偏差）は20.80（1.15）歳であった。

20名の調査参加者の風景構成法実施間隔を表2に示した。1回目と2回目の実施間隔は最小で16日、最大で1366日、中央値（四分位偏差）は31日（8.5）で、2回目と3回目の実施間隔は最小で25日、最大で790日、中央値（四分位偏差）は31日（3.5）であった。4回目を実施したのは2名で、3回目からの実施間隔はそれぞれ571日・1081日であった。表2の中で、描き手2・18・19・20は長期間隔群、描き手3〜17は短期間隔群、描き手1は長短混合間隔群とする[*22]。このように、「複数回実施」といっても、調査参加者間で実施間隔に非常に大きな差があるため、これらの描き手の作品を同列に扱うことは本来問題がある。しかし、上述したように、風景構成法における構成に関わるような大きな変化は、統合失調症からの回復のような事態でなければ生じないと中井（1996）は述べている。また発達的な側面で言えば、高石（1996）が述べているように、中学生以降ではほとんどの者がV型以降の構成型の作品となるので、大学生である今回の調査参加者は、発達的要因による作品変化はあまり生じにくいと考えられる。確かに実施間隔が大きくなればなるほど、作品変化が起きやすいかもしれないが、今回は、施行間隔の長短によって中井が言うような意味で作品が大きく変化することがないという前提に立って、分析を行うこととする。ただし、この調査実施間隔の長短によって、変化しやすい指標があるのかどうかについても可能な範囲で検討を行うこととする。

表2　各描き手の風景構成法実施間隔（単位：日）

	1～2回目	2～3回目	3～4回目
描き手1	57	31	1081
描き手2	365	790	571
描き手3	28	28	
描き手4	28	29	
描き手5	32	28	
描き手6	31	35	
描き手7	34	25	
描き手8	31	35	
描き手9	28	31	
描き手10	31	27	
描き手11	29	29	
描き手12	38	36	
描き手13	16	43	
描き手14	20	54	
描き手15	31	28	
描き手16	29	31	
描き手17	42	28	
描き手18	1366		
描き手19	1009		
描き手20	1015		

なお調査実施時、描画後のやりとり（PDI）ではほぼ同様の質問（作品の季節や時刻など）をしているが、今回はPDIで得られた情報は用いず、描画作品のみから判断できることで分析し、その結果を基に論じることとした。

2-2. 分析に用いる指標

分析において用いる指標は問題部分で触れたように、第5章のFの風景構成法作品を理解する際に有効となるであろうものを、風景構成法に関する先行研究から選んで用いることとした[*23]。構成に関する指標は高石（1996）の「構成型」（表3）を中心とし、柳沢ら（2001）を基に「川と枠の関係」と、山中（1984）を基に「川と道の関係」を用いることとした。人に関する指標は渡部（2005）による「記号人～具象人」の4分類を用いることとした。彩色に関する指標は、松井ら（2012）

表3　高石(1996)の構成型と分類基準

I	羅列型	全要素ばらばらで、全く構成を欠く。
II	部分的結合型	大景要素同士はばらばらだが、大景要素と他の要素（中景・小景）とが、一部結びつけられている。基底線の導入が認められることもある。
III	平面的部分的統合型	大景要素と他の要素の結びつきに加えて、大景要素同士の構成が行われている。しかし、それは部分的な統合にとどまり、「空とぶ川」「空とぶ道」などの表現が見られる。彩色されていない空間が多く残り、宙に浮いた感じが特徴的である。視点は不定で、複数の基底線が使用されている。遠近・立体表現はない。
IV	平面的統合型	視点は不定多数だが、視向はおおむね正面の一方向に定まり、全ての要素が一応のまとまりをもって統合されている。しかし、遠近・立体的表現は見られず、全体として平面的で貼りついたような感じが特徴的である。奥行は上下関係として表現されている。
V	立体的部分的統合型	視向が正面と真上（あるいは斜め上方）の2点に分かれ、部分的に遠近法を取り入れた立体的表現が見られる。しかし、大景要素間でも立体的表現と平面的表現が混在し、全体としてはまとまりを欠く分裂した構成になっている。「空からの川」など画用紙を上下に貫く川の表現が特徴的であり、その川によって分断された左右の世界が、二つの別々の視点から統合されていたりする。鳥瞰図や展開図的表現が見られることもある。
VI	立体的統合型	視点・視向とも、斜め上方あるいは正面の1点におおむね定まり、全体が遠近・立体感のあるまとまった構成になっている。しかし、「平面的な田」「傾いた家」など一部に統合しきれない要素を残している。
VII	完全統合型	一つの視点から、全体が遠近感をもって、立体的に統合されている。

の作成した指標を使用することとした。以上から、今回の研究で用いる指標は以下の通りとなる。

［構成・項目に関する指標］

①構成型……Ⅰ型～Ⅶ型の7種類から1つを選択することとした。

②人

人の数……実数を数えることとした。

人の形状……記号人・胴部に膨らみのある記号人・白抜き・具象人の4種類から選択することとした。なお、2種類以上に該当する人が描かれている場合は、より具体的な形態を備えた方の1つに評定することとした。

③川と枠の関係……柳沢ら（2001）を基に、此岸なしの川・左右の枠を結ぶ水平の川・左右の枠を結ぶ斜めの川・上下の枠を結ぶ垂直の川・上下の枠を結ぶ斜

表4　川と道の関係の指標とその定義（山中，1984を基に作成）

指標	定義
平行	川と道が接触しない形で平行関係の（交わらず、またおおよそ一定の距離を保つ）場合。
川に沿う道	川の片岸もしくは両岸に沿う形で道が描かれている場合。
交わる（川を渡る）	橋などを用いて、川と道が交差する場合。
接触する（川を渡らず）	道が川に接触するが、平行関係ではなく、反対岸には渡らない場合。
T字	道が川に接触するが、接触した道が川に沿って走り、T字型の道になっている場合。
平行した二筋が橋で繋がっている	川の両岸に描かれた道が橋で繋がっている場合。
いずれでもない	上記の指標いずれにも当てはまらない場合、および複数に該当する場合。

めの川・上枠と横枠を結ぶ川・下枠と横枠を結ぶ川・先細りの川・山から流れ出す先細りの川・隅の川・途切れた川・対角線・下枠に接する途切れた川の13種類から1つを選択することとした。「対角線」「下枠に接する途切れた川」は柳沢ら（2001）にはない項目だが、今回作品の分類を行っていく上で、他の指標に該当するものとは表現が異なると判断したため、新たに作成した。

　④川と道の関係……山中（1984）を基に分類項目を追加し、平行・川に沿う道・交わる（川を渡る）・接触する（川を渡らず）・T字・平行した二筋が橋で繋がっている・いずれでもない、の7種類から選択することとした（表4）。山中（1984）には、「『道』と『川』の関係」は「紙数が足りない」という理由で、分類項目は示されているものの、それぞれの定義は明示されていない。今回は、山中（1984）にはない「川に沿う道」「T字」という項目を新たに追加した上で、それぞれ表4のように定義を行うこととした。

［彩色に関する指標］
　⑤重色、⑥余白の彩色、⑦枠からのはみ出し、⑧縁取り、⑨アイテムの塗り残し、⑩不自然な色選択、⑪塗り分けの7種類について、それぞれ該当するかどうかを検討した（表5）。なお、指標に該当する場合、重色などはどの箇所が重色さ

表5　彩色指標とその定義（松井ら，2012）[*24]

指標	定義
重色	複数の色を同一の箇所に重ねて塗る場合。従来「混色」と呼ばれてきたものを含む。
余白の彩色	アイテムとアイテムの間の余白に彩色がなされている場合。アイテムが彩色されていない場合は「アイテムの塗り残し」とする。
枠からのはみ出し	彩色によって枠をはみ出した場合。
縁取り	アイテムの輪郭を強調するように、輪郭線に沿って色が塗られている場合。縁取り線と中身の色が同じ場合も異なる場合も含む。
アイテムの塗り残し	彩色されないアイテムがある場合。
不自然な色選択	選択された色が、塗られたものの自然な色調とは異なる場合。
彩色のみでの表現	彩色過程において彩色道具のみを用い、形態のあるものを描いた場合。
塗り分け	複数描かれた同じアイテムが、異なる色で塗り分けられている場合。

れているか、という点も着目すべきであるが、今回はどの項目に当該の指標が該当したかどうかは扱わず、作品中で指標に該当する箇所があったか否かのみを検討対象とした[*25]。

2-3．評定手順

　本章で扱う20名の描き手による全59枚の作品に加え、他の研究（古川，2013）での分析対象である30枚を加えた全89枚の風景構成法作品を、ランダムに並び替えた上で次のような手順で評定を行った。

　各指標の判定については臨床心理士資格をもつ大学院生で風景構成法の知識を十分有する者と筆者とでまず別々に行った。2名による評定一致率は、構成型では62.9％だった。高石（1994）にならい、一段階のずれを含めた一致率を算出すると86.5％だった。その他の指標の一致率は、人の数が96.7％、人の形状が86.5％、川と枠の関係が78.7％、川と道の関係が84.3％であった。彩色指標に関しては、重色が89.9％、余白の彩色が94.3％、枠からのはみ出しが88.8％、縁取りが86.5％、アイテムの塗り残しが82.0％、不自然な色選択が89.9％、彩色のみでの表現が78.7％、塗り分けが91.0％であった。構成型の判定以外ではお

表6　構成型の変化

	1回目	2回目	3回目	4回目	種類
描き手1	Ⅶ型	Ⅶ型	Ⅵ型	Ⅵ型	2
描き手2	Ⅵ型	Ⅵ型	Ⅵ型	Ⅵ型	1
描き手3	Ⅴ型	Ⅴ型	Ⅴ型		1
描き手4	Ⅴ型	Ⅴ型	Ⅵ型		2
描き手5	Ⅴ型	Ⅴ型	Ⅵ型		2
描き手6	Ⅳ型	Ⅵ型	Ⅵ型		2
描き手7	Ⅵ型	Ⅵ型	Ⅵ型		1
描き手8	Ⅵ型	Ⅵ型	Ⅵ型		1
描き手9	Ⅴ型	Ⅴ型	Ⅴ型		1
描き手10	Ⅵ型	Ⅵ型	Ⅵ型		1
描き手11	Ⅵ型	Ⅵ型	Ⅵ型		1
描き手12	Ⅵ型	Ⅶ型	Ⅶ型		2
描き手13	Ⅴ型	Ⅴ型	Ⅴ型		1
描き手14	Ⅵ型	Ⅵ型	Ⅶ型		2
描き手15	Ⅴ型	Ⅴ型	Ⅴ型		1
描き手16	Ⅵ型	Ⅵ型	Ⅵ型		1
描き手17	Ⅵ型	Ⅵ型	Ⅵ型		1
描き手18	Ⅵ型	Ⅵ型			1
描き手19	Ⅵ型	Ⅵ型			1
描き手20	Ⅶ型	Ⅶ型			1

おむね高い一致率が得られており、また構成型についても一段階違いでの一致率が80％を超えていることから、指標判定の客観性は一定程度保たれているものと判断した。すべての指標の不一致箇所について、もう1名の指標判定の際の意見を基に、改めて筆者が検討した上で、最も適切と考えられるものへと判定した。以下にその結果を示す。

3．結果

各指標についての結果を、表6〜表11に示す。
20名中、構成型が各回通して一度も変化しなかったのが14名、一度でも変化

第6章　指標によって捉えられる風景構成法作品の変化　　163

表7　人の数の変化

	1回目	2回目	3回目	4回目	変化
描き手1	1	1	1	1	
描き手2	3	1	1	1	○
描き手3	1	1	1		
描き手4	5	9	9		○
描き手5	5	7	6		○
描き手6	1	1	1		
描き手7	1	1	1		
描き手8	1	1	1		
描き手9	1	1	1		
描き手10	2	3	4		○
描き手11	2	2	2		
描き手12	5	8	7		○
描き手13	2	1	1		○
描き手14	4	10	4		○
描き手15	1	1	1		
描き手16	1	1	1		
描き手17	4	1	1		○
描き手18	4	8			○
描き手19	1	8			○
描き手20	1	6			○

したのが6名だった（表6）。また、変化した6名全員が、2種類の構成型に該当した。その2種類の構成型は、描き手6を除くと、V型とⅥ型のように、連続する2つの構成型であった。3種類以上の構成型を示す者はいなかった。長期間隔群では4名全員が変化せず、短期間隔群では15名中5名が変化した。

　人の数で変化を示したのは11名であった（表7）。9名の描き手では変化しなかったが、そのうち8名は描出した人が1人だった。唯一、描き手11のみが3回を通じて2人の人を描いていた。変化した11名のうち、3名は1回目より減少、8名は増加（ただし、1回目より2回目が増加し、3回目が2回目よりも減少している場合も含む）していた。長期間隔群では4名全員が変化し、短期間隔群では15名中7名が変化した。

　人の形状で変化を示したのは8名であった（表8）。このうち5名（描き手2・5・

表8　人の形状の変化[*26]

	1回目	2回目	3回目	4回目	変化
描き手1	具象人	具象人	具象人	胴部に膨らみのある記号人	○
描き手2	記号人	白抜き	具象人	具象人	○
描き手3	胴部に膨らみのある記号人	胴部に膨らみのある記号人	胴部に膨らみのある記号人		
描き手4	記号人	記号人	記号人		
描き手5	白抜き	記号人	記号人		○
描き手6	具象人	具象人	具象人		
描き手7	白抜き	胴部に膨らみのある記号人	具象人		○
描き手8	具象人	具象人	具象人		
描き手9	記号人	記号人	記号人		
描き手10	胴部に膨らみのある記号人	胴部に膨らみのある記号人	具象人		○
描き手11	具象人	具象人	具象人		
描き手12	胴部に膨らみのある記号人	記号人	胴部に膨らみのある記号人		○
描き手13	記号人	記号人	記号人		
描き手14	記号人	記号人	記号人		
描き手15	記号人	記号人	記号人		
描き手16	具象人	具象人	具象人		
描き手17	記号人	胴部に膨らみのある記号人	記号人		○
描き手18	記号人	白抜き			○
描き手19	胴部に膨らみのある記号人	胴部に膨らみのある記号人			
描き手20	具象人	具象人			

10・12・18）は、上記の人の数でも変化を示し、描き手2以外は人の数が増加していた。変化しなかった12名中、5名は一貫して「記号人」（いわゆる「棒人間」・stick figure）を描き、5名は「具象人」を描いていた。変化した8名中、明細化が進んだのが3名（描き手2・10・18）だった。描き手7は、2回目で逆行したものの、1回目と3回目を比較した場合、明細化が進んでいた。描き手17は2回目のみ明細化が進んでいた。長期間隔群では4名中2名が変化し、短期間隔群では15名中5名が変化した。

第6章　指標によって捉えられる風景構成法作品の変化　165

　川と枠の関係で変化を示したのは16名だった（表9）。変化しなかった4名のうち、2名（描き手9・13）が「上下の枠を結ぶ垂直の川」であった。長期間隔群では4名中3名が変化し、短期間隔群では15名中12名が変化した。

　川と道の関係で変化を示したのは13名だった（表10）。変化しなかった7名のうち、3名（描き手13・15・20）が「交わる（川を渡る）」であった。なお、「いずれでもない」に該当した者のうち、例えば描き手3や描き手18では、川と道が平行でもなく、しかし交わることもないが、両者が弱いながらも関係をもっているものだった。一方、描き手12の場合は、橋も描かれ、川に沿って道が走っているものの、道が多数あり、川との関係を多重にもっているために、川と道の関係を一義的に決められないという特徴があった。この両者を同じ「いずれでもない」に含めることは問題があると思われる。指標の細分化・改良は今後の課題としたい。長期間隔群では4名中2名が変化し、短期間隔群では15名中10名が変化した。

　彩色指標の変化についての表11の右端にある「変化指標数」は、各描き手の作品の中で、該当する指標の有無に変化があった場合を示す。そのため、例えば一貫して重色を行っている場合、あるいは一貫して重色をしていない場合はこれには該当せず、1回のみ重色して、その他の実施時に重色していない場合には、変化指標数としてカウントする。各描き手の中で、指標で捉えられる彩色特徴が一貫していた（変化指標数が0）のは2名（描き手6・9）であった。各描き手での変化指標数の平均値（標準偏差）は2.20（1.36）であった。また、指標ごとに見ると、複数回の中で一貫していないのは、重色で9名、余白の彩色で6名、枠からのはみ出しで6名、縁取りで3名、アイテムの塗り残しで6名、不自然な色選択で4名、彩色のみでの表現で6名、塗り分けで4名だった。長期間隔群4名の変化指標数の平均値（標準偏差）は2.75（1.50）、短期間隔群15名の変化指標数の平均値（標準偏差）は2.07（1.39）であった。

表9 川と枠の関係の変化

	1回目	2回目	3回目	4回目	変化
描き手1	山から流れ出す先細りの川	下枠と横枠を結ぶ川	下枠と横枠を結ぶ川	対角線	○
描き手2	下枠と横枠を結ぶ川	下枠に接する途切れた川	下枠と横枠を結ぶ川	此岸なしの川	○
描き手3	左右の枠を結ぶ斜めの川	左右の枠を結ぶ斜めの川	下枠と横枠を結ぶ川		○
描き手4	上下の枠を結ぶ斜めの川	上下の枠を結ぶ垂直の川	上下の枠を結ぶ斜めの川		○
描き手5	下枠と横枠を結ぶ川	隅の川	上下の枠を結ぶ斜めの川		○
描き手6	左右の枠を結ぶ水平の川	下枠と横枠を結ぶ川	左右の枠を結ぶ水平の川		○
描き手7	山から流れ出す先細りの川	下枠に接する途切れた川	先細りの川		○
描き手8	先細りの川	先細りの川	山から流れ出す先細りの川		○
描き手9	上下の枠を結ぶ垂直の川	上下の枠を結ぶ垂直の川	上下の枠を結ぶ垂直の川		
描き手10	先細りの川	下枠と横枠を結ぶ川	下枠と横枠を結ぶ川		○
描き手11	下枠と横枠を結ぶ川	下枠と横枠を結ぶ川	下枠と横枠を結ぶ川		
描き手12	左右の枠を結ぶ斜めの川	下枠と横枠を結ぶ川	下枠と横枠を結ぶ川		○
描き手13	上下の枠を結ぶ垂直の川	上下の枠を結ぶ垂直の川	上下の枠を結ぶ垂直の川		
描き手14	左右の枠を結ぶ斜めの川	下枠と横枠を結ぶ川	左右の枠を結ぶ水平の川		○
描き手15	山から流れ出す先細りの川	山から流れ出す先細りの川	下枠に接する途切れた川		○
描き手16	途切れた川	途切れた川	左右の枠を結ぶ斜めの川		○
描き手17	下枠と横枠を結ぶ川	隅の川	下枠と横枠を結ぶ川		
描き手18	下枠と横枠を結ぶ川	上枠と横枠を結ぶ川			○
描き手19	下枠に接する途切れた川	山から流れ出す先細りの川			○
描き手20	山から流れ出す先細りの川	山から流れ出す先細りの川			

第6章　指標によって捉えられる風景構成法作品の変化　167

表10　川と道の関係の変化

	1回目	2回目	3回目	4回目	変化
描き手1	川に沿う道	T字	平行した二筋が橋で繋がっている	交わる（川を渡る）	○
描き手2	いずれでもない	平行	いずれでもない	いずれでもない	○
描き手3	いずれでもない	接触する（川を渡らず）	接触する（川を渡らず）		○
描き手4	接触する（川を渡らず）	接触する（川を渡らず）	交わる（川を渡る）		○
描き手5	接触する（川を渡らず）	いずれでもない	交わる（川を渡る）		○
描き手6	T字	平行	川に沿う道		○
描き手7	いずれでもない	平行	いずれでもない		○
描き手8	交わる（川を渡る）	交わる（川を渡る）	T字		○
描き手9	接触する（川を渡らず）	接触する（川を渡らず）	接触する（川を渡らず）		
描き手10	T字	交わる（川を渡る）	交わる（川を渡る）		○
描き手11	平行	平行	平行		
描き手12	いずれでもない	いずれでもない	いずれでもない		
描き手13	交わる（川を渡る）	交わる（川を渡る）	交わる（川を渡る）		
描き手14	交わる（川を渡る）	交わる（川を渡る）	平行		○
描き手15	交わる（川を渡る）	交わる（川を渡る）	交わる（川を渡る）		
描き手16	いずれでもない	平行	T字		○
描き手17	T字	T字	接触する（川を渡らず）		○
描き手18	いずれでもない	いずれでもない			
描き手19	接触する（川を渡らず）	川に沿う道			○
描き手20	交わる（川を渡る）	交わる（川を渡る）			

表11 彩色指標の変化

	施行	重色	余白の彩色	枠からのはみ出し	縁取り	アイテムの塗り残し	不自然な色選択	彩色のみでの表現	塗り分け	変化指標数
描き手1	1回目	×	○	○	×	×	×	×	×	2
	2回目	×	○	○	×	×	×	×	×	
	3回目	○	○	○	×	×	×	○	×	
	4回目	×	○	○	×	×	×	×	×	
描き手2	1回目	○	×	○	×	×	×	×	○	4
	2回目	×	○	○	×	×	×	×	○	
	3回目	×	×	○	×	×	×	○	○	
	4回目	○	○	○	○	×	×	○	○	
描き手3	1回目	○	○	×	×	×	×	○	○	3
	2回目	○	○	○	×	×	×	○	○	
	3回目	○	○	○	×	×	×	×	×	
描き手4	1回目	○	○	○	×	×	×	×	○	1
	2回目	×	○	○	×	×	×	×	○	
	3回目	×	○	○	×	×	×	×	○	
描き手5	1回目	○	○	○	×	×	×	×	○	3
	2回目	○	×	○	×	×	○	×	○	
	3回目	○	○	○	×	○	×	×	○	
描き手6	1回目	×	○	○	×	×	×	×	×	0
	2回目	×	○	○	×	×	×	×	×	
	3回目	×	○	○	×	×	×	×	×	
描き手7	1回目	×	×	○	×	○	○	×	○	3
	2回目	×	×	○	×	×	×	×	○	
	3回目	×	○	○	×	○	×	×	×	
描き手8	1回目	○	○	×	×	○	×	×	○	3
	2回目	×	○	○	×	○	×	×	○	
	3回目	×	○	○	×	×	×	×	○	
描き手9	1回目	×	○	○	×	×	×	×	×	0
	2回目	×	○	○	×	×	×	×	×	
	3回目	×	○	○	×	×	×	×	×	
描き手10	1回目	○	○	○	×	×	×	×	○	1
	2回目	○	○	○	×	×	×	×	○	
	3回目	×	○	○	×	×	×	×	○	
描き手11	1回目	×	○	○	×	×	×	×	○	1
	2回目	×	○	○	×	○	×	×	○	
	3回目	×	○	○	×	×	×	×	○	
描き手12	1回目	○	○	○	×	○	×	×	○	3
	2回目	○	○	○	○	○	×	○	○	
	3回目	○	○	○	×	×	×	×	○	
描き手13	1回目	○	○	○	×	○	○	×	×	3
	2回目	○	○	○	○	○	○	×	×	
	3回目	○	×	×	○	○	○	×	×	
描き手14	1回目	○	○	○	×	○	×	×	×	2
	2回目	○	○	○	×	×	×	×	○	
	3回目	×	○	○	×	×	×	×	×	
描き手15	1回目	○	×	○	○	×	○	×	×	2
	2回目	○	×	○	○	×	×	×	×	
	3回目	○	×	○	×	×	×	○	×	
描き手16	1回目	×	×	×	×	×	×	×	×	1
	2回目	×	×	×	×	×	×	×	×	
	3回目	×	×	○	×	×	×	×	×	

第6章　指標によって捉えられる風景構成法作品の変化　169

	施行	重色	余白の彩色	枠からのはみ出し	縁取り	アイテムの塗り残し	不自然な色選択	彩色のみでの表現	塗り分け	変化指標数
描き手17	1回目	○	×	×	×	×	×	×	×	5
	2回目	○	×	○	×	×	×	×	○	
	3回目	×	○	○	×	○	×	×	×	
描き手18	1回目	○	○	○	×	○	×	×	○	2
	2回目	×	○	○	×	×	×	×	○	
描き手19	1回目	○	×	×	○	×	×	×	○	4
	2回目	×	○	○	○	×	×	×	○	
描き手20	1回目	○	○	○	○	×	×	×	○	1
	2回目	○	○	○	○	×	×	○	○	
変化人数		9	6	6	3	6	4	6	4	

（塗りつぶし箇所は、その描き手の中で同一指標について変化があった場合を示す）

4. 考察

4-1. 構成の変化——構成型と項目の関係から

　高石（1996）の構成型で検討した場合、20名中6名で構成型が変化せず、変化した場合でも描き手6を除き、連続する型のいずれかに変化していた。これは、佐々木（2008）が示した、構成型の「自然変動」の範囲が±1以内であると述べていることとほぼ一致する。中井（1996）が述べているように、構成が大幅に変化する、ということは相当に特異なことであり、構成型で言えば変動[*27]の幅が1を超えるような場合には、描き手の何かしらの変化を仮定することが可能と言えるのではないだろうか。なお、唯一構成型の変動が2（IV型→VI型→VI型）であった描き手6では、立体感が向上しているものの、1回目の平面的な作品をそのまま斜めに向け変えた構成であり、さらに彩色における変化指標数は0であったことからも示されるように、作品全体の印象はかなり似たものだった。

　しかし、「川と枠の関係」や「川と道の関係」では、構成型が安定していたのとは様相が異なっていた。「川と枠の関係」では16名、「川と道の関係」では13名で変化が見られた。もちろん、この2つの指標が変化した場合でも、必ず「構成型」に影響を及ぼすわけではない。しかし、第5章のFもそうだったように、川や道が位置が変わると、構成型としては同一であっても作品の印象は大きく変

わることがある。もちろん、そういった作品の表層的な見えに左右されてしまわないという意味で、作品の「構造」を捉えようとする際に「構成型」が指標として有効であることを指摘することができるものの、一方で、細かな作品変化を読みとろうとする場合に、「構成型」という観点からだけでは限界が多いことを、本結果は示していると考えられる。

4-2. 人の変化

　人の数が変化したのは11名だった。変化した者のうち、人が増えた者のほうが多かった。また、変化しない9名の場合、そのほとんどが1人を描いていた。1回目に人を1人描いた10名のうち、その後に人の数が増えたのは、2名のみであった。このことからは、1人のみの人を描くという表現は、比較的変化しにくいと言えるのではないだろうか。風景構成法の教示では、項目を単数で描くか複数で描くかは指定されないものの、1つのみを描く場合も多い。人の教示時には1人のみ描き、アディションの際に人を付け加えるということもしばしば見られる。他の項目については検討していないが、1人のみを描き続けた人が、他の項目についても同様に1つのみを描いているのかどうかの確認も必要である。

　人の形状が変化したのは8名だった。そのうち3名で明細化（より具象人に近付いた）が進んでいた。渡部（2005）による結果では学生相談における面接の進展が反映されているためか、2回の風景構成法実施で明細化された具象人が増加しているが、今回の調査ではそういった面接の進展といった側面が仮定しにくいため、結果が異なったのではないかと考えられる。

　また、変化しない場合、記号人と具象人で一貫しているのが同数であり、記号人のみが「堅く」描き続けられていたわけではない。一貫して具象人を描き続ける者にとっては、逆に記号人へ明細化を落として描くことをしないという意味では、こちらも「堅さ」を示しているのではないだろうか。弘田ら（1988）では、「登校拒否群」では防衛が弱いために人の記号化が少なくなったと述べているが、具象人を描き続けることも、防衛の多様性の乏しさという意味での「弱さ」を示しているのかもしれない。人の表現については、記号人が描かれると、拒否的な態度や防衛的な態度を示すといった形で否定的に捉えられがちだが、しかし具象人

第6章　指標によって捉えられる風景構成法作品の変化　171

を描いていればそれでよいというわけではなく、むしろ具象人を描き続けることは表現の「安定」でもあり、同時に「堅さ」と考えることも時には必要だと考えられる。

4-3．彩色の変化

松井ら（2012）による8つの彩色指標について、すべて一貫した指標該当を繰り返した（変化指標数が0）のは、2名のみであった。構成型が安定していたことと比較した場合、このことは中里（1984）が「風景構成法において『変化』が最も著しくみられる側面を一つだけ挙げるとすれば、それは彩色面である。描線よりも彩色のほうに『変化』が生じやすいというのは、構成法の理念からすれば逆説的かもしれないが、事実はそうである」（p.239）と述べていることと合致すると考えられる。もちろん、今回用いた8つの彩色指標の該当の有無で捉えられる「彩色の変化」と、構成型の変化を同列に扱うべきではないと考えられるものの、彩色特徴の一部をこのように指標で取り上げると、一貫しにくいものが多く見られると言える。

なお、各描き手における変化指標数の平均は約2であり、標準偏差の大きさを考えると、変化指標数が5を超えるような場合は、彩色における表現特徴が明らかに変わっていることを示唆するものと考えられる。

次に、指標ごとに見ると、「重色」が20名中9名で指標該当に変化があったことが他の指標との違いとして挙げられる。統合失調症者が色を重ねない、という従来からの指摘に対して、非臨床群では、常に色を重ねる者・重ねない者がいることから、色を重ねないからと言って、その描き手が統合失調症であるということを示唆するわけでは当然ない。もちろん、施行回数をより多くした際に、統合失調症者の色の重ねなさと、非臨床群の色の重ねなさでは度合いが異なる可能性もあるだろう。例えば非臨床群の描き手の中には、重色しないことが多いが、ごくまれに重色することがある（可能である）一方、統合失調症者ではまったく重色することがない、ということもあるかもしれない。また、彩色指標の中でも指標該当の変化が最も多く見られた、すなわち毎回一貫して色を重ね続けるわけではないという意味では、この指標が、短期的には変化しにくい性格特性などを反映

するような確固としたものではなく、そういった変化しにくい特性を捉えようとするならば「不安定」で妥当性に欠けると考えることもできる。あるいは、中里（1984）が言う意味での、構成よりも変化しやすい彩色表現の特徴の1つとして、この重色という現象を考えることができるかもしれない。第4章では、風景構成法における彩色の表現論理の例の1つとして重色を取り上げたが、これだけ描き手の中でも一貫しにくい表現がなされる時に、その個々の表現を通して、何が生じているのかということは改めて考える必要があるだろう。

なお、変化を抜きにして彩色指標の特徴を考えると、「枠からのはみ出し」は20名全員が該当しており、この指標に該当することがすなわち何かの描き手の特徴を示しているとは直接には考えにくいものと思われる。もちろん、はみ出し方の質や程度が個々に異なると考えられるので、そういった個別のはみ出し方については検討が必要であろう。逆に言えば、まったくはみ出さないで描き続けられる場合には、その描き手の特徴を示しているとも考えられる。次に、「縁取り」と「彩色のみでの表現」に該当するのが6名だけであったが、これらの指標の出現率が低い傾向は松井ら（2012）が示している臨床群での傾向とも一致する。これらの彩色特徴は他の指標に比べれば全体に出現しにくいものと考えられ、これに該当する際には、描き手の何らかの特徴を示唆していることを考えてもよいかと思われる。

4-4．実施間隔と作品変化の関係

長期間隔群では構成型の変化がなかったが、川と枠の関係、川と道の関係では変化している者もいた。人については、描き手18・19・20で増加しているが、描き手2で減少しており、増減傾向が一致しているわけではない。彩色特徴についても、描き手1は4回の実施での指標変化数が2である一方、例えば描き手19は、2回の実施で指標変化数が4である。

短期間隔群では15名中5名で構成型が変化している。川と枠の関係、川と道の関係も全体としては変化している者が多かった。また、長期間隔群の全員が変化した人の数については、約半分の変化に留まっており、その場合でも増加もしくは減少のみに傾向が一致しているわけではない。彩色特徴に関する指標変化数

も描き手9が0であるのに対して、描き手17は最も多い5となっており、個人差があるものと考えられる。

　両群の比較からは、作品の表面的な見えに左右されない、構造レベルを捉えることになる構成型は長期間経過しても変化しない一方、短期間で変化する描き手もいるという特徴が挙げられる。これについては青木（1980）がバウムテストの再検査信頼性を8日の間隔を空けて検証した際、前回の描画を覚えているために「奇をてらう」「能力をひけらかす」ように意図的に描画を変えようとする者がいたことを指摘しているが、これと同様のことが短期間隔群では生じていたのかもしれない。一方、長期の間隔が空くと、そういった傾向が低減し、比較的構成型が安定していたのではないだろうか。

　構成に関わる川や道といった項目の関係については、構成型が変化しなかった長期間隔群でも変化が生じている。短期間隔群では構成型以上に変化した描き手のほうが多かったことから、短期間での再実施では構成型以上に変化しやすいことが考えられる。

　しかし、人に関する特徴と彩色特徴の変化については、両群でなんらかの傾向の違いを認めることができなかった。実施回数と彩色指標の変化数を見て分かるように、より回数を多く実施すれば、あるいは長期間を空ければそのぶん、表現が変化するわけではないと考えられる。これらの特徴については、作品が変化するかどうか、あるいは作品を変化させるかどうかは、実施間隔や回数という要因よりも、描き手個人の要因が大きく作用していると考えるほうが適切だと思われる。

4-5．全体的傾向から見た、Fの風景構成法作品およびその変化の特徴

　以上の結果と考察を踏まえ、改めて第5章のF（本章における描き手2）の風景構成法作品とその変化について検討を行う。

　指標レベルにおけるFの風景構成法作品の特徴として、川と枠の関係における「此岸なしの川」に唯一該当したことが挙げられる。「此岸なしの川」は山中（1984）でも柳沢ら（2001）でも主に小学校低学年ぐらいまでに出現する特徴とされており、大学生のFに出現したことは、他の描き手で出現しなかったことから

考えても、大きな特徴と言える。これを、「退行」といった言葉で解釈することももちろん可能だが、第5章で見てきたように、Fが1回目から、「絵の端から埋めていく」ことを繰り返し、しかしなんとか中央を埋めようと試行錯誤していたことからすれば、此岸なしの川についても、この表現上の工夫の延長にあるものの1つと位置づけることが可能であろう。ただし、この表現自体は、他の描き手の一連の作品を見ても行われていないことから、これが「退行」かどうかは別として、Fにとって重要な表現上の変化と考えてもよいように思われる。

　また、人の数が減少していることも、Fの作品変化の特徴として挙げられる。そして、2回目以降はすべて1人の人を描き、徐々に明細化が進んでいることからは、数の増減よりも、明細化するという方向に人の表現の力点が移動したものと思われる。

　彩色については、変化指標数が4となり、平均よりもやや多かった。その中でも、4回目で該当した「縁取り」や、3回目・4回目で該当した「彩色のみでの表現」は、指標に該当する者自体が少なかったことから、Fの彩色表現の特徴と言えるかもしれない。筆者が着目していた、「塗り分け」を一貫して行っていた点については、他の描き手でも一貫して該当することが多く、F独自の表現特徴とは言い難いことが分かった。なお、2回目において「重色」がなかったこと、4回目のみ「縁取り」が該当したことは、4回実施した中でそれぞれ1回のみ表れた彩色特徴であることから、系列変化の中で特殊な表現であったと言えるだろう。2回目は1回目の作品よりも、2回目以降に継続するテーマ（人の明細化、山道）が表れている。この意味においては、1回目から2回目は表現テーマが大きく変化しており、そういった作品テーマの変化の途上においては、松井ら（2012）が「大きな変化の最中には重色は生じ難いと考えられる」（p.108）と述べているように、Fは重色をすることが難しかったのではないかと考えられる。そして3回目では、表現テーマが2回目と類似しており、余裕のようなものが生まれ、反動的に重色が多くなされており、そのため2回目の表現と比べると、「うるさい」という印象を筆者が抱いたのではないかと考えられる。

　他の非臨床群大学生の作品と比べ、それ以外の「指標レベル」においては、Fの風景構成法作品およびその変化が「特異」であるとは言い難いように思われる。

第6章　指標によって捉えられる風景構成法作品の変化　175

しかし、これは、Fの一連の風景構成法作品が「平均的」あるいは「平凡」であることを意味しているわけではない。Fを含めた20名の作品を指標レベルで理解しようとする時には、構成型の変動幅が少ないこと、ほとんどがV型以降の立体表現がなされているということは共有されるものの、それ以外の特徴のほとんどが「ことごとく個性である」(中井，1996 p.22)ということになってしまうかもしれない。第4章でも触れたが、佐々木(2012)が「個々の表現については、安定している表現はそれぞれの描き手に見出されたが、どのような表現が安定しているかについてはそれぞれの描き手によって異なっていた」「6枚通して見ると、安定している表現よりも変化した表現の方がずっと多かった」(p.105)と述べているように、本章の結果も、少なくとも非臨床群の作品変化の様相は千差万別であり、「平凡」も「特異」もないと考えるほうが適切なのではないだろうか。しかし、むしろそういった「特異」ではない一連の作品の振り返りであっても、F自身が作品の変化に気づき、意味づけを行うことが可能であったということからは、風景構成法は描き手に対して、自分の何かを反映している、もしくは「自分の何かが表れている」という感覚を引き起こしうるのではないだろうか。このことは言い換えると、そういった「特異」ではない作品であっても、描き手であるFが、毎回の風景構成法実施時に自身の「何か」を込めること、あるいは振り返りにおいて何かが表れていると主観的に・主体的に(subjective)「思い込む」ことが可能となる素地が、一連のFの風景構成法作品には備わっていたと言えるのではないだろうか。もちろん、Fのみの結果を一般化することは難しいものの、このような「思い」(を)「込める」ことは、振り返り時点だけのことではなく、毎回の描画時にも描き手側のコミットを可能とする素地が風景構成法に備わっていることを示唆するのではないだろうか。ただし、これは何も風景構成法に限って生じることではなく、描画法全般にそういう傾向はあるかもしれない。しかし、「人」や「家族」など、明らかに自己を投影することをねらった方法ではなく、風景を描く風景構成法においてこのようなことが生じるというのが重要だと考えられる。

5. 本章のまとめと課題

　本章では、非臨床群の描き手20名に対して複数回実施した風景構成法の作品について、指標による変化の確認を行った。構成型については佐々木（2008）で確かめられている安定性が本章の結果でも確認できた。また、変動する場合でも±1の範囲内に収まることがほとんどであった。ただし、川と枠の関係や川と道の関係といった、構成型に必ずしも影響を与えるわけではないが、作品の印象には大きく影響する項目や項目の関係については、構成型ほどの安定は見られず、むしろ変化しているほうが多かった。人の項目については、数が変化する場合は増加することが多く、また変化しない場合は1人のみを描いていることが多かった。人の形状の変化については、渡部（2005）のように、明細化が進むという結果は示されなかった。人の形状が変化しない場合、記号人ばかりが描かれているわけではなく、具象人を一貫して描き続ける者も同数いたことからは、必ずしも「具象人」の表現が柔軟な表現というわけではなく、むしろ具象人しか描かないという意味では、記号人しか描かないのとはまた別の「堅さ」をもっている可能性も考えられる。彩色については、8つの指標すべてで一貫した指標該当を繰り返した者が2名しかおらず、あくまでこの指標レベルで捉えられる限りにおいては、彩色は構成型の安定に比べれば変化しやすいと言うことができる。また、8つの指標の中で、「重色」が変化する描き手が最も多く、この指標については、他の指標と性質を異にする可能性が示唆された。

　これらのことからは、佐々木（2012）が「描くたびに異なってしまうほどには変わりやすくなく、また描いても描いても同じようになるほどに変わりにくくもない」（p.106）と述べていることや、「変化しやすいところは描き手によって大きく異なっているが、このことからは、描き手がその心理的な背景によってそれぞれ変化しやすいところを選択できる、その描き手にあったもので変化を表現できる」（p.107）と述べていることに矛盾しないものと思われる。風景構成法に「再検査信頼性」があるとすれば、構成型といった形で示されるような、作品を根底から支える構造レベルにおいては、再検査信頼性があると言えるが、そうではな

い部分については、「再検査信頼性」といった概念で風景構成法を捉えようとすることには限界があるものと思われる。

　このことに関連して、今回検討した20名のうち、描き手9のみが、本章で検討した指標レベルでは、1つも変化した指標がない、つまり「まったく変化を示さなかった」ものであった。しかし、細部に至るまでまったく同じ作品を描いているかというとそうではなく、やはりほんのわずかな違いではあっても、「同じ」作品ではないと言える表現の違いがあると筆者は感じる。描き手自身にしてみれば「何も変わらない」と思うかもしれないが、受けとる側の見守り手からすると、確かにそれは「違う」と思えるものである。もちろん、それを「変化していない」と流してしまうことも可能だろうが、「細部にこそ神が宿る」(中井，1979 p.250)という指摘や、問題で触れた渡部(2005)が述べているように、このような細やかな変化を捉えることが、風景構成法作品を理解するには必要であり、そういった意味でも指標による作品へのアプローチは有効な側面があったものの、やはり限界があるものと思われる。

　なお、第5章で見たＦの風景構成法作品を、同年代の非臨床群の作品の中と比較した場合、此岸なしの川が表現されたことや、人の数が減少したこと、彩色指標の変化がやや多く見られたことが特徴として挙げられる。これらの特徴がありながらも、指標レベルで考えた場合に決してＦの風景構成法作品とその変化は、他の描き手と比べて「特異」だったわけではない。むしろそのような「特異」ではない一連の作品であっても、描き手がその作品の変化に対して何か――自身の状況や歩んできた軌跡――が反映されているのではないかと主観的に・主体的に「思い」「込める」ことにこそ、風景構成法の臨床的な機能の一端が垣間見えるのではないだろうか。Ｆの場合であれば、構成レベルの安定に支えられて、人の表現などに自身を強く「込めて」いて、その変化を自分自身の変化と重ね合わせていたのではないだろうか。この点については、風景構成法の場で生じるやりとりがどのようなものか、という本研究の前半部分で検討した点と合わせて、終章においてさらに論じたい。

終　章
心理療法としての風景構成法

1. 風景構成法における「基礎」とは何か
　　──第1章から第6章のまとめ

　本書では、まず序章において、風景構成法の創案から現在に至る研究の歴史と、それらを概観した研究についての確認を行った。現在、研究の方法論や研究テーマという観点から詳細な把握が試みられているものの、創案者である中井久夫がどのようにしてこの技法を創案したのか、創案にまつわる臨床精神はどのようなものであったのかということがあまり顧みられていないのではないかという問題点をここでは指摘した。さらに、このことをバウムテストにおける事情と重ね合わせることで、創案者の臨床精神の重要性を論じた。その上で、本書においては、「中井に還る」ことを1つの軸とし、その上で、風景構成法におけるやりとりがどのようなものであるか、また風景構成法で描かれた作品とその変化をどのように理解するのか、という2点について検討を行うという問題設定を行った。以下では、検討を行ってきたこの2点について、風景構成法における「基礎」として改めてまとめてみたい。

1-1. 風景構成法におけるやりとりとその臨床的機能
　まず第1章において、風景構成法におけるやりとりを大きく3つに分けて捉えることを示した。すなわち、1つ目は、枠づけをはじめとした風景構成法導入時のやりとりである。2つ目は、逐次項目提示で作品が描かれていく過程でのやり

終章　心理療法としての風景構成法　179

とりとした。3つ目は、作品完成後に、描き手と見守り手が作品を共に眺め、対話をするというやりとりである。

　第1章では、2つ目の逐次項目提示におけるやりとりの構造的特徴について、他の技法との比較を通して、中井が風景構成法に込めていたであろう意味を検討した。その議論の中で、やりとりの生じる描画法を、描き手と見守り手が立場が入れ替わりながら共に描画を行う「対称法」と、異なる位置にいて立場が入れ替わることのない「非対称法」に分けて捉えることとし、風景構成法はこの非対称法としての性質をもっていることを示した。対称法では、見守り手からの逆転移を含めて、描き手にもたらす影響が強くなることを踏まえ、非対称法である風景構成法を中井は「『皮一枚』を破る」方法として創案したのではないかと論じた。しかし、この非対称な風景構成法の場において、対称法とは異なり、見守り手から描き手に繰り返し向けられる言葉（逐次項目提示）が、一種の「意外性」という「毒を微量投与する」こととなり、それが描き手の中で「ことばの副木（そえぎ）」となり、それを基に言葉が「のびる」ことを中井が意図していたのではないかと考えた。さらに、見守り手が直接に描画をせず、自由連想的な態度で「関与しながらの観察」をすることは、河合隼雄が箱庭療法において示した「深い転移」のようなものを生じさせる素地となっているのではないだろうか。つまり、風景構成法における非対称なやりとりは、描き手に対しては言葉が安全弁となりつつも「毒を微量投与する」ものとなり、同時に「深い転移」が生じる素地になりうるということを示した。この点が、他の描画法と異なる風景構成法の構造的特徴であり、この技法が広く用いられていくこととなった臨床的な有用性の高さの一端を示しているのではないかと論じた。

　第2章では、風景構成法におけるやりとりのうち、臨床的には重視されてきた、作品完成後の「話し合い段階」の中で、作品完成後に描き手が自身の作品を眺める際の体験について、PAC分析を用いた調査により検討を行った。PAC分析で得られた描き手の自由連想項目を基に、〈風景描写とそれに伴い生じる感情的体験〉〈作品の技術的評価とそれに伴い生じる違和感や疑問〉〈作品と自分自身との関連〉という3つの体験を抽出した。また、連想項目の評価では、〈風景描写とそれに伴い生じる感情的体験〉と〈作品と自分自身との関連〉ではプラス評価が、

〈作品の技術的評価とそれに伴い生じる違和感や疑問〉ではマイナス評価が多かった。次に、個別のPAC分析の結果を検討したところ、抽出した3つの体験がクラスターレベルで比較的明瞭に弁別される場合があったこと、連想が複数あっても、分類上は上記3つのうち、1つの体験のみの描き手がいること、作品の巧拙という観点であれば、劣っている（構成型で言うとあまり統合されていない）と思われるような場合であっても、〈作品の技術的評価とそれに伴い生じる違和感や疑問〉が喚起されるわけではないこと、いわゆる「自己解釈」は19名の調査参加者中1名でのみ生じていたことが示された。さらに、〈風景描写とそれに伴い生じる感情的体験〉は、「臨床イメージ体験」のように働き、感覚・感情の賦活が促される一方、〈作品の技術的評価とそれに伴い生じる違和感や疑問〉は、確かに否定的な体験となりうるものの、イメージの働きによって内的に不安定な状態を喚起しないように、作品と距離をとる機能もあるのではないかということを論じた。

　第3章では、臨床事例を基に風景構成法の項目が描かれなかった際のやりとりの検討を行った。自傷行為を繰り返したクライエントとの心理療法の中で風景構成法を行ったが、その中で田と道の項目をクライエントは描かなかった。事例の経過の中ではさらにその後、誘発線描画でも2枚目以降を拒否したが、このような描かないことを通して、筆者や、ひいては母親を否定し、自身の主体性を獲得していったことを示した。その際に、自傷行為という「掻く」ことと、描画における「描く」ことが、「かく」という意味で根底において通じており、描画を「かかない」という否定を通して、逆説的にクライエントの中で「かく」ことが意味をもちはじめ、自傷という形での「かく（掻く）」ことが収まっていったのではないかと論じた。そして、風景構成法における田と道を描かなかったことについて、身体性という観点からさらに考察を行った。田と道を描かなかったものの、風景構成法の逐次項目提示というやりとりが続いたのは、筆者とクライエントが共にやりとりのリズムに反応していたという側面があった。そして、描かれなかった田は、「自然」が「人間」になっていく「人工」を象徴するものであり、それを描けないということは、心理学的な意味で身体をもった人間としてクライエントがまだ「受肉」できていないという身体性の問題が喚起されたためではないかと

論じた。そして、「(田を) 掻き (描き) たくてもかけない」というクライエントのメッセージを筆者が捉え損なうというやりとりのずれは、クライエントと筆者が異なる身体を生きているという断絶に通じるものがあり、不可避だったのではないかと考えた。このように、リズムよく逐次項目提示が進むという次元と、クライエントの抱える「田をかいて (掻いて・描いて)、受肉した身体になろうとしてもがいている」というテーマを筆者が捉え損なうという次元のやりとりの2つが、「身体」をめぐって生じていたのではないかと論じた。

　以上のように第1章から第3章までで示された風景構成法におけるやりとりの性質から、風景構成法にはどのような臨床的機能が備わっていると考えられるだろうか。

　まず、第1章で見たように、風景構成法では、心理療法における「語る－聴く」という構造を反転させた形で非対称な構造を布置させるということが特徴として挙げられるが、そこでの見守り手からの言葉は、描き手に対して一種の「毒」となるようなものであった。それが否定的な意味をもって体験されると、その結果の1つとして、例えばまったく描くことができないということが生じるし、描けた場合であっても、第2章で示した〈作品の技術的評価とそれに伴い生じる違和感や疑問〉のように、できあがった作品とのやりとりが違和感を生み、あるいは否定的なものとして体験されるのではないだろうか。鍛治 (2011) は、風景構成法における「失敗」について、「失敗は、それが見過ごされた時には傷つきとなるかもしれないが、風景構成法ではその跡を描画中に残す。失敗したということが形となり、見守り手と共有される」(p.67) と述べている。鍛治の言う「傷」は、本論で示したように「毒を微量投与する」ようなやりとりを経て生まれるものである。川から描きはじめるということも、「失敗」を生みやすいという意味では、「毒」として作用し、「傷」となりうるのではないだろうか。しかし同時に鍛治は「そうした傷跡が残ることによって、失敗体験は変化し、修復される」(p.67) とも述べており、決して否定的な意味をもつだけではないと考えられる。また、作品とのやりとりの中で、イメージを活性化させ、感覚・感情的な体験が生じる〈風景描写とそれに伴い生じる感情的体験〉は、時に危険なものともなりうるが、〈作品の技術的評価とそれに伴い生じる違和感や疑問〉によって作品やイメージと距

離をとることが、逆に安全弁として守りになるということからも、風景構成法が決して否定的な働き方だけをするわけではなく、そこで生じる体験は両価的であり、それゆえに風景構成法は複合的な機能をもっていることが示されたと言えるのではないだろうか。

　また、非対称な構造に加え、第4章において中井を引用して示したように、見守り手も「『あっ』という驚き」が自然と生じやすいような工夫が施されていることで、風景構成法におけるやりとりは「関与しながらの観察」を通して「深い転移」の次元を開く可能性があると考えられる。これは、見守り手にとってだけのことではなく、第2章で見たように、描き手が〈作品と自分自身との関連〉を通して、自身の過去の思い出などを想起していくということにも、同様の「深い転移」の働きが見てとれるのではないだろうか。

　このように、風景構成法におけるやりとりでは、非対称な場において言葉による「意外性という毒を微量投与する」という次元と、「深い転移」の次元の2つが生じるが、この2つがまったく別々に機能するわけではないと筆者は考える。このことは第3章の事例にも当てはまることであろう。田と道を描かなかった際のやりとりでは、逐次項目提示で「瞬発的に」リズムに乗るというやりとりが表層ではあった。また、田と道を描かなかったことを通して描き手が自身の抱える「身体」という、人間にとって不可避のテーマに取り組んでいることを示すという、いわば「深い転移」の次元のメッセージが示唆されていた。この2つの次元は身体性を媒介項として同時的・瞬間的に生じていたと考えられる。そして、このやりとりでは、リズムでは繋がり、しかし「深い転移」の次元のメッセージを捉え損なうという、繋がりと隔たりが同時的に生起していたことが重要なのではないだろうか。

　描画法は一般的に「非言語的」な技法として捉えられがちであるが、風景構成法におけるやりとりにおいて、いかに言葉が重要な役割を果たしているかを改めて一連の検討では確認したと言える。言葉が一種の安全弁のように、しかし同時に「毒」のようにもなるという両価性は、風景構成法のやりとりがもつ両価性が、端的に表れているのではないだろうか。

1-2. 風景構成法作品の変化を捉える視点——表現に立脚した読みとり

　第4章では、やりとりを経て生まれた風景構成法作品を、どのように理解するのかについて、特に作品の変化をどのように考えるのかという観点から検討を行った。中井は1枚の作品から多くのことを読みとりすぎることを戒め、相対的な変化を捉えることを重視している。あくまで作品の変化という次元ではこのことは妥当するだろう。しかしその一方で中井は、風景構成法あるいは芸術療法のもつ一回性（一期一会性）を重視している。この2つの観点は、風景構成法を「検査」と捉えるか「技法」として捉えるかという意味で、次元がそもそも異なっている。すなわち、作品について言及したものか、実施について言及したものか、という次元の違いがあるので、決して中井の述べていることは矛盾しているわけではない。しかし、この立場を安易に受けとってしまうと、風景構成法は複数回実施することが望ましく、同時にその1回1回の実施には意味があるがゆえに、風景構成法は積極的に何回でも実施すべきであるという誤った理解に陥りかねない。このような風景構成法に対する2つの態度を止揚するものとして、描画表現に立脚し、表現を第一義に考える表現心理学の可能性をここでは指摘した。筆者の理解では、表現心理学はあくまでも作品、描かれたものの理解、つまり作品の次元に重きを置くのは間違いない。それにもかかわらず「止揚」できるのはなぜだろうか。それは、作品に接する態度として、なぜそのような描かれ方をしたのか、という作品への内在的アプローチをとることで、一期一会としての風景構成法実施時にどのような体験が生じていたのか、ということの理解も結果として目指されるからではないだろうか。さらに表現心理学の観点から風景構成法を捉える時、発達や病理を同一の地平で論じられるような風景構成法の表現論理を読みとることが必要であることを指摘し、その表現論理として、従来から指摘されている構成と、構成という視点に回収しきれない彩色特徴の例としての重色を取り上げた。これらの表現論理はあくまでも「指標」ではなく「視点」であること、また、従来から用いられてきた「相対変化」を捉えることだけではなく、たとえ1枚の風景構成法作品でも、「関与しながらの観察」をしていると、その1枚が描かれる中での表現論理の変化を捉えられるのではないか、という「絶対変化」の可能性をここでは指摘した。

第5章では、調査において4回の風景構成法を実施した描き手と、PAC分析を用いた風景構成法作品の振り返りを行い、それを作品変化との関連で検討を行った。作品を検討すると、4回を通して端から描いていき、中央が余白として残りがちな描き方をしていたが、しかし同時にその空間をなんとか埋めようと試みていたという、描き手が風景構成法上で取り組んでいたテーマが明らかとなった。その中で、彩色では塗り分けをするなど、描き手の中の変わらない表現を「安全基地」のようにして、人を明細化したり道を中央に描こうと試みていたという意味において、「何らかの変化を模索」していたのではないかと考えられた。そのような見守り手側の作品変化を捉える視点に対して、描き手は振り返りの中で、自身の作品の変化しなかった「絵の端から埋めていく」という点を否定的なものとして捉えており、見守り手との意味づけは異なっていた。さらに、作品の変化した箇所が複数あっても、描き手の中ではその意味づけが異なっており、自然に表現が変化した箇所と、意図的に表現を変化させた箇所の違いが語られた。また、見守り手が着目していた彩色については描き手自身が振り返りの中で自ら言及することはなかった。振り返り体験については、従来から考えられていたような、自分が描いてきた作品という、いわば自身の「軌跡」を基に、描き手が現状についての理解を深めるという側面と同時に、どうしても変えられないことに気づくという否定的な側面の両方が確認されたと言える。

　第6章では、非臨床群の描き手に対して複数回の風景構成法を実施し、その作品変化を指標レベルで捉えることを試みた。その結果、構成型では先行研究で示されている「自然変動」にほぼ合致した結果が得られた。しかし、作品の構成に関わる「川と枠の関係」や「川と道の関係」では、構成型よりも変化しやすいことが示された。人については、1人のみを描き続ける表現が変化しにくいことが示されたが、先行研究で認められたような、人の明細化が進むという結果は示されなかった。また、記号人だけではなく、具象人も固定的に描かれ続ける傾向があり、質が異なるものの、両者ともに表現の堅さと捉えられる可能性を指摘した。彩色では、重色の変化が多く見られたことや、指標該当が一貫している者が少なかったことが示された。また、他の描き手の作品との比較により第5章の描き手の作品を相対的に捉え直すと、この描き手では4回目に此岸なしの川が描かれた

こと、人の数が減少し、明細化する方向に表現の力点が移動したことが特徴として挙げられるものの、それ以外については、この描き手の作品が決して「特異」でも「平凡」でもないことが示された。それにもかかわらず、第5章で見たように、振り返りにおいて自身の作品変化に対して自分なりの意味づけを行っていたということから、描き手が自分なりの「思い」を「込める」ことが可能となりやすい素地が風景構成法には備わっているのではないかということを論じた。これは他の描画法でも言えることだろうが、佐々木（2012）が「性質の異なる要素が10個と付加的なものを描けることで、そのときの心的状態を付託できる要素が少なくとも一つくらいは見つかる」と述べていることとも重なると考えられる。逆に、第3章の事例におけるEのように、描かないということもまた「思い」を「込める」ことになるとも言える。

　第4章から第6章で示された、風景構成法作品の変化をどのように捉えるかという点について、以下にまとめて考察する。

　第5章の描き手Fの風景構成法作品で見たように、「構成型」としては大きく変わらなくとも、確かに作品は「変化する」ものであったが、「絵の端から埋めていく」という表現論理は4回を通して一貫しており、作品の細かな変化はもちろん重要ではあるものの、それを貫くものとしての表現論理は変化していない場合もあり、ただ目に見える表現の変化を追いさえすればよいということではない。この意味において、指標による変化の追跡は、一定の限界があると考えられる。

　また、描き手の体験から作品変化を考える場合、複数の変化した箇所であっても、その意味づけが異なっていたように、作品変化を考える際の見守り手からの「解釈」には限界があることにも留意すべきだろう。第5章で示したように、作品変化を捉える視点は、描き手と見守り手で当然異なっている。描き手は描き手なりの「思い」を「込め」、そして風景構成法を共にした見守り手は見守り手なりの「思い込み」をしていた。

　ただし、描き手の「思い込み」は表現に立脚したものとなることが多いのではないだろうか。通常、風景構成法における描き手が発達や病理といった、外側の枠組みで風景構成法の表現を「解釈」することは難しいであろう。もちろん、自

身の状況と安易に結びつけてしまうような「素人解釈」にもなりうるものであるから、描き手自身による解釈が絶対唯一のものというわけではない。見守り手の側も描き手の心理的・外的状況に作品や作品変化を安易に結びつけてしまわない、表現心理学的態度によって、描き手の体験に沿っていくことが重要だと考えられる。そして、たとえ1枚の作品であっても、その表現されるプロセスの中で「関与しながらの観察」を行うことにより、その作品の中での表現論理の変化が捉えられる可能性も開かれてくるだろう。

2. やりとりと作品変化の交わるところ
――描き手と見守り手が「出会う」場としての風景構成法

　風景構成法におけるやりとりと作品変化をどのように捉えるかということを、これまで分けて論じてきた。第5章における振り返り体験は、一連の作品の変化（あるいは変化しなかったこと）についての描き手と見守り手とのやりとりとも言えるので、そういった意味では両者に接点はあるものの、この2つの側面について検討してきたことは、風景構成法の研究としてはまったく別の文脈に位置づけられるもののようにも思われる。佐々木（2006）であれば、これらは「描画プロセス」と「描画の展開」という形で異なる軸に位置づけられる。しかし、やりとりにおいても、また作品変化を捉える時であっても、描き手と見守り手の両者が、それぞれの局面でいったい何をしているのか、という観点から捉え直すと、この2つの研究は同じことを別の側面から捉えようとしていることになるのではないかと筆者は考える。このことについて以下に考えてみたい。

2-1.「思い込む」こと――風景構成法への「コミット」「転移」

　第6章の末尾で触れたように、決して「特異」でもあるいは「上手でも下手でもない」、ともするとどこにでもあるかもしれないような一連の作品に対して、描き手Fはその作品変化に対して意味づけをしていた。このことから、一連の作品を眺めた時に「思い込める」、つまり描き手による描き手の「解釈」をする素地が風景構成法にはあると考えた。一方、例えば第3章の事例の風景構成法にお

けるやりとりの多重性についての筆者の考えや、あるいは第5章の描き手の作品に対する筆者が着目した点のように、見守り手である筆者もまた、風景構成法のやりとりにも作品にも「思い込み」が可能であった。第3章における、田と道を描かないというやりとりにおいて生じていたのは「思い込み」という次元にすら至らない身体的な反応でもあった。特にこの見守り手、セラピストによる「思い込み」がこれまで「解釈」とされ、時にそれが主観的であり、佐々木（2005）が、「臨床研究では研究者が臨床のなかで感じたことの傍証を得ようとしても困難であり、結局のところ『筆者には～と思われた』という根拠のみで一足飛びに結論に直結してしまうことが多く行われている」（p.34）と述べているように、批判的に捉えられることにもなる。これは、「思い込み」が時に大変な危険を孕み、深刻な事態を招くという心理療法の実践のことを考えれば、当然のことであろう。これはちょうど、「語り」の偏りが際立っていくと「騙り」になってしまう（河合, 2001）こととと同じような事態である。

　しかし、その「思い込み」が合理的か否かを問わなければ、描き手と見守り手がこうして各々の「思い」を「込め」、何か——例えば、描き手が自分の心境の変化してきた軌跡——がそこに表れていると「思い込める」という意味では、風景構成法ではやりとりを通しても、またその表現された作品においても、両者が風景構成法というある種の「舞台」を通して、「思い込む」という地平で心理学的な意味で出会う場として機能するのではないだろうか。そして、第1章で見た、やりとりによって生まれる「深い転移」という次元はこれを示すものと捉えてもよいのではないだろうか。第3章の事例では、「深い転移」の次元で、セラピストはクライエントに出会い損ねたが、これはセラピストの「思い込み」が適切なものではなかったことを示す例であろう。ただし、「出会い損ねる」という意味において、両者は「出会い」の局面は体験できたのかもしれない。そしてこの「出会い」損ないの瞬間には、クライエントが心理療法の場を離れることがすでに内包されていたのかもしれない。第5章のFとの振り返りにおいても、筆者とFの変化を捉える視点（思い込み）はずれていたが、そのようなずれがあるからこそ、見守り手は描き手が何を感じ、どのような体験をしていたのかを知ろうとする、つまり出会おうとする動きが生じるのではないだろうか。

このように、風景構成法においては、ただ「自由に守られた空間」という安全なものが布置されて、描き手が自由な自己表現をするというわけではなく、「毒を微量投与する」という言葉が示すように、風景構成法の場は危険を孕みつつも、描き手と見守り手が、風景構成法という1つの枠の中に身を委ね、両者がやりとりの様々な局面や、あるいはできあがった作品について「思い込む」という心理学的な動きを通して「出会う」ことができるのではないだろうか。

ただし、風景構成法を実施すればいつでも「出会い」が生じるわけではない。この「出会い」を実現するための方法は、ただ風景構成法という場で生じるやりとりとその表現にだけ専心するという表現心理学的発想が必要になると筆者は考える。このことを1つの〈方法〉としたのが、皆藤（2000 ; 2002 ; 2004a）の「コミットメント」ではないだろうか。以下に、風景構成法におけるその〈方法〉を示す。

> 風景構成法にコミットするときには、大きくふたつの視角がある。（中略）そのひとつは風景構成法作品がもたらされるまでのプロセスに焦点づけようとする視角である。この視角でのコミットをわたしは次のような姿勢で生きている。
>
> 風景構成法のプロセスを描き手とともにするとき、けっしてわかろうとする姿勢でいてはならない。クライエントが描く姿の息づかいとともに在るという姿勢でいる。その体験をとおしてはじめて「理解」が生まれようとする。風景構成法における「理解」は既存の概念との整合性を見計らう認識の事態ではなく、そのときにしか描かれない描線（風景）によって生成される「人間になる」営みの事態なのである。
>
> いまひとつは、完成した作品に焦点づけようとする視角である。これについては、わたしは次のような姿勢でコミットしている。
>
> 風景構成法作品に向き合うとき、けっして論理的に見てはならない。解釈仮説と整合させようとして見てはならない。そうした姿勢を放棄するのだ。作品というひとつの表現の内に、描き手の息づかいを受け取ることがたいせつなのだ。それは論理性や整合性を追求する姿勢よりもはるかにたいせつなことである。そして、それこそが「理解」なのである（皆藤，2004

pp.11-12　傍点は筆者による）。

　上記の引用に示されているように、決して外側にある「解釈仮説」に頼るのではなく、むしろそれを放棄し、「ひとつの表現の内」に留まることこそが必要であり、そのようにして「思い込む」ことで心理学的な「出会い」が実現するのではないだろうか。
　ただし、仮に「出会う」ことができたとしても、その出会いは永続するわけではない。あくまで、この出会いは田中（2010b）が心理療法における見立てについて述べている意味での「現在の瞬間全体としての『出会い』」（傍点原文のまま）であり、またこの出会いによって、描き手と見守り手に外的な変化が生じるというわけではない。あくまでもそれは「心理学的な出会い」であろう。また、吉田（2004）は風景構成法の実施が初回夢と同じように面接の指針となったことを示しているが、風景構成法が面接の指針となりうるのは、同じような「出会い」の瞬間が絶えずその後の面接の中でも立ち現れるからだろう。しかし、その出会いや指針は固定的に存在し続けるのではなく、永続するものと誤って「思い込んで」しまった瞬間に、「出会い」は失われてしまうだろう。中井（1979）は1人の患者に対して有意味な面接の回数、有意味な描画の回数は限られていると述べているが、このような有限な「出会い」が繰り返されることで、「治療の過程でわれわれの中に生じる固定観念、冷えつつある熔岩の表面に生じる薄皮のようなそれを、破ってくれる」（p.251）こととなる。この「出会い」がもたらす「薄皮」を破るような動きにこそ、描き手・クライエントの変容可能性の芽があり、これが風景構成法の臨床的な機能だと筆者は考える。よって、見守り手の存在がなく、描き手がただ1人で風景構成法の施行手続きに従って描くことがあったとしても、描くということによるカタルシスは得られるかもしれないが、それは風景構成法がもつ、「出会い」が機能しない、臨床的とは言えないものとなるだろう。さらに言えば、集団法で行う風景構成法についてもやはり「出会い」の機能は個人法で行うのに比べると弱いものとなるのではないだろうか。
　また、このような風景構成法に対して「思い込む」あり方は、皆藤ら（2002）が、角野（2002）の治療者としての姿勢を評して、「風景構成法に転移してるセラピス

ト」であり、「風景構成法を通してクライエントに関わっていこうとしている。だからそういうセラピストの思い入れがこの治療に非常に反映されているのではないか」（p.120　傍点は筆者による）と適切に述べられている。つまり、風景構成法のやりとりに、あるいは作品にコミットできないということは、「思い込めない」という意味で風景構成法に対する「転移」が生じておらず、そのような客観的に引いた姿勢では、風景構成法がもつ上述したような臨床的な機能が有効には働かないだろう。また、「転移」という言葉が示すように、見守り手の側による、描き手のことを無視した風景構成法への「逆転移」は、描き手に「毒」しか与えないであろう。このことは、第2章で見たような、完成作品を眺める中で、描き手が否定的な体験をすることからも推測される事態である。

2-2.「出会い」の諸相——描き手Fの4回目の作品を基に

　ここで、この「出会い」の諸相を、第5章の描き手Fの4回目の作品が描かれるプロセスを基に具体的に考えてみたい。その際にやや唐突ではあるが、川嵜（2004；2007）によるパラディグマ・シンタグマの論を下敷きとして検討を行いたい。川嵜は中井のシンタグマ・パラディグマの観点を用いて、風景構成法のもつ特徴を箱庭と対比し、箱庭が「力動」をもたらすものであるのに対して、風景構成法では、箱庭のように項目を動かすことができないため、その力動を投影すると「歪み」になる、と述べている。風景構成法ではないが、分かりやすい例として、「僕は学校へ行った」（川嵜, 2007 p.421）という文に「犬に」という言葉を加えようとすると、シンタグマティックには「居心地の悪い」ものとなってしまうことを挙げている。この居心地の悪いものが心理療法であればクライエントにとっての症状であり、また、もしも箱庭でこのような居心地の悪いものが置かれてしまった場合は、それとの距離をとるように置かれたもの自体を別のところに動かしたり、あるいは柵を置いて領域を分けるといった動きが生じる。しかし、風景構成法の場合、例えば「川が立つ」という表現であれば、その表現された川の配置を変えることができないため、「歪み」が残ることとなる。筆者は、こうして2次元に表現された「歪み」をもう一度「力動」に向けて展開していこうとする作品への接し方が、「出会い」をもたらすのではないかと考える。このこと

を以下に見てみたい。
　Fの4回目の風景構成法では、最初に「此岸なしの川」が描かれたことが筆者を驚かせた。しかし同時に、3回目までの中央を埋めないで端から描いていくというFの表現の仕方を考えれば、この「此岸なしの川」は、Fの「端から埋めていく」という表現論理に最も沿った形で、川より後の項目が描かれることを勘案した、シンタグマティックな選択だったと言えよう。言い換えれば、この川の選択は、中央を埋めないという表現論理からすれば、最も「居心地の悪さ」を低減したもの、あるいはそれを先送りしたものだと言えるだろう。これまでの、中央に描くことが難しいという描き方からすれば、確かに「なるほど」と思えるものであるが、同時に「此岸なしの川で描くのか」という驚きをもたらすものであった。このような描き方の可能性がFの中にあったのかと改めて思い知らされたという意味では、此岸なしの川が描かれたのは、筆者がFに驚きという新鮮さでもって改めて「出会った」瞬間だったと言える。
　続いて、道の教示後は描き辛そうにして、右端の田の上に線を重ねて、逡巡した後に、2回目・3回目のアディションで描かれた山道を苦肉の策のように描いた。道の前までに描いた川・山・田が用紙の中央を分節化することがなかったため中央が残ったままであり、これをなんとかしないといけないという「居心地が悪く」なるようなシンタグマティックな選択が、この道の描画時にFの中では喚起されていたと考えられる。そういったシンタグマティックな制約を受けた中で、なんとか適した表現を模索していたようだったが、最終的にはこれまでにも描いた山道を、あたかも手持ちの引き出しの中から選んだ、という印象であった。この時に筆者は、「何かこれまでに描かれなかった道が描かれるのではないか、中央に描線を走らせるのではないか」という期待感のようなものを抱きながら見守っていたが、山道を描いたFを見て「あー、そうなるか」とやや落胆したような、しかし同時に「これがFにとっては今できうる限りの表現なのだろう」という納得に近いようなものもあった。この道の描画時には、中央に道を描こうか描くまいか、という「居心地の悪い」シンタグマティックな選択がFの中で喚起されており、苦しみながらもそれに取り組むFの姿、そして同時にそれを現時点では「回避」するような形でしか表現できないというFの姿に筆者は「出会った」

という手応えがあった。

　人の描画は、1回目から徐々に明細化が進んでおり、どうなるのだろうかという期待のようなものを込めて教示した筆者だったが、3回目で背を向けていた女の子が正面を向いたことがとても印象的であった。人の描画は、他の項目に影響されている面はもちろんありながらも、例えば3回目でも4回目でも、人の顔をこちらに向けるか向けないかは構成に影響を与えないという意味で、Fのそれはどちらかと言うとパラディグマティックな選択であったように思われる。この女の子がこちらを向いた、ということは、文字通りにこの少女との対面を通して筆者はFと「出会えた」ように感じた。

　以上の3点は、3回目までの作品といくぶん表現が異なるがゆえに、それがFとの「出会い」を感じさせるものであった。変化のほうが着目しやすいので、F以外の場合でも、どうしてもそういった変化にばかり目がいってしまうが、逆に変化しなかった彩色もまた、筆者には、驚きではなく、「納得」といった形でFと「出会えた」ように感じた。山を塗り分けたり、色が意図せず混ざるのを嫌がるというのは、これまでの塗り方と共通するところではあるが、上述した3点がこれまでの作品と異なっているところがあったがゆえに、逆に「すべて変わってしまうのではなく、変わらない表現もあるのだな」という形で、これまでのFとの連続性に「出会えた」ように思う。

　第5章の描き手Fの4回目の作品を、上述した4点に絞って述べてきたが、まずシンタグマティック・パラディグマティックな選択がなされて描かれる際に、「出会い」の瞬間が立ち現れていたと言えるのではないだろうか。これらの瞬間を経ると、確かに「此岸なしの川」といった形で、「歪み」・特異性が作品には残ることとなる（これはもちろん、此岸なしの川が「遠近法的に歪んでいる」ということを意味するわけではない）。しかし、これまでと比べて変化したところだけで「出会う」わけではなく、むしろ変化した表現が多かったがゆえに、変わらないと感じた彩色においても、「出会い」は生じていたように思う。このことから、「歪み」が生じた時にだけ「出会い」が生じるわけではないと筆者は考える。確かに、「歪み」が生じる時には、上述したようなシンタグマティック・パラディグマティックな選択が喚起されて、「おっ」という驚きが生じやすいかもしれないが、そういっ

終章　心理療法としての風景構成法　193

た「歪み」がない（と、少なくとも筆者が感じた）表現を通してもまた、描き手に「出会える」のではないだろうか。「出会い」が生じることがよいとなると、どうしても表現の変化や「歪み」にばかり着目してしまうが、そのような態度で風景構成法を実施してしまうと、歪みを通して描き手の病理・特異性にばかり目が向くことに繋がってしまうだろう。これは中井（1971a）の言う「精神病理学は、分裂病者の言語がいかに歪んでいるのかを記述してきた。おそらくそれは重要なことではない」という考えに反するものとなってしまう。

　また、上述したように、筆者とＦとの間で「出会い」が何度も生じているとしても、その都度に描き手・見守り手に外的な変化が生じたわけではないことは明らかだろう。そして、この「出会い」は心理療法的な「効果」を数量的に示すものでもない。「出会い」はそれ自体を目指すものではなく、その訪れに開かれていることが必要だと思われる。その瞬間を捉えることができれば、見守り手が描き手に抱いているような固定観念という「薄皮」、あるいは硬直化してしまった描き手と見守り手の両者の関係（心理療法であれば治療関係）を「破る」ような驚き・動きがもたらされるのではないだろうか。

2-3．微分的なコミットと積分的なコミット

　このように見てくると、これまでの研究で見出されてきた、風景構成法作品に対する見方・捉え方も、どのようにコミットするか、という視点の違い、あるいは、どう「思い込むか」の入り方（入れ込み方）の違いとして捉え直されるのではないだろうか。

　例えば、皆藤（1994）の「誘目性」や、角野（2004）の「シンボル」という視点は、作品の１点に焦点づけた、いわば微分的なコミットを試みる方法と捉えられるかもしれない。これに対して、岸本（2013）は、誘目性という捉え方では完成作品への着目が強くなり、１つずつの項目が描かれていくプロセスを追体験するような見方が必要だと述べているが、これは、やりとりの時間的経過に焦点づけた、いわば積分的なコミットと言える。

　筆者にはこのどちらも、「思い込み」に過ぎないものと思われ、どちらかがどちらかに勝る、あるいは優れた視点であるということはありえないだろう。岸本

(2013) が示すように、風景構成法のプロセスを丁寧に記述することは当然重要ではあるが、しかしそこには、ただ現象を外的に記述するだけではなく、「あっ」という驚きのような、見守り手の主観が当然含みこまれたものとならざるをえない。その意味においては、やはりこれも「思い込み」を含んだ記述となるであろう。それゆえ、これらの風景構成法を見ていく際の視点は、風景構成法に対する「転移」のしやすさの違いが反映されているだけに過ぎないのではないだろうか。もちろん、風景構成法におけるやりとりや描かれていくプロセスは確かに重要であるが、山川（2005）がバウムの幹先端処理に関して以下に適切に述べているように、決してそのプロセスを共にするという現象そのものが、それ自体として意味をもつわけではない。

> 臨床場面でのバウムは、基本的に目の前で描かれるものである。バウムの描かれる生成過程をともにしている。そのプロセスに立ち会っているのだから、幹先端処理からプロセスを再現するといったまだるっこしい試みは必要ないのではないか。そんな疑問が生じる人もいるのではないだろうか。
> しかし、どうやらそうとばかりは言えないようである。もちろん、生成過程に立ち会うことは必要であるし、その場にいないと分からないこともたくさんある。しかし、生成過程に立ち会ってさえいればプロセスが理解できるというわけではない。それを言うならば、われわれはなぜ、面接室の中で、事後的でしかありえないクライエントの語りに耳を傾け続けるのか。（中略）
> 単純な「バウムが描かれているプロセス」ではなく、「バウム自身が生成していくプロセス」こそが、バウムに息を吹き込むことができる。クライエントの語りを聞く時、字面だけでなくそこにこめられた想いに耳を傾けるように（神田橋いわく「コトバはイメージを運ぶ荷車」）、バウムに対しても、描かれている線だけでなく、そこにこめられたイメージに想いを馳せることが求められているのである（pp.240-241）。

さらに言えば、第3章の事例において、Eが田と道を描かなかった時に、描かないという事態を受け止めるのではなく、リズムに乗って次の項目を告げていたという筆者の「思い込み」は、瞬間的な、つまり微分的なコミットだったように思う。つまり、やりとりや構成プロセスといった、継時的な・積分的なコミットの中においてこそ、微分的なコミットの瞬間が立ち現れるのではないだろうか。あるいは、第5章の描き手Fの4回目の作品が、道を中央に描こうと苦慮していたものの描けずに、「退行的」に、2回目・3回目にアディションで用いた山道を描いたことも、描かれていくプロセスという積分的なコミットをしている中で捉えられた、瞬間的に、微分的に生じた表現論理の変化であった。そして、この4回目の作品を微分的に、誘目性という観点で、「此岸なしの川」や山道に着目した場合、「なぜ中央に川や道は描かれなかったのか」という、積分的に構成されるプロセス――山川（2005）の言葉を用いると、「風景自身が生成していくプロセス」――にまで思いをめぐらすことに自然と至るはずである。このように、微分的なコミットと積分的なコミットは切り離すことのできない表裏一体のものであり、このやりとりの瞬間にこそ、あるいはその瞬間に生み出された個々の表現を通してこそ、見守り手は描き手に出会うことができるのではないだろうか。そしてそれこそが、風景構成法がもつ臨床的な機能だと筆者は考える。

　この意味において、やはり風景構成法を指標化して捉えていくことには限界があると言わざるをえない。もちろん、指標化して示されるものは、微分的・積分的動きを止めて結晶化したものであろう。しかし、それを用いる時に、「思い込もう」とする力が弱くなってしまうのであれば、外側から風景構成法を理解しようとする事態に陥ってしまうだろう。

3.「中井に還る」ことの否定――中井の臨床精神を貫く「実験精神」

　本書では、風景構成法をやりとりと作品変化という観点から検討し、その結果、描き手と見守り手が「思い」を「込めて」、「思い込み」、そして出会う場としての風景構成法の臨床的な機能を示した。このことは、「描画をあくまでコミュニケーションの手段とする立場」で風景構成法を創案し、統合失調症患者への接近

を試みた中井の原点を改めて別の視点から詳述した、ということになるのではないだろうか。

　序章で述べたように、本書では、風景構成法を創案した中井の臨床精神が置き去りにされつつある現状を危惧し、「中井に還る」ことを探究の縦糸としてきた。これまで多くを引用しながら見てきたように、やりとりと作品変化の様々な点について、中井の述べていることは非常に示唆に富んだものであり、現代でも十分に価値のあるものだが、これらの様々な示唆を貫くものは、どのようなものであろうか。そして、現代において風景構成法を実践する者はそれをどのように受けとっていくべきなのだろうか。本節ではこの点について考えてみたい。

　第1章で見たように、中井が風景構成法を創案したのは「皮一枚」を切り込む方法を模索していたという背景があった。また、風景構成法において、見守り手が「面接の場ではほとんど発せられることのない言葉」を「自己中心的偏向へのcounterpoise」として描き手に告げること、そして描画を介した会話が描き手に「『意外性』という"毒"」を微量投与するというのも非常に独特な発想であった。これは、決して「受容」や「共感」といった、心理療法の基本とされるような態度に縛られているものではなく、いわば挑戦的な試みであったように思われる。試みということに関して言えば、第4章で見たように、10年以上の時を経て再度風景構成法を実施するということも中井は行っていた。また、第4章で引用した、「おどろきのない治療はつまらない、いや不毛なのだ、と思う。不安を伴わないおどろきが、治療者患者の双方に同時に生じる時が大きな治療的転回の時であろう。（中略）そういう意味では、芸術療法は、おどろきの機会を無数に提供してくれる。治療の過程でわれわれの中に生じる固定観念、冷えつつある熔岩の表面に生じる薄皮のようなそれを、破ってくれる機会は、しばしば芸術療法の持つ力である」（中井, 1979 p.251）という記述からは、風景構成法や芸術療法は驚きをもたらすもの、治療に動きをもたらすものと中井が捉えていたと考えられる。しかし一方で、治療者の慎重さに関しての示唆も多く、第4章で触れたように、長期間経っても風景構成法の影響が描き手の中に強く残るということや、あるいは第5章で見たように、治療の場で描かれた描画は患者に返すべきではない、ということが言及されている。決してすべてを取り上げられているわけではないが、この

終章　心理療法としての風景構成法　197

ような中井の叙述や業績を見た時に、中井の臨床精神を貫くのは、精神科治療の実践がすべての基となっているということ、それゆえに当然謙虚さ・慎重さが治療者には求められるということ、そして臨床実践の中での創意工夫があらゆる局面で見られることの3つに要約可能だと考えられる。このことを中井（1993）は次のように述べている。

> 　私は、自分では、まず、小心な医師だと思っている。冒険をしないというのが私の方針だ。（中略）
> 　冒険はしないが、実験精神は忘れないようにと思う。つまり、取り返しがつく範囲でなら、やってみるという気持ちに患者がなることは歓迎する。たとえ一日で辞めても、「今はその仕事では一日やるとどんな感じになるか」というデータは得た、それだけの収穫はあったと患者と共に評価する。「実験というものは失敗しない」という極論を私は吐く（pp.218-219）。

　この記述は、あくまで患者が日常の中で試みる「実験」を尊重する立場を示すものだが、これまでの中井の試みを考えると、治療者側の「実験精神」も含まれているのではないだろうか。筆者はこの「実験精神」こそが、諸所で中井が述べている「臨床精神」を貫くものであると考える。もちろん、この「実験」は精神科治療・心理療法で人体実験を試みようとするものではないことは、上記の引用から明らかであり、あくまで患者の側の実験精神を尊重しているものである。また、どのようにすると効果的な治療法となるかを、決して比較対照実験などとして仰々しく行って確かめるのではなく、日常のほんのわずかな工夫を慎重に積み重ねていくことを「実験」と称しているものと思われる。この精神がなければ風景構成法が創案されることはなかったであろう。

　このように考えると、序章で示した「中井に還る」ことそれ自体を目的としてしまうことは、中井の臨床精神である「実験精神」と矛盾するものであることは明らかである。中井の風景構成法創案に至る知恵や、芸術療法における諸言は非常に示唆的であり、まさに臨床の知と呼ぶに値するものと思われる。その価値は疑いようのないものであるが、本当に「中井に還る」、つまり中井のような「実

験精神」を現代の心理療法家がもち続けるのであれば、中井の諸言を金科玉条として無批判に受け入れてしまうことは、実験精神を失ってしまうことを意味する。序章で示したように、創案者である中井の臨床精神が置き去りにされつつある現状を筆者は問題だと感じているが、このことは決して、中井の述べているやり方に回帰すべきだということを意味しているわけではない。忘れ去られているというのが、中井の臨床精神と「解離」しているということであれば、「中井に還る」ことを目指そうとすることも、中井ではないわれわれには決して実現しえない幻想であり、その意味では幻想を追い続けるという現実の「否認」に他ならない。どちらも風景構成法に対する態度としては、実現不可能な神経症的なものに陥ってしまっている。あくまで中井の臨床精神を知ることは必要であっても、それを個々の心理療法家がそれぞれの「実験精神」でもって乗り越えることが最も必要なことではないだろうか。

　風景構成法に対する態度が神経症的なものに陥ってしまっているということを述べたが、これは風景構成法を含めた、心理療法における描画法に関して行われる研究全体についても当てはまりうることだろう。風景構成法についてのものではないが、第4章で触れた青木（1983）による描画に関する研究について、「発達的研究や方法的基礎的研究と臨床的研究や事例研究の間には断絶に近いものがある」（p.22　傍点は筆者による）というように、このことはすでに古くから指摘されている。この断絶は、無理に繋げようとすることやそれを埋めることは本来的にはできないものではないかと思われる。青木（1983）は、「この断絶を埋める可能性は、バウム画という共通の対象を扱っている以上、描画そのもの、描画行為そのものをいかに深く理解していくかにかかっている」（p.22　傍点は筆者による）と述べ、両者の断絶を「埋める」ことを目指すものとしての表現心理学の可能性を示しているが、筆者は、「埋める」や「繋げる」こと自体が直接的に目指されるべきではなく、表現論理に根差して、その論理にあらゆる表現の事態が「貫かれる」ことが必要だと考える。その結果として「埋める」や「繋げる」ことになる（地下水脈で繋がる）というのが、本研究を通して筆者なりに中井の「実験精神」を引き継いだ時に生まれてくるものである。これは、中井が「実験精神」を患者との間で展開していたことに比べれば、思弁的な試みのようにも映る。しかし、第

4章で山川（2005）の引用で見たように、風景構成法の表現を貫くものとしての表現論理に触れることは、「地下水脈」を通して描き手に出会おうとする試みだと筆者は考える。この意味において、筆者は、中井の臨床精神を表現心理学の範疇において今後発展させていく必要があると考える。それゆえ、風景構成法の理解を広げるものとして、例えば空間論や風土論など、様々なものが時に有用に思われるが、そういったものが外づけの理論として用いられるのであれば、再び風景構成法をめぐって断絶が生じてしまう危険性もあるのではないだろうか。ただひたすら風景構成法の表現に留まり続けること、そのようなコミットが求められているように思う。

　中井の「実験精神」を受け継いだ時に、現代における心理療法家は、風景構成法とどのように向き合えばよいのか、そして現代における心理療法としての風景構成法の意義はどのようなものとなるだろうか。最後にこの点について考えてみたい。

4．現代における心理療法としての風景構成法

　これまで見てきたように、確かに風景構成法は描き手と見守り手が「出会う」場として機能する可能性がある。しかし同時に、「毒」にもなりうること（第1章）、「上手い下手は関係ない」という教示があったとしても、描き手は自身の描いた風景を見て、否定的な「傷つき」が生じうること（第2章）、やりとりの中で生じている意味を受け止め損なうこと（第3章）、必ずしも作品変化と描き手の心理的・外的な変化が一致しないこと（第4章）、振り返りの中で、描き手がどうしても自分自身では変えることのできない側面に気づくこと（第5章）、表現特徴の「ことごとくが個性である」こと（第6章）、といった形で、風景構成法がもつ否定的な作用や、一義的な「解釈」が可能ではないという、この技法がもつ限界やある種の否定的な側面もまた示されている。加えて現実的な側面を挙げれば、風景構成法の施行にはそれなりの時間を要する。1回の心理療法の面接の時間内に収まりきらないこともある。これだけの特徴を挙げれば、間違っても風景構成法をある特定の臨床群に対する心理療法の第一選択技法などとしてマニュアル化して用い

ようとすることはありえないだろう。分かりやすいこと、時間のかからないこと、苦しくないことを求めるのが傾向としてあるような現代を生きる人々、あるいは現代の心理療法の潮流を考えれば、風景構成法はこのような時代の流れにまったくそぐわない技法である。それにもかかわらず、普及を続け、序章で見たように用いられる頻度が上昇しているということは、確かに何らかの臨床的有効性があることを示しているのだろう。しかし、この使用・普及に関して言えば、風景構成法をどのように用いているかという点は考慮されていない。操作的・客観的な方法の1つとして用いられている可能性も当然あるだろう。そのすべてが誤りと言うことは筆者にはできないが、一義的に、操作的に解釈できるという見守り手の誤った「思い込み（逆転移）」のもとで用いられている可能性も否定できないだろう。それでは、バウムでも箱庭でも夢を聴くでもなく、なぜ風景構成法を用いるのだろうか。そこには風景構成法が用いられる必然性はあるのだろうか。

　上述したように、風景構成法を用いなければならないという事態や、用いる際のガイドラインといったものは存在しない。心理検査として、病態水準を検討したいという理由でテストバッテリーの1つに風景構成法を組み込むとしても、他にもっと「客観的」に妥当な検査を入れることも可能なはずである。そして、用いたところで得られた作品が必ずしも、描き手自身やあるいはその変化を反映していない可能性があるという意味では、風景構成法を用いなければならない客観的な必然性はないということになる。それにもかかわらず風景構成法を用いるということは、見守り手が「見守る」ことをやめ、風景構成法への「思い込み」や「転移」がそこには働いていることを認めなければならない。風景構成法が「もちこまれる」（浅田，2009 p.66）あるいは「もたらされる」（皆藤，2004 p.13）といった事態は、心理学的には確かにそのような表現が適切かもしれないが、現象としては「持ち込む」見守り手がいるということを忘れてはならない。このことに関して、風景構成法の導入時に行われる枠づけを、以下に田中（2010a）が述べているような心理療法の枠と重ねて考えてみることができるのではないだろうか。

　　セッションをいつ終えるか、あるいはどう終えるか、さらには、一般に「治療の枠」と呼ばれるものをどう守るか、どう壊すかはすべて、個人とし

終章　心理療法としての風景構成法　201

てのセラピストの主体をかけた行為であり、セラピストの解釈なのではないだろうか。そこにはむろん、「合理的な意味の説明」を云々する余地はない。この文脈で言えば、心理療法におけるセラピストの発話はすべて「行為遂行的発言」であり、「事実確認的発言」であるような発話でさえも、心理療法の枠のなかでは、「行為遂行的発言」として常に捉え直される必要があるからだ。その意味で、心理療法には純粋に「外から与えられるもの」はなく、枠もまた心理療法に内在されたものである。そして、そのような枠を主張することは、あくまでセラピスト個人としてなされるべきことであって、この世の外側にいる超越者への「祈り」ではあってはならないように思う（pp.73-74　傍点原文のまま）。

さらにこのことは、以下に皆藤（2004b）が述べることにも重なると筆者は考える。

　現代に生きるクライエントを想うとき、わたしはクライエントが心理臨床家の『主観』を痛切に知りたがっている、心理臨床家の『主観性』とともに在れるかどうかを痛切に知りたがっていると強く感じる。（中略）クライエントは心理臨床家の個人的なことがらを知りたいのではなく、心理臨床家がみずからの在りようへのリアルな手応えを生きているかどうかを知りたいのである（p.15）。

つまり、心理療法という枠を、あるいは風景構成法という枠組みを主体的に持ち込む見守り手の姿を、そしてそこに客観的必然性ではなく、主体をかけた臨床的必然性をこそ、描き手は求めているのではないだろうか。枠づけするという主体的な関与によって表現が変わるということは、もちろん描き手の中での描きやすさの変化はあるものの、それは、枠を描こう、風景構成法をしよう、風景構成法の中に両者の出会いの瞬間を封じ込めようとする見守り手の主体的関与に描き手が反応したと言うことができる。そのような主体性を発揮するということは、風景構成法で言えば、客観的な方法論が通用せず、そして時に描き手には「毒」

となるような技法を行うという、ある意味客観的な世界観を見守り手が放棄するという姿勢を示すことに他ならない[*28]。もしそこに、客観的に分かろうとして風景構成法を用いようとする姿勢があれば、描き手には矛盾したメッセージを伝えることとなり、混乱を招くだろう。あるいは、見守り手の姿勢が神経症的に解離してしまっているとも言える。このことはいわば、見守り手も風景構成法という「毒」を共に投与される、「毒」を食らうことに他ならず、そういった風景構成法への、あるいは描き手への覚悟、思い込み、転移、がなければ、風景構成法は心理療法としては機能しないだろう。やや文脈がずれるかもしれないが、河合（1984）が、滝川（1984）の臨床事例における風景構成法で描かれた石について次のように述べていることをここで取り上げたい。

> こういう絵の中に、あれだけの大きい石を描くということは、あの人にとってすごいことだと思うのです。それからこれは、石を描かれた治療者にとっても大変なことでして、腹の中に石を飲まされたみたいなものです。結局治療者のどこかに、ああいう石を、植えつけるわけでしょう。そしてその石を、二人でずうっともち続けるわけです。もち続けていって、その石が本当に変容して、石碑に変わっていくわけです。そういうようなことをやっているわけで、だからミューチュアル・コミュニケーションと言いましたが、もっとものすごい、二人の人間関係というのがあると思うのです（p.253　傍点は筆者による）。

上記の河合の「腹の中に石を飲まされたみたいなもの」という言葉は、必ずしもすべての見守り手に生じるものではなく、あくまで滝川の事例に対しての河合による身体を通したコミットの仕方であろう。その際に、「石を飲まされる」という「毒」を共に盛られるような感覚を見守り手の側も味わうことができるかどうかが、その後の変容可能性に繋がるのではないだろうか。

また、仮にアセスメントとして用いられる場合でも事情は変わらないと考えられる。そして風景構成法というやりとりを通して、あるいは作品に表現されたものを通して、その表現論理に描き手も見守り手も貫かれることによってこそ、両

者が同じ地平で出会うことができるのではないだろうか。そこには何が起こるか分からないという意味での出会いであり、予定調和の出会いではない。不意打ちを食らうという意味で「貫かれる」ということだと筆者は考える。

　井上（2010）は、現代においては心理学的な意味での本当の「出会い」が困難となっており、「心理臨床の過程には、出会いだけではなく、百万回の出会い損ないも含まれているといえる」（p.157）と述べている。第3章のEのように、現代ではインターネットや携帯電話を使えば、いつでも誰とでも出会うことができる。しかし、Eが「本当に受け止めてもらいたいのは、ネットの顔の見えない人じゃなくて、もっと身近な人」と語っていることは、心理学的な出会いこそがEにとっては必要だったのだろう。しかし、心理学的な意味での「出会い」が生じることは現代においてはますます困難となっており、それゆえ現代のクライエントはそういった「出会い」を求めているのではないだろうか。もちろん、風景構成法を用いたならば、そして風景構成法に「転移」したならば、必ず「出会える」わけではない。地下水脈からアクセスしようとしても、それが「出会い損ない」に終わってしまうことのほうが多いだろう。先述したように中井（1979）は1人の患者に対して有意味な面接の回数、有意味な描画の回数は限られていると述べているが、風景構成法が「もたらされる」のであれば、それはそのような時であり、そういった臨床的必然性の時を捕らえ、風景構成法で「出会う」ことができるかどうかは、見守り手の主体的関与にかかっている。このような意味において、「出会い」が困難な現代であるからこそ、「時代にそぐわない」技法である風景構成法は、心理療法においてよりいっそう重要な役割を果たしうるのではないだろうか。

　このように考えてくると、風景構成法創案の原点にあった、「描画をあくまでコミュニケーションの手段とする」という発想は、多少形を変えてはいても、現代の心理療法においても活きているのではないかと思われる。従来の描画法では、描画には描き手の内面が投影されるといった形で、「イメージが展開される内界・自我・意識・無意識などの構造をもった統一体としての主体」が前提とされていたが、現代においてはそのような前提が通じない「サイコロジカル・マインド」が欠如しているクライエントに対しても描画法を行うことで、「サイコロ

ジカル・マインド」の生じる契機となる、原初的な主体生成の場として機能しうる」と松井（2013）は述べている。これは、対象は異なれど、風景構成法創案の原点である「描画をあくまでコミュニケーションの手段とする」ということの延長線上に捉えることができるのではないだろうか。「主体生成」と言っても、もちろん、描き手が1人で描けばそれが実現するわけではなく、そこには見守り手との心理学的な「出会い」があってこそ成立するのだろう。風景構成法ではないが、軽度発達障害という、いわゆる内面性やサイコロジカル・マインドが仮定しにくいと考えられるクライエントを相手に渡辺（2011）は、対称法のスクィグルを通した「キャッチボールモデル」において、両者が「出会う」ことを見事に実現している。第1章において、風景構成法は「キャッチボール」よりも「シートノック」に近いのではないかと筆者は述べたが、シートノックにはシートノックなりの出会い方があるはずだろう。もちろん、シートノックでバットを振って球を飛ばすだけの「安全」な立ち位置にいるのではなく、バットを振り（川、山と項目を告げる）ながらも、上記の河合の「腹の中に石を飲まされる」というようなコミットが必要である。

5. 今後の課題と風景構成法の「発展」可能性

5-1. 今後の課題

　本書で示した、風景構成法におけるやりとりと作品変化を捉える視点については、各章で触れた通り限界がある。特に、第3章の臨床事例、第5章の調査における描き手Fといった、1人のみを基にした結果から、一般化することは危険である。他の可能性も排除しない形で同様の事例の積み重ねが必要である。

　また、風景構成法の創案が、中井が主に統合失調症患者への治療的接近を試みる中で行われたものであったということも前提に含めた上で風景構成法を捉え直す必要があるだろう。中井は、風景構成法について初期の論文で構成と投影、パラディグマとシンタグマ、さらに統合失調症の破瓜型と妄想型といった形で対比的に論じ、統合失調症の寛解過程を詳述することに成功した。しかし、本論文での風景構成法については、特に臨床事例を示した第3章や、調査研究の第5章・

終章　心理療法としての風景構成法　205

第6章は、統合失調症の描き手を対象としたものではない。伊集院（2013）が、「心理臨床家は統合失調症患者を対象とするのを避ける傾向にあるが」、「中井は、薬物精神療法 pharmachopsychotherapy（薬物療法を行った上で用いられる精神療法）の一技法として統合失調症患者に対し風景構成法をしばしば用いてきた。ATスプリットして行うことは稀である。むしろこれが、風景構成法の一つの醍醐味であることは忘れないでいてほしい」(p.158)と述べているように、風景構成法が統合失調症患者との臨床実践で大きくその役割を果たしてきたという事実を考えると、本論文で示した内容が、どこまで統合失調症者に対する臨床実践においても妥当するものであるかは検証を要する。

　もちろん、中井（1990）が「構成と投影とそれ以外のもの」と題した論文を書いているように、パラディグマ・シンタグマや投影と構成という概念を用いることで理解が可能となる領域は限られているかもしれないが、中井が技法に込めた発想を考える際には重要なものと考えられることから、再検討を要すると考える。河合（1984）の「この辺でもう一遍、構成と投影を対称させるという考えは、考え直してもいいのではないか」という指摘を取り上げた上で、佐渡（2013）は「この言葉にはLMT研究の新しい可能性を拓くヒントがあるのではないか」と述べている。筆者も、この概念を再考していく必要性を感じている。

　本書で示したことには様々な限界がある中で、それでは今後どのような風景構成法の研究が行われるべきなのだろうか。現時点において筆者はこれに対して明確な答えを持ち合わせていない。佐々木（2012）が述べているような、認知科学との協働により、可能な限りにおいては科学的な方法論を用いて風景構成法という技法のもつ性質を明らかにすることも必要だろう。客観的な手法を用いた研究であっても、それによって捉えられる事象を臨床的に読みとることができれば、有用性は高まると考えられる。しかしその一方で、中井の臨床精神を受け継ぐのであれば、「実験精神」を臨床実践の中で慎重に発揮することで得られる臨床の知にもやはり意義があると思われる。そのどちらにも風景構成法に関する知があると思われるが、中途半端に両者を介在するような研究では得るものは少ないのではないだろうか。

5-2. 風景構成法の「発展」可能性

　風景構成法は、その創案以降、「拡大風景構成法」（伊集院, 1996）、「集団風景構成法」・「合同風景構成法」（佐藤, 1996）、あるいはLMT-Hole（髙橋, 2006）といった形で変法や集団法の開発が試みられている。これは中井の「実験精神」が受け継がれてきた証拠であろう。ただし、40年を経て、中井の示した方法が大きく改変されてしまうほどの決定的な変法が生まれていないということは、風景構成法が発表時点で相当に完成された技法であり、もはやそれに足し引きする余地があまりないことを示しているのかもしれない。ただし、後述するように中井（1996）は、「意外な可能性」を見出すことにこそ風景構成法を用いる目的があると述べているが、これは描き手のもつ「意外な可能性」のみを指しているとは筆者には思えない。すなわち、風景構成法という技法自体にも、まだ明らかとなっていない「意外な可能性」が埋もれているのではないだろうか。それゆえ、例えば様々な年齢や病理の描き手に風景構成法を用いることは、新たな発展可能性を見出すと言うよりも、むしろ、風景構成法の隠れた特徴を改めて気づき直すという意味で、「発掘」することになるかもしれない。この意味においては、「発展」と捉えることが必ずしも適切ではないようにも感じられる。これに関連して、現代における風景構成法の表現と、創案時から示されてきた「羅列型」という特徴について考えてみたい。

5-3. 「羅列型」の再検討

　今後の風景構成法の研究において、表現心理学的観点――すなわち、精神病理の観点も発達の観点も同一の地平で論じられる理論、あるいは、なぜそのように描くのか、という表現論理を読みとろうとする立場――が必要と考えられるが、近年になってそれを考える手がかりとして、「羅列型」の表現を挙げることができるのではないだろうか。

　「羅列型」とは、高石（1996）の構成型分類で言うとⅠ型に該当するもので、10個の要素がまったく関係づけられることなく、ばらばらに描かれているものである。発達的には小学1年頃で最も多いが、その後減少し、小学5年頃に消失するとされている。また、中井（1971）や角野（2004）が示すように、精神病理の

観点で言えば統合失調症、特に破瓜型に特徴的な表現とされてきた。しかし、高桑（2005）は、羅列型を示した3名の病理的背景の違いをロールシャッハテストにより検討し、2名は「創造性・生産性の欠如や心的エネルギーの低下、組織化活動の乏しさ」（p.46）といった、従来から考えられている成人で羅列型を示す際の精神病理的背景との一致を見たが、もう1名の場合は中井（1971）の言うP型に近い特徴をもっており、「特に衝動性のコントロールの悪さや、組織化活動における刺激の処理の仕方に見られる構成的課題の不得さ、その結果としての反対傾向を反映した逃避が羅列型の描画に関連している」（p.46）と述べている。岸本（2013）は、心療内科で風景構成法を行っていたとき、「構成不全」（羅列型のこと）が予想以上に多く見られ、特に「構成不全を示さない患者よりも統計的に有意に多かったのは依存症と統合失調症であった」と指摘している。また、長野（2013）は、発達障害と診断された群の風景構成法に羅列的で平面的なものが多いとし、Ⅰ型の作品の例を示している。その一方で、一つの視点から、全体が遠近感をもって、立体的に統合されているⅦ型を継続して描き続けた者もこの発達障害群の中にいたことを示している。発達という観点では、國崎ら（2012）が、羅列型だが、個々の項目では立体感のある表現がなされている現代の小学6年の例を挙げている。また、この研究では、高石（1996）では小学校高学年では消失するとされた羅列型が、現代では小学校高学年でも数％出現することを示している。長野（2013）の例でも明らかなように、発達障害だから羅列型を示すわけではなく、発達障害でもⅦ型を示す者もいるということは、病理の観点のみではこの羅列型を理解しえないことを示唆しているものと思われる。現代の病理－発達にこれだけ広い領域で見られる羅列型は、病理や発達という「外側の理論」に安易に回収してしまうべきではない、風景構成法における本質的な問題を孕んでいるのではないだろうか。なぜ構成できないのか、あるいはなぜ構成しないのか、という表現論理を考え直す手がかりが、現在示されている様々な研究での羅列型には含まれているものと思われる。この羅列型について、中井（1971）が「H型にみられるような構成放棄は必ずしも病勢の増悪を意味せず、かえって臨床的安定化と対応することが少なくない」（p.74）と述べているように、たとえ病理の観点であっても、安易に病理と表現が直結したものと考えてしまわずに、描き手のその時点

での「適応」を指向した表現であると考えると、また別の観点から、この羅列型の表現を捉え直すことができるのではないかと考えられる。

　風景構成法の創案の経緯が統合失調症者への治療的接近の中にあったことは確かであり、その中で羅列型の表現も理解されてきたと考えられるが、上述したように現代における羅列型の表現が多様に示されているということ、あるいは風景構成法が現在多領域で用いられているという状況を考える時、風景構成法には、新たな背景となる理論が必要となっているのではないかと思われる。ただしこれは、例えば発達障害など、ある特定の臨床群の描き手の表現を集積して比較するということを目指すものではない。もちろんそういった試みも重要だが、繰り返し述べてきたように、風景構成法の表現（これはもちろん、完成作品を見るだけではなく、どのように描かれたかというプロセスも含めてである）に立脚した、風景構成法の側からの「理解」が、現代においては必要となっているのではないかと筆者は感じる。これは、現代の精神性、あるいは心理療法および風景構成法の実践される領域が広がりつつある現代という時代性を射程に入れた風景構成法の研究が今後も必要なことを示していると言えるだろう。

6. おわりに

　中井の創案した風景構成法が、もしこれからも心理療法として用いられるのであれば、中井の臨床精神を基に、そして同時にその臨床精神である「実験精神」を忘れずに、決して安易に「中井に還る」ことなく、各々のやり方で取り組んでいくことが肝要である。やりとりと作品変化という両側面から、風景構成法を通して、いかに中井が患者と「出会う」ことを試みていたのか、その舞台装置としての風景構成法の性質を基礎として捉え、本書ではそれを明らかにしようと試みてきた。風景構成法においては、言葉の果たす役割が大きく、またやりとりでは描かないことや拒否も含めた様々なことが生じる。そういったやりとりのあらゆる瞬間、そしてやりとりを経て表現された個々の項目、作品の「細部にこそ神は宿る」（中井，1979 p.250）のであろう。田中（2010b）はギーゲリッヒ（Giegerich, W.）（2006）を引用し、「手元にある、この問題、この症状、この状況、この夢、この

イメージ、こ　のテキスト、こ　の現象のみにコミットする」（傍点原文のまま）という、徹底した「こ　の〜（eachness）」に対するコミットを心理療法家は忘れてはならないと述べている。これを風景構成法へパラフレーズすれば、風景構成法を用いる心理療法家が、風景構成法への誤った「思い込み」としてコミット（commit；罪・過失などを犯す）してしまうのではなく、ただひたすらに「こ　のやりとりの瞬間、こ　の作品、こ　の作品の細部——すなわち、こ　の川、こ　の山、こ　の田……こ　の彩色、こ　の重色……——に専心する、コミットする（commit；すべてを捧げる、全力を傾ける）」ことこそ、現代の心理療法、風景構成法には求められていると考える。風景構成法では、こういった個々の項目、細部へのコミットだけではなく、同時に構成型のような全体を俯瞰する形でのコミットのどちらも有効というのが優れた点だと言えよう。

　ただし、微量であっても「毒」となりうるものである以上、風景構成法の実施に際しては慎重さが求められるし、実施する以上は、見守り手も毒を共に食らう必要がある。そして、青木（1986）がバウムについて述べているように、風景構成法の読みとりは、人間（描き手）の読みとりと切り離されるべきではない。もちろんこれは、風景構成法に限ったことではなく、心理療法で用いられる技法すべてがそうだと言える。このことに関して、中井（1996）が風景構成法の使用について示した言葉を最後に挙げておきたい。

　　　風景構成法は、患者をおとしめ、減点するためにあるのではない。しばしば意外な可能性を見だし、また慎重さを治療者が自戒するためにあるといってよいであろう（p.24）。

　この中井の言葉は風景構成法だけではなく、あらゆるアセスメント技法にも通じることである。中井によって吹き込まれた風景構成法の臨床的機能を生かすのも殺すのも、それを用いる心理療法家それぞれの慎重さと、意外な可能性を見つめようとする開かれた姿勢にかかっている。

注

[序章]

* 1 従来、1969年に開催された芸術療法研究会で、発表者数名の中に河合隼雄がおり、箱庭療法の発表を行ったとされていた（中井，1984など）が、近年の中井による説明では、1967〜1969年のうちのどこかで行われた、河合一人による講演だったと訂正されている（中井，2007）。このことは、創案の歴史的経緯を覆すものではないものの、風景構成法創案に対して、河合隼雄の果たした役割がより重みをもつ可能性も考えられる。
* 2 本文中で取り上げた以外の概観研究として、彩色についての松井（2009）の研究、構成型についての明翫（2012）の研究が挙げられる。
* 3 中井久夫著作集第1巻に収められた『芸術療法』誌掲載の3論文を中井は「三部作」としており、これを「決定版」とすることも可能であるが、その後の中井の業績を考えると、後の研究も含めた「決定版」が必要と思われる。
* 4 佐渡ら（2010）は日本のバウムテスト研究において、バウムの数量的研究がどの年代でも多いことを指摘している。数量化の際には指標が用いられることが多く、指標化によるバウム理解は創案者コッホが「決定版」の中で行っていることであり、有効性を否定するつもりはないが、原著第3版が「決定版」となりえるのは、有効な指標の提示だけではなく臨床精神が示されていることにもよると考えられる。ゆえに、指標化による数量的研究にのみ比重が偏ることは好ましくないと考えられる。

[第1章]

* 5 中井（1971b）によれば、H型は整合的な空間構成、直接、あるいは単純な曲線の多用や遠景のみで成るなどの特徴を示す。一方P型は、非整合的な空間構成、キメラ的な多空間、力動的な曲線の多様、遠近の混乱などの特徴を示す。
* 6 この定義に従うと、描き手と同様に描線を描いたり、それに投影をする者のことを「見守り手」と呼ぶのは適当ではないと考えられる。しかし、本論文では便宜上、描画法を導入する者（心理療法であればセラピスト）が、描画行為を行う場合もそうでない場合も、「見守り手」と記述することとする。
* 7 この箇所は、著作集所収の論文と初出論文とはやや表現が異なるところがあるが、意図している内容は大きく異ならないため、著作集による記述を引用している。

[第2章]

* 8 自身の状況や心理的な状態などに関連づけるように教示をするなどが考えられる。た

だし、そういった形で介入的に「自己解釈」を促すことは、中井が芸術療法における解釈について述べていることに反するものだと考えられる。
* ＊9 風景構成法を異文化の描き手に対して実施したものの例としては桑山（1996）による、フィリピン人女性の日本への移住に際する適応過程を検討したものが挙げられる。

[第3章]
* ＊10 「実のなる木」という教示をしており、「実のなっている木」を必ずしも描く必要はなく、潜在的には実の付いていない木を描くことも許容される。しかし、Ｅにとっては、実が現在進行形でなっている木を描くということが求められていると感じられたのだと思われる。
* ＊11 この点については、桑原（2010）も、心理療法の重要な要素として「かく」という点を取り上げ、同様の石川（2002）を引用している。
* ＊12 仮に「畏縮」しなかったとしても、筆者からＥに「なんで描かないの？」とその場で尋ねることはなかっただろう。少なくとも、「あ〜〇〇だから描けないのか……」と描かなかったことに対する理解があった上で次の項目を告げていくだけだろう。そういった何かしらの「理解」（仮説と言ってもよいかもしれない）がまったく生じなかったというのがこの場面であった。
* ＊13 医療機関において、主治医からの心理検査の指示があり、テスターとして風景構成法を実施する時に、こういった体験をしたことがある。ただし、これはもちろん同様の実施状況であればどのような描き手との風景構成法でも体験するわけではなく、あくまで描き手との関係次第だろう。

[第4章]
* ＊14 後に引用する中井（2006）の中では、「8人」に実施したとなっている。掲載誌の紙幅の都合で8人中の5人を選んだのか、論旨を示すには5人で十分ということなのか、あるいは1983年の原論文発表の際には実施しなかった別の患者にも実施したのか、どちらかの論文の記載が誤っているのかは不明である。
* ＊15 この論文に関しては、以下の引用頁数はすべて著作集ではなく、初出論文のものとする。
* ＊16 ただし、この風景構成法の表現が「変わらない」ということからすぐに描き手の状況を想起しているという意味では、表現に留まるという姿勢は若干弱いものと言える。
* ＊17 中井（1985）と角野（2004）はバウム（樹木画）でも色を塗ってもらうことの有用性を示している。
* ＊18 この「絶対変化」は従来から用いられている「変化」（相対変化）という言葉とは意味するものが異なるので、表現として適切かどうかは考える必要がある。

[第5章]

*19　今回の描き手は「患者」ではないため、長く記憶に残るという中井の指摘は当てはまらないかもしれない。

*20　Fがこの2つの連想で意図したことを筆者は正確に理解できたわけではないが、2つの連想に対するFの思い入れの違いという点については把握できたので、厳密な理解を優先するよりも、調査を先に進めることを優先した。

[第6章]

*21　佐々木（2008）で示された構成型の「自然変動」については、その具体的な作品の掲載された佐々木（2012）を見ると、確かに「構成型」としての安定感はあるものの、一見した際の大景群の配置の変化などは、描き手によってはかなり大きな変化をしている印象を抱くものもある。もちろん、そういった表面的な見えに左右されない、構造レベルを捉えることのできるものとしての「構成型」の有効性を示すことができるものの、第4章で見てきたような「相対音階に頼る」のであれば、構成型では変化していなくとも、個々の項目や項目の関係の変化にも意味があるだろう。

*22　短期間隔群は全員3回の実施であり、長短混合間隔群の描き手1も本来この群に該当したが、その後追加で4回目の風景構成法実施が可能であったため、それに基づき短期間隔群から除外している。

*23　厳密に言えば、皆藤（1994）が風景構成法の再検査信頼性を検証するために行ったような、非常に多くの指標に細分化し、それらすべての変化を捉えるべきである。

*24　松井ら（2012）では「アイテム」と表記されているため、表中でもすべて「項目」ではなく、「アイテム」と表記している。

*25　理想的にはどの項目をどう塗ったか、という細かな分析が必要である。

*26　記号人→胴部に膨らみのある記号人→白抜き→具象人の順に明細化がなされている。

*27　佐々木（2008）の記述に合わせて、構成型の変化については「変動」と記述する。

[終章]

*28　すべてにおいて客観的な価値観を放棄するというわけではない。そういった価値観を放棄した、ただの私的な関係になってしまうような心理療法の危険性は指摘するまでもないことだと言える。

文献一覧

[はじめに]

角野善宏（2004）．描画療法から観たこころの世界――統合失調症の事例を中心に．日本評論社

皆藤章（1994）．風景構成法――その基礎と実践．誠信書房

皆藤章（1998）．生きる心理療法と教育――臨床教育学の視座から．誠信書房

皆藤章・川嵜克哲（編）（2002）．風景構成法の事例と展開――心理臨床の体験知．誠信書房

岸本寛史・山愛美（編）（2013）．臨床風景構成法――臨床と研究のための見方・入り方．誠信書房

佐々木玲仁（2012）．風景構成法のしくみ――心理臨床の実践知をことばにする．創元社

山中康裕（編）（1984）．中井久夫著作集別巻1　H・NAKAI風景構成法．岩崎学術出版社

山中康裕（編）（1996）．風景構成法その後の発展．岩崎学術出版社

[序章]

青木健次（1983）．バウム・イメージの多様性と人格――分裂病者の特徴とその表現心理学的理解．京都大学学生懇話室紀要, 13, 21-36.

石原宏（1999）．PAC分析による箱庭作品へのアプローチ．箱庭療法学研究, 12（2）, 3-13.

角野善宏（1998）．分裂病の心理療法――治療者の内なる体験の軌跡．日本評論社

角野善宏（2004）．描画療法から観たこころの世界――統合失調症の事例を中心に．日本評論社

皆藤章（1994）．風景構成法――その基礎と実践．誠信書房

皆藤章（1996）．心理療法と風景構成法．山中康裕（編）．風景構成法その後の発展．岩崎学術出版社, pp.45-64.

皆藤章（1998）．生きる心理療法と教育――臨床教育学の視座から．誠信書房

皆藤章（2008）．風景構成法．小川俊樹（編）．投影法の現在　現代のエスプリ別冊．至文堂, pp.152-163.

皆藤章（2009）．風景構成法の臨床を巡って．皆藤章（編）．風景構成法の臨床　現代のエスプリ, 505．ぎょうせい, pp.5-22.

皆藤章・川嵜克哲（編）（2002）．風景構成法の事例と展開――心理臨床の体験知．誠信書房

皆藤章・中桐万里子（2004）．風景構成法体験の語り．皆藤章（編著）．風景構成法のときと語り．誠信書房, pp.53-91.

木村晴子（1985）．箱庭療法――基礎的研究と実践．創元社
岸本寛史（2005）．『バウムテスト第三版』におけるコッホの精神．山中康裕・皆藤章・角野善宏（編）．バウムの心理臨床．創元社，pp.31-54．
Koch, C. (1952). *The Tree Test.* Bern: Hans Huber. 林勝造・国吉政一・一谷彊（訳）（1970）．バウム・テスト――樹木画による人格診断法．日本文化科学社
Koch, K. (1957). *Der Baumtest: der Baumzeichenversuch als psychodiagnostisches Hilfsmittel* 3. Auflage Bern: Verlag Hans Huber. 岸本寛史・中島ナオミ・宮崎忠男（訳）（2010）．バウムテスト第3版――心理的見立ての補助手段としてのバウム画研究．誠信書房
松井華子（2009）．風景構成法の彩色過程研究の可能性について．京都大学大学院教育学研究科紀要，55，215-225．
松井華子・千秋佳世・古川裕之（2012）．風景構成法における彩色過程の基礎的研究――彩色指標作成の試み．箱庭療法学研究，25（1），103-110．
明翫光宜（2012）．風景構成法の構成型に関する文献的考察．東海学園大学研究紀要：人文科学研究編，17，241-256．
中井久夫（1970）．精神分裂病者の精神療法における描画の使用――とくに技法の開発によって作られた知見について．芸術療法，2，77-90．（中井久夫著作集第1巻（1984）所収　岩崎学術出版社，pp.17-45．）
中井久夫（1971）．精神分裂病者の言語と絵画．ユリイカ，3（2），87-95．（中井久夫著作集第1巻（1984）所収　岩崎学術出版社，pp.1-15．）
中井久夫（1974）．精神分裂病状態からの寛解過程――描画を併用せる精神療法をとおしてみた縦断的観察．宮本忠雄（編）．分裂病の精神病理2．東京大学出版会，pp.157-217．（中井久夫著作集第1巻（1984）所収　「精神分裂病からの寛解過程――描画を併用した精神療法をとおしてみた縦断的観察」岩崎学術出版社，pp.115-180．）
中井久夫（1984）．風景構成法と私．山中康裕（編）．中井久夫著作集別巻1　H・NAKAI風景構成法．岩崎学術出版社，pp.261-271．
中井久夫（1996）．風景構成法．山中康裕（編）．風景構成法その後の発展．岩崎学術出版社，pp.3-26．
中井久夫（2007）．芸術療法事始めのころ．日本芸術療法学会誌，38（1），5-6．（中井久夫（2013）．統合失調症の有為転変．みすず書房，pp.190-194．）
小川俊樹（2008）．今日の投影法をめぐって．小川俊樹（編）．投影法の現在 現代のエスプリ別冊．至文堂，pp.5-20．
岡田康伸（1984）．箱庭療法の基礎．誠信書房
佐渡忠洋・坂本佳織・伊藤宗親（2010）．日本におけるバウムテスト研究の変遷――バウムテスト文献レビュー（第一報）．岐阜大学カリキュラム開発研究，28（1），12-20．
佐渡忠洋・中島郁子・別府哲（2011）．風景構成法の本邦における文献一覧（1970-2010年）．

岐阜大学教育学部研究報告 人文科学, 59（2），151-167．
佐渡忠洋（2013）．風景構成法研究の概観．岸本寛史・山愛美（編）．臨床風景構成法——臨床と研究のための見方・入り方．誠信書房, pp.43-61．
佐渡忠洋・田口多恵・緒賀郷志（2013）．風景構成法研究の特徴と変遷．岐阜大学教育学部研究報告 人文科学, 61（2），183-190．
最相葉月（2014）．セラピスト．新潮社
坂田浩之（2004）．あるうつの青年との心理療法プロセスのなかで風景構成法を用いた事例．皆藤章（編著）．風景構成法のときと語り．誠信書房, pp.122-163．
佐々木玲仁（2005）．風景構成法研究の方法論について．心理臨床学研究, 23（1），33-43．
佐々木玲仁（2006）．風景構成法研究の文献展望．京都大学大学院教育学研究科紀要, 52, 187-199．
佐々木玲仁（2007）．風景構成法に顕れる描き手の内的なテーマ——その機序と読み取りについて．心理臨床学研究, 25（4），431-443．
佐々木玲仁（2012）．風景構成法のしくみ——心理臨床の実践知をことばにする．創元社
佐々木玲仁（2013）．風景構成法の有効性を考えるために——技法の前提を掘り下げる．こころの科学, 170, 2-8．
髙石恭子（1996）．風景構成法における構成型の検討——自我発達との関連から．山中康裕（編）．風景構成法その後の発展．岩崎学術出版社, pp.239-264．
山中康裕（編）（1984）．中井久夫著作集別巻1 H・NAKAI風景構成法．岩崎学術出版社
山中康裕（編）（1996）．風景構成法その後の発展．岩崎学術出版社

[第1章]
傳田健三・田中哲・笠原敏彦（1987）．相互性を加味した一描画法——「きっかけ法」について．芸術療法, 18, 59-66．
藤山直樹（2003）．精神分析の非対称性について——Winnicott, D. W.の視点から．精神分析研究, 47（4），454-459．
後藤多樹子・中井久夫（1983）．"誘発線"（仮称）による描画法．芸術療法, 14, 51-56．
伊集院清一（2013）．風景構成法——「枠組」のなかの心象．金剛出版
入江茂・大森健一（1991）．相互ブロック作りを介した場面緘黙児の精神療法過程．日本芸術療法学会誌, 22（1），50-60．
伊藤良子（2001）．心理治療と転移——発話者としての〈私〉の生成の場．誠信書房
角野善宏（2002）．病院臨床における風景構成法の実践．皆藤章・川嵜克哲（編）．風景構成法の事例と展開——心理臨床の体験知．誠信書房, pp.94-118．
皆藤章（1994）．風景構成法——その基礎と実践．誠信書房
皆藤章（1996）．心理療法と風景構成法．山中康裕（編）．風景構成法その後の発展．岩崎

学術出版社，pp.45-64.
皆藤章（1998）．生きる心理療法と教育──臨床教育学の視座から．誠信書房
皆藤章（2004）．風景構成法の具体と心理臨床．皆藤章（編著）．風景構成法のときと語り．誠信書房，pp.25-52.
皆藤章（2009）．風景構成法の臨床を巡って．皆藤章（編）．風景構成法の臨床 現代のエスプリ，505．ぎょうせい，pp.5-22.
神田橋條治（1990）．精神療法面接のコツ．岩崎学術出版社
河合隼雄（1984）．風景構成法について．山中康裕（編）．中井久夫著作集別巻1 H・NAKAI風景構成法．岩崎学術出版社，pp.245-259.
河合隼雄（1985）．箱庭療法と転移．河合隼雄・山中康裕（編）．箱庭療法研究 第2巻．誠信書房，pp. iii - xi.
中井久夫（1970）．精神分裂病者の精神療法における描画の使用──とくに技法の開発によって作られた知見について．芸術療法，2，77-90．（中井久夫著作集第1巻（1984）所収　岩崎学術出版社，pp.17-45.）
中井久夫（1971a）．精神分裂病者の言語と絵画．ユリイカ，3（2），87-95．（中井久夫著作集第1巻（1984）所収　岩崎学術出版社，pp.1-15.）
中井久夫（1971b）．描画をとおしてみた精神障害者──とくに精神分裂病者における心理的空間の構造．芸術療法，3，37-51．（中井久夫著作集第1巻（1984）所収　岩崎学術出版社，pp.47-82.）
中井久夫（1973）．精神分裂病の寛解過程における非言語的接近法の適応決定．芸術療法，4，13-25．（中井久夫著作集第1巻（1984）所収　岩崎学術出版社，pp.83-114.）
中井久夫（1974a）．精神分裂病状態からの寛解過程──描画を併用せる精神療法をとおしてみた縦断的観察．宮本忠雄（編）．分裂病の精神病理2．東京大学出版会，pp.157-217．（中井久夫著作集第1巻（1984）所収　「精神分裂病からの寛解過程──描画を併用した精神療法をとおしてみた縦断的観察」岩崎学術出版社，pp.115-180.）
中井久夫（1974b）．枠づけ法覚え書．芸術療法，5，15-19．（中井久夫著作集第2巻（1985）所収　「枠づけ法と枠づけ二枚法」岩崎学術出版社，pp.192-203.）
中井久夫（1977）．ウィニコットのSquiggle．芸術療法，8，129-130．（中井久夫著作集第2巻（1985）所収　「ウィニコットのスクィッグル」岩崎学術出版社，pp.232-235.）
中井久夫（1979）．造形療法ノートより．徳田良仁・武正建一（編）．芸術療法講座1．星和書店，pp.115-125．（中井久夫著作集第2巻（1985）所収　「芸術療法ノートより」岩崎学術出版社，pp.246-256.）
中井久夫（1982a）．相互限界吟味法を加味したSquiggle（Winnicott）法．芸術療法，1，17-21．（中井久夫著作集第2巻（1985）所収　「相互限界吟味法を加味したスクィッグル法」岩崎学術出版社，pp.236-245.）

中井久夫（1982b）．絵画療法の実際．徳田良仁・式場聰（編）．精神医療における芸術療法．牧野出版，30-39．（中井久夫著作集第2巻（1985）所収　岩崎学術出版社，pp.165-175．）

中井久夫（1984）．風景構成法と私．山中康裕（編）．中井久夫著作集別巻1　H・NAKAI 風景構成法．岩崎学術出版社，pp.261-271．

中井久夫（1996）．風景構成法．山中康裕（編）．風景構成法その後の発展．岩崎学術出版社，pp.3-26．

中井久夫（2009）．非言語的アプローチの活かし方．臨床心理学増刊1号，151-157．

中野江梨子（2010）．PDIの前後における風景構成法体験の変化について——作品の主観的な「感じ」に関するSD法評定の変化とインタビューから．心理臨床学研究，28（2），207-219．

中里均（1978）．交互色彩分割法——その手技から精神医療における位置づけまで．芸術療法，9，17-24．

Naumburg, M. (1966). *Dynamically Oriented Art Therapy: Its Principles and Practices.* New York: Grune & Stratton.　中井久夫（監訳）（1995）．力動指向的芸術療法．金剛出版

佐々木玲仁（2012）．風景構成法のしくみ——心理臨床の実践知をことばにする．創元社

佐療由佳利（1992）．交互に折り紙を使用した一試み．芸術療法，23（1），60-67．

Sullivan, H. S. (1954). *The Psychiatric Interview.* New York: W. W. Norton & Company.　中井久夫・秋山剛・野口昌也・松川周悟・宮崎隆吉・山口直彦（共訳）（1986）．精神医学的面接．みすず書房

高石恭子（1996）．風景構成法における構成型の検討——自我発達との関連から．山中康裕（編）．風景構成法その後の発展．岩崎学術出版社，pp.239-264．

鶴田英也（2005）．本研究の目的と位置づけ——バウムとの関わりの諸相．山中康裕・皆藤章・角野善宏（編）．バウムの心理臨床．創元社，pp.222-238．

Winnicott, D. W. (1984). *Therapeutic Consultation in Child Psychiatry.*　橋本雅雄・大矢泰士（監訳）（2011）．新版 子どもの治療相談面接．岩崎学術出版社

山中康裕（1976）．箱庭療法と絵画療法．佐治守夫・福島章・越智浩二郎（編）．ノイローゼ．有斐閣，pp.75-91．

山中康裕（1979）．児童精神療法としての心像分析について．徳田良仁・武正健一（編）．芸術療法講座1．星和書店，pp.61-97．（山中康裕著作集第5巻　たましいの形——芸術・表現方法（1）（2003）所収　岩崎学術出版社，pp.165-189．）

山中康裕（1993）．私のスクィグル——MSSM＋Cへの招待．臨床描画研究，Ⅷ，51-69．

[第2章]

藤中隆久（2010）．バウムテストを利用して自己理解のための体験探索を促進する方法．心理臨床学研究，28（3），303-312．

藤原勝紀（2003）．イメージを使いこなす．臨床心理学，3（2），173-179．
石原宏（1999）．PAC分析による箱庭作品へのアプローチ．箱庭療法学研究，12（2），3-13．
皆藤章（1998）．生きる心理療法と教育――臨床教育学の視座から．誠信書房
皆藤章（2004）．風景構成法の具体と心理臨床．皆藤章（編著）．風景構成法のときと語り．誠信書房，pp.25-52．
河合隼雄（1969）．箱庭療法入門．誠信書房
川嵜克哲（2007）．箱庭療法の「力動性」について――風景構成法、夢と比較しつつ．岡田康伸・皆藤章・田中康裕（編）．箱庭療法の事例と展開．創元社，pp.412-424．
桑山紀彦（1996）．移民と風景構成法．山中康裕（編）．風景構成法その後の発展．岩崎学術出版社，pp.219-236．
長岡千賀・佐々木玲仁・小森政嗣・金文子・石丸綾子（2013）．行動指標を用いた心理臨床の関係性に関する定量的検討――描画法施行場面を題材として．対人社会心理学研究，13，31-40．
内藤哲雄（1993）．個人別態度構造の分析について．信州大学人文学部 人文科学論集，27，43-69．
内藤哲雄（2002）．PAC分析実施法入門 改訂版――「個」を科学する新技法への招待．ナカニシヤ出版
中井久夫（1976）．"芸術療法"の有益性と要注意点．芸術療法，7，55-61．（中井久夫著作集第2巻（1985）所収 岩崎学術出版社，pp.176-191．）
中井久夫（1996）．風景構成法．山中康裕（編）．風景構成法その後の発展．岩崎学術出版社，pp.3-26．
中野江梨子（2010）．PDIの前後における風景構成法体験の変化について――作品の主観的な「感じ」に関するSD法評定の変化とインタビューから．心理臨床学研究，28（2），207-219．
大山泰宏（2001）．因果性の虚構とこころの現実．河合隼雄（編）．講座心理療法第7巻 心理療法と因果的思考．岩波書店，pp.123-165．
坂田浩之（2004）．あるうつの青年との心理療法のプロセスのなかで風景構成法を用いた事例．皆藤章（編著）．風景構成法のときと語り．誠信書房，pp.122-163．
佐々木玲仁（2005）．風景構成法研究の方法論について．心理臨床学研究，23（1），33-43．
千秋佳世（2010）．PAC分析を応用した自我体験の語りに関する一考察．心理臨床学研究，28（4），434-444．
田嶌誠一（1984）．壺イメージ療法．水島恵一・小川捷之（編）．イメージの臨床心理学．誠信書房，pp.54-60．
高田知恵子・黒須正明（1997）．絵画鑑賞療法――アートセラピーへの新しい試み．臨床描

画研究, XII, 182-202.
高石恭子 (1996). 風景構成法における構成型の検討──自我発達との関連から. 山中康裕 (編). 風景構成法その後の発展. 岩崎学術出版社, pp.239-264.
田中康裕 (2001). 魂のロジック──ユング心理学の神経症とその概念構成をめぐって. 日本評論社

[第3章]
後藤多樹子・中井久夫 (1983). "誘発線"(仮称)による描画法. 芸術療法, 14, 51-56.
石川九楊 (2002). 「書く」ということ. 文春新書
角野善宏 (2004). 描画療法から観たこころの世界──統合失調症の事例を中心に. 日本評論社
皆藤章 (1998). 生きる心理療法と教育──臨床教育学の視座から. 誠信書房
皆藤章 (2004). 事例のなかの風景構成法. 皆藤章 (編著). 風景構成法のときと語り. 誠信書房, pp.164-202.
皆藤章・川嵜克哲 (2002). 対談コメント──第4章について. 皆藤章・川嵜克哲 (編). 風景構成法の事例と展開──心理臨床の体験知. 誠信書房, pp.199-249.
河合俊雄 (1998). 現代の重症例とアニムスの概念. 山中康裕・河合俊雄 (編). 境界例・重症例の心理臨床. 金子書房, pp.239-271.
川谷大治 (2004). 精神科マネージメント. 川谷大治 (編). 自傷──リストカットを中心に 現代のエスプリ, 443. 至文堂, pp.111-121.
桑原知子 (2010). カウンセリングで何がおこっているのか──動詞でひもとく心理臨床. 日本評論社
松本俊彦 (2011). アディクションとしての自傷──「故意に自分の健康を害する」行動の精神病理. 星和書店
坂田浩之 (2004). あるうつの青年との心理療法のプロセスのなかで風景構成法を用いた事例. 皆藤章 (編著). 風景構成法のときと語り. 誠信書房, pp.122-163.
坂田浩之 (2007). 風景構成法で描けないこと. 大阪樟蔭女子大学大学院人間科学研究科臨床心理学専攻・附属カウンセリングセンター研究紀要, 1, 61-66.
志村礼子 (2002). 児童臨床における風景構成法の実践. 皆藤章・川嵜克哲 (編). 風景構成法の事例と展開──心理臨床の体験知. 誠信書房, pp.168-198.
富松良介 (2009). 被虐待児の風景構成法から. 皆藤章 (編). 風景構成法の臨床 現代のエスプリ, 505. ぎょうせい, pp.143-154.
Walsh, B. W., Rosen, P. M. (1988). *Self-mutilation: Theory, Research, and Treatment*. New York: Guilford Press. 松本俊彦・山口亜希子 (訳) (2005). 自傷行為──実証的研究と治療指針. 金剛出版

山中康裕（1984）．「風景構成法」事始め．山中康裕（編）．中井久夫著作集別巻1　H・NAKAI風景構成法．岩崎学術出版社，pp.1-36．

[第4章]
青木健次（1980）．投影描画法の基礎的研究（第1報）――再検査信頼性．心理学研究，51(1)，9-17．
青木健次（1983）．バウム・イメージの多様性と人格――分裂病者の特徴とその表現心理学的理解．京都大学学生懇話室紀要，13，21-36．
青木健次（1984）．バウム表現の発達とその表現心理学的考察――投影描画法の構造特性をふまえて．京都大学学生懇話室紀要，14，1-27．
青木健次（1986）．バウムテスト．臨床描画研究，1，68-86．
角野善宏（2004）．描画療法から観たこころの世界――統合失調症の事例を中心に．日本評論社
角野善宏（2006）．統合失調症の回復過程と風景構成法の関連性――3事例の比較を通して．箱庭療法学研究，19（2），19-34．
皆藤章（1994）．風景構成法――その基礎と実践．誠信書房
皆藤章（2004a）．投映法論――イメージと人間．皆藤章（編）．臨床心理査定技法2．誠信書房，pp.1-49．
皆藤章（2004b）．風景構成法のときと語り．誠信書房
岸本寛史（2013）．ストーリーとしての風景構成法．岸本寛史・山愛美（編）．臨床風景構成法――臨床と研究のための見方・入り方．誠信書房，pp.3-24．
松井華子（2009）．風景構成法の彩色過程研究の可能性について．京都大学大学院教育学研究科紀要，55，215-225．
松井華子・千秋佳世・古川裕之（2012）．風景構成法における彩色過程の基礎的研究――彩色指標作成の試み．箱庭療法学研究，25（1），103-110．
松井律子（1996）．風景構成法の読み方．山中康裕（編）．風景構成法その後の発展．岩崎学術出版社，pp.27-42．
中井久夫（1971）．描画をとおしてみた精神障害者――とくに精神分裂病者における心理的空間の構造．芸術療法，3，37-51．（中井久夫著作集第1巻（1984）所収　岩崎学術出版社，pp.47-82．）
中井久夫（1976）．"芸術療法"の有益性と要注意点．芸術療法，7，55-61．（中井久夫著作集第2巻（1985）所収　岩崎学術出版社，pp.176-191．）
中井久夫（1979）．造形療法ノートより．徳田良仁・武正建一（編）．芸術療法講座1．星和書店，pp.115-125．（中井久夫著作集第2巻（1985）所収　「芸術療法ノートより」岩崎学術出版社，pp.246-256．）

中井久夫（1983）．十余年後に再施行した風景構成法．芸術療法，14，57-59．（中井久夫著作集第4巻（1991）所収　岩崎学術出版社，pp231-236．）
中井久夫（1984）．風景構成法と私．山中康裕（編）．中井久夫著作集別巻1　H・NAKAI風景構成法．岩崎学術出版社，pp.261-271．
中井久夫（1985）．風景構成法（箱庭療法講習会の一部として）．中井久夫著作集第2巻（1985）所収　岩崎学術出版社，pp.226-231．
中井久夫（1996）．風景構成法．山中康裕（編）．風景構成法その後の発展．岩崎学術出版社，pp.3-26．
中井久夫（2006）．絵画療法と私の今．西日本芸術療法学会誌　特別号．（中井久夫（2013）．統合失調症の有為転変．みすず書房，pp.138-179．）
中里均（1984）．急性分裂病状態の寛解過程における風景構成法の縦断的考察．山中康裕（編）中井久夫著作集別巻1　H・NAKAI風景構成法．岩崎学術出版社，pp.225-244．
奥田亮・鶴田英也・山川裕樹・中野祐子・安立奈歩・西堀智香子・松山真弓（2001）．バウムテストの幹先端処理に関する研究II――「分化」の視点を用いて．日本心理臨床学会第20回大会発表論文集，218．
奥田亮（2005）．本研究のねらい．山中康裕・皆藤章・角野善宏（編）．バウムの心理臨床．創元社，pp.144-151．
奥田亮・鶴田英也・中野祐子・山川裕樹（2005）．バウムの基礎研究．山中康裕・皆藤章・角野善宏（編）．バウムの心理臨床．創元社，pp.143-243．
大山泰宏（2003）．心理臨床アセスメントとしての描画法．児童心理学の進歩，42，197-219．
佐渡忠洋・松本香奈・田口多恵（2013）．バウムテストにおける再検査信頼性の見なおし．岐阜女子大学紀要，42，29-39．
佐々木玲仁（2012）．風景構成法のしくみ――心理臨床の実践知をことばにする．創元社
佐藤文子（1996）．「集団風景構成法」と「合同風景構成法」の試み．山中康裕（編）．風景構成法その後の発展．岩崎学術出版社，pp.144-166．
宿谷幸次郎・石田達男・丸山普・望月節子・小林保子・岩井寛（1969）．状態像と絵画表現の間のパラドクシカルな意味について．芸術療法，1，41-46．
高江洲義英・大森健一（1984）．風景と分裂病心性――風景構成法の空間論的検討．山中康裕（編）．中井久夫著作集別巻1　H・NAKAI風景構成法．岩崎学術出版社，pp.119-137．
高石恭子（1996）．風景構成法における構成型の検討――自我発達との関連から．山中康裕（編）．風景構成法その後の発展．岩崎学術出版社，pp.239-264．
鶴田英也・奥田亮・安立奈歩・中野祐子・山川裕樹・西堀智香子・松山真弓・鳴岩伸生（2002）．バウムテストの幹先端処理に関する研究III――「包冠」という視点．日本心理臨床学会第21回大会発表論文集，310．

鶴田英也（2005）．本研究の目的と位置づけ——バウムとの関わりの諸相．山中康裕・皆藤章・角野善宏（編）．バウムの心理臨床．創元社，pp.152-181．
山川裕樹（2005）．幹先端処理の重要性・バウムへのコミットメントについて．山中康裕・皆藤章・角野善宏（編）．バウムの心理臨床．創元社，pp.222-243．
山中康裕（1984）．「風景構成法」事始め．山中康裕（編）．中井久夫著作集別巻1　H・NAKAI風景構成法．岩崎学術出版社，pp.1-36．
山中康裕（1996）．風景構成法に関する二、三の興味ある知見．山中康裕（編）．風景構成法その後の発展．岩崎学術出版社，pp.333-346．

[第5章]
皆藤章（1994）．風景構成法——その基礎と実践．誠信書房
加藤清（2003）．究極的関心と心理療法．横山博（編）．心理療法——言葉／イメージ／宗教性《心の危機と臨床の知》IV．新曜社，pp.271-294．
河合隼雄（1969）．箱庭療法入門．誠信書房
河合隼雄（1992）．心理療法序説．岩波書店
近藤孝司（2012）．描き手が自身の描画を振り返ることの心理臨床学的意義——約2年、4枚のS-HTPPを用いた二つの事例研究．心理臨床学研究，30（3），309-320．
内藤哲雄（1993）．個人別態度構造の分析について．信州大学人文学部 人文科学論集，27，43-69．
内藤哲雄（2002）．PAC分析実施法入門 改訂版——「個」を科学する新技法への招待．ナカニシヤ出版
中井久夫（1970）．精神分裂病者の精神療法における描画の使用——とくに技法の開発によって作られた知見について．芸術療法，2，77-90．（中井久夫著作集第1巻（1984）所収　岩崎学術出版社，pp.17-45．）
中井久夫（1976）．"芸術療法"の有益性と要注意点．芸術療法，7，55-61．（中井久夫著作集第2巻（1985）所収　岩崎学術出版社，pp.176-191．）
中井久夫（1979）．造形療法ノートより．徳田良仁・武正建一（編）．芸術療法講座1．星和書店，pp.115-125．（中井久夫著作集第2巻（1985）所収「芸術療法ノートより」岩崎学術出版社，pp.246-256．）
中井久夫（1982）．相互限界吟味法を加味したSquiggle（Winnicott）法．芸術療法，1，17-21．（中井久夫著作集第2巻（1985）所収「相互限界吟味法を加味したスクィッグル法」岩崎学術出版社，pp.236-245．）
中井久夫（1983）．絵画活動．理学療法と作業療法，17（8），503-508．（中井久夫著作集第2巻（1985）所収　岩崎学術出版社，pp.257-270．）
中井久夫（1984）．風景構成法と私．山中康裕（編）．中井久夫著作集別巻1　H・NAKAI

風景構成法．岩崎学術出版社，pp.261-271．
中井久夫（1996）．風景構成法．山中康裕（編）．風景構成法その後の発展．岩崎学術出版社，pp.3-26．
中井久夫（2007）．芸術療法事始めのころ．日本芸術療法学会誌，38（1），5-6．（中井久夫（2013）．統合失調症の有為転変．みすず書房，pp.190-194．）
佐々木玲仁（2005）．風景構成法研究の方法論について．心理臨床学研究，23（1），33-43．
佐々木玲仁（2007）．風景構成法に顕れる描き手の内的なテーマ——その機序と読み取りについて．心理臨床学研究，25（4），431-443．
渡部未沙（2005）．継続面接における風景構成法の作品変化について——大学生の複数事例における特徴．心理臨床学研究，22（6），648-658．
山中康裕（1984）．「風景構成法」事始め．山中康裕（編）．中井久夫著作集別巻1　H・NAKAI風景構成法．岩崎学術出版社，pp.1-36．
安福純子（1992）．箱庭療法に関する基礎的研究（第3報）——シリーズの検討．大阪教育大学紀要 大阪教育大学紀要IV 教育科学，40（2），273-283．

[第6章]
青木健次（1980）．投影描画法の基礎的研究（第1報）——再検査信頼性．心理学研究，51（1），9-17．
古川裕之（2013）．青年期非臨床群の風景構成法作品の特徴——構成・彩色及び作品変化の観点から．京都大学大学院教育学研究科紀要，59，175-191．
弘田洋二・長屋正男（1988）．「風景構成法」による神経症的登校拒否の研究．心理臨床学研究，5（2），43-58．
皆藤章（1994）．風景構成法——その基礎と実践．誠信書房
松井華子・千秋佳世・古川裕之（2012）．風景構成法における彩色過程の基礎的研究——彩色指標作成の試み．箱庭療法学研究，25（1），103-110．
中井久夫（1979）．造形療法ノートより．徳田良仁・武正建一（編）．芸術療法講座1．星和書店，pp.115-125．（中井久夫著作集第2巻（1985）所収　「芸術療法ノートより」岩崎学術出版社，pp.246-256．）
中井久夫（1996）．風景構成法．山中康裕（編）．風景構成法その後の発展．岩崎学術出版社，pp.3-26．
中里均（1984）．急性分裂病状態の寛解過程における風景構成法の縦断的考察．山中康裕（編）中井久夫著作集別巻1　H・NAKAI風景構成法．岩崎学術出版社，pp.225-244．
佐々木玲仁（2008）．風景構成法における空間構成の安定性．甲南大学学生相談室紀要，16，53-62．

佐々木玲仁（2012）．風景構成法のしくみ——心理臨床の実践知をことばにする．創元社
高石恭子（1994）．風景構成法における大学生の構成型分布と各アイテムの分析．甲南大学学生相談室紀要，2, 38-47.
高石恭子（1996）．風景構成法における構成型の検討——自我発達との関連から．山中康裕（編）．風景構成法その後の発展．岩崎学術出版社，pp.239-264.
渡部未沙（2005）．継続面接における風景構成法の作品変化について——大学生の複数事例における特徴．心理臨床学研究，22（6），648-658.
山中康裕（1984）．「風景構成法」事始め．山中康裕（編）．中井久夫著作集別巻1 H・NAKAI風景構成法．岩崎学術出版社，pp.1-36.
柳沢和彦・岡崎甚幸・高橋ありす（2001）．風景構成法の「枠」に対する「川」の類型化およびそれに基づく空間構成に関する一考察——幼稚園児から大学生までの作品を通して．日本建築学会計画系論文集，546, 297-304.

[終章]

青木健次（1983）．バウム・イメージの多様性と人格——分裂病者の特徴とその表現心理学的理解．京都大学学生懇話室紀要，13, 21-36.
青木健次（1986）．バウムテスト．臨床描画研究，1, 68-86.
浅田剛正（2009）．風景構成法が面接にもちこまれるとき．皆藤章（編）．風景構成法の臨床 現代のエスプリ，505．ぎょうせい，pp.66-74.
Giegerich, W. (2006). Closure and Setting Free or the Bottled Spirit of Alchemy and Psychology. *Spring*, 74, 31-62.
伊集院清一（1996）．拡大風景構成法．山中康裕（編）．風景構成法その後の発展．岩崎学術出版社，pp.111-143.
伊集院清一（2013）．風景構成法——「枠組」のなかの心象．金剛出版
井上嘉孝（2010）．苦悩という体験の心理学的理解——村上春樹『トニー滝谷』における出会いと孤独を手掛かりとして．矢野智司・桑原知子（編）．臨床の知——臨床心理学と教育人間学からの問い．創元社，pp.141-160.
角野善宏（2002）．病院臨床における風景構成法の実践．皆藤章・川嵜克哲（編）．風景構成法の事例と展開——心理臨床の体験知．誠信書房，pp.94-118.
角野善宏（2004）．描画療法から観たこころの世界——統合失調症の事例を中心に．日本評論社
皆藤章（1994）．風景構成法——その基礎と実践．誠信書房
皆藤章（2000）．心理療法と道徳教育．河合隼雄（編）．講座心理療法第8巻 心理療法と現代社会．岩波書店，pp.23-64.
皆藤章（2002）．風景構成法の実践．皆藤章・川嵜克哲（編）．風景構成法の事例と展開——

心理臨床の体験知．誠信書房，pp.1-16．
皆藤章・川嵜克哲（2002）．対談コメント――第3章について．皆藤章・川嵜克哲（編）．風景構成法の事例と展開――心理臨床の体験知．誠信書房，pp.119-167．
皆藤章（2004a）．風景構成法の〈方法〉に向けて．皆藤章（編著）．風景構成法のときと語り．誠信書房，pp.1-12．
皆藤章（2004b）．心理臨床において風景構成法がもたらされるとき．皆藤章（編著）．風景構成法のときと語り．誠信書房，pp.13-24．
鍛治まどか（2011）．風景構成法を用いる目的について．京都大学大学院教育学研究科附属臨床教育実践研究センター紀要，15，60-68．
河合隼雄（1984）．風景構成法について．山中康裕（編）．中井久夫著作集別巻1　H・NAKAI風景構成法．岩崎学術出版社，pp.245-259．
河合隼雄（2001）．「物語る」ことの意義．河合隼雄（編）．講座心理療法第2巻　心理療法と物語．岩波書店，pp.1-17．
川嵜克哲（2004）．イメージを布置する技法――箱庭療法において"箱"の中に"ミニチュア"を"置く"ことの意味．皆藤章（編）．臨床心理査定技法2．誠信書房，pp.207-253．
川嵜克哲（2007）．箱庭療法の「力動性」について――風景構成法、夢と比較しつつ．岡田康伸・皆藤章・田中康裕（編）．箱庭療法の事例と展開．創元社，pp.412-424．
岸本寛史（2013）．ストーリーとしての風景構成法．岸本寛史・山愛美（編）．臨床風景構成法――臨床と研究のための見方・入り方．誠信書房，pp.3-24．
國崎貴弘・中野江梨子・浅田恵美子・岩城晶子・張善花・土井奈緒美・長谷川藍・古川裕之・皆藤章（2012）．風景構成法における発達的側面に関する年代比較――20年前と現代の小学生による風景構成法描画の構成型に注目して．日本心理臨床学会第31回秋季大会発表論文集，284．
松井華子（2013）．描画法の現代的意義に関する心理臨床学的研究――否定の作用と主体の生成に着目して．京都大学大学院教育学研究科博士論文．
長野真奈（2013）．風景構成法に見る大人の発達障害の心的世界．河合俊雄・田中康裕（編）．大人の発達障害の見立てと心理療法．創元社，pp.166-183．
中井久夫（1971）．描画をとおしてみた精神障害者――とくに精神分裂病者における心理的空間の構造．芸術療法，3，37-51．（中井久夫著作集第1巻（1984）所収　岩崎学術出版社，pp.47-82．）
中井久夫（1979）．造形療法ノートより．徳田良仁・武正建一（編）．芸術療法講座1．星和書店，pp.115-125．（中井久夫著作集第2巻（1985）所収「芸術療法ノートより」岩崎学術出版社，pp.246-256．）
中井久夫（1990）．構成と投影とそれ以外のもの．臨床描画研究Annex，2，38-51．
中井久夫（1993）．私の外来治療．精神科治療学，8（6），713-718．（中井久夫（2013）．統

合失調症の有為転変．みすず書房，pp.228-242．）
中井久夫（1996）．風景構成法．山中康裕（編）．風景構成法その後の発展．岩崎学術出版社，pp.3-26．
佐渡忠洋（2013）．風景構成法研究の概観．岸本寛史・山愛美（編）．臨床風景構成法――臨床と研究のための見方・入り方．誠信書房，pp.43-61．
佐々木玲仁（2005）．風景構成法研究の方法論について．心理臨床学研究，23（1），33-43．
佐々木玲仁（2006）．風景構成法研究の文献展望．京都大学大学院教育学研究科紀要，52，187-199．
佐々木玲仁（2012）．風景構成法のしくみ――心理臨床の実践知をことばにする．創元社
佐藤文子（1996）．「集団風景構成法」と「合同風景構成法」の試み．山中康裕（編）．風景構成法その後の発展．岩崎学術出版社，pp.144-166．
髙橋昇（2006）．慢性患者の描画の変化と常同性――相互なぐり描き法と風景構成法を用いて．心理臨床学研究，24（5），525-536．
高石恭子（1996）．風景構成法における構成型の検討――自我発達との関連から．山中康裕（編）．風景構成法その後の発展．岩崎学術出版社，pp.239-264．
高桑洋介（2005）．風景構成法とロールシャッハ法との関連――「羅列型」を示した3事例の検討から．ロールシャッハ法研究，9，38-47．
滝川一廣（1984）．日常臨床の中の「風景構成法」．山中康裕（編）．中井久夫著作集別巻1　H・NAKAI風景構成法．岩崎学術出版社，pp.37-72．
田中康裕（2010a）．大山論文へのコメント．矢野智司・桑原知子（編）．臨床の知――臨床心理学と教育人間学からの問い．創元社，pp.73-74．
田中康裕（2010b）．「見立て」と「心理学的診断」――〈現在〉の瞬間全体としての「出会い」．京都大学大学院教育学研究科心理教育相談室紀要，37，21-23．
渡辺あさよ（2011）．軽度発達障害における『イメージと言葉の乖離』について．ユング心理学研究，3，123-141．
山川裕樹（2005）．幹先端処理の重要性・バウムへのコミットメントについて．山中康裕・皆藤章・角野善宏（編）．バウムの心理臨床．創元社，pp.222-243．
吉田明（2004）．セラピストはクライエントと"どこで"出会うのか――風景構成法が面接の指針となった事例を通して．心理臨床学研究，22（5），520-530．

あとがき

　風景構成法に出会った時に感じたおもしろさと分からなさは今も変わることがなく、本書を書いた後も、いったい自分に何が分かったのだろうかと自身の進歩のなさに愕然とすることもあります。それは風景構成法だけではなく、心理療法についての自身の成長のなさも同じことかもしれません。せめて何か道しるべとなるものはないものかと、中井久夫先生の様々な論文を読みはじめたものの、ここでもまったく分からないことのほうが多く、浅学非才の筆者にとっては著作集に向き合うことは文字通りの悪戦苦闘でした。しかし、繰り返し何度も読み返していくことで、またそれと同時に筆者自身が臨床実践の経験を重ねていくことで、その時々に感銘を受ける内容は違いつつも、中井先生の著作のもつ豊かさを徐々に感じることができるようになったと思います。しかし、筆者は中井久夫先生に直接ご指導いただいたわけではなく、先生がお書きになった論文の読み方・理解の仕方は、中井先生ご自身やその薫陶を受けて来られた諸先生方からすれば、間違いだらけで読むに堪えないものかもしれません。また、風景構成法、心理療法を実践されている諸先生方からすれば、当たり前のことや、あるいはまったく役に立たないことが書かれていると思われるかもしれません。読者の皆さまからご叱咤ご批判をいただければと思います。

　本書は様々な方との出会いなしではなしえなかったものです。
　第3章において事例の公表を承諾していただきましたEさんに心より感謝申し上げます。また、Eさんだけでなく、心理療法の場での多くの出会いがこの論文の礎となっています。第2章・第5章・第6章の調査に参加してくださった皆さまにも心より感謝申し上げます。
　本書は筆者が京都大学に提出した博士論文が基となっています。博士論文の執筆に際しては、学部時代からずっとご指導いただいております、皆藤章先生（京都大学大学院教育学研究科教授）、角野善宏先生（京都大学名誉教授、現新川医院）に大変

お世話になりました。

　「はじめに」でも述べたように、本書のタイトル『心理療法としての風景構成法』については、皆藤先生の著書から発想をいただいたものです。ご多忙の中、「刊行に寄せて」をご執筆いただけたことは感謝の念に尽きません。先生は、風景構成法の研究をどのような方向で、あるいはどういった手法で行いなさいということを指導の中で決して指示されることはなく、何を言っているのかよく分からないような筆者の着想についても温かく見守り続けてくださいました。また、角野先生には特に臨床実践の大切さを徹底的に叩き込まれ、少しだけ近くでお仕事を一緒にさせていただいた際には、その大切さを強く訴えられている姿が強く印象に残っています。臨床・研究が不得手な私をずっと温かく見守ってくださったお二人の先生のご指導がなければ本書をまとめることはできませんでした。心より御礼申し上げます。また、大山泰宏先生（京都大学大学院教育学研究科准教授）にも、博士後期課程進学後ご指導いただきました。特に博士論文執筆や諮問にあたり、非常に貴重なご示唆をいただきました。心より御礼申し上げます。

　筆者がこれまで行ってきた風景構成法の研究は、多くの方との出会いと議論に支えられているものです。特に、風景構成法の彩色について、発達について共同研究を行ってきた中で、皆さまから本当に多くのことを学ばせていただきました。全員のお名前をここでは挙げませんが、皆さまに心より御礼申し上げます。

　本書の出版に際しては、創元社編集部の渡辺明美様、柏原隆宏様、小林晃子様に大変お世話になりました。

　なお、本書の出版は、京都大学総長裁量経費・若手研究者出版助成事業によるものです。

　最後に、筆者の遅々とした歩みをずっと支えてくれた家族に感謝の気持ちを捧げたいと思います。

古川裕之

索　引

[ア行]

青木健次　13, 105, 106, 109, 110, 117, 118, 120-124, 126, 129-131, 173, 198, 209

アセスメント　3-6, 17, 18, 20, 85, 97, 131, 202, 209

アディション（addition）　15, 76, 87, 139, 142, 146, 148, 151, 170, 191, 195

石原宏　7, 50

伊集院清一　34, 205, 206

伊藤良子　36, 37, 39

イメージ　10, 26, 39, 40, 42, 43, 46, 50, 55, 58, 63, 66-68, 119, 122, 180, 181, 194, 203, 209

ウィニコット（Winnicott, D. W.）　22, 23, 25, 27, 36-38, 43

H型　17, 107, 119, 124, 207

MSSM　20, 23, 26, 28, 29

遠近法　65, 91, 107, 146, 155, 192

大山泰宏　64, 118

奥田亮　118, 121, 124

[カ行]

解釈　3, 4, 10, 11, 30, 47-49, 51, 54, 65, 66, 68, 69, 106, 108, 109, 118-121, 126, 133, 135, 150, 153, 154, 174, 180, 185-189, 199, 201, 212

皆藤章　3-7, 11-13, 16-18, 20, 21, 39, 41, 42, 45, 48, 67, 71, 72, 93, 99, 105, 111, 133, 137, 188, 189, 193, 200, 201, 213

角野善宏　4, 7, 21, 72, 109, 189, 193, 206, 212

河合俊雄　89

河合隼雄　3, 9, 24, 38, 40, 41, 49, 51, 65, 133-135, 179, 187, 202, 204, 205, 211

川が立つ　124-126, 190

川嵜克哲　64, 190

関与しながらの観察　38, 39, 92, 112, 125, 126, 129, 130, 135, 179, 182, 183

岸本寛史　10, 193

逆転移　29, 37, 38, 92, 98, 179, 190, 200

芸術療法　12, 22, 23, 29-31, 33, 35, 36, 103, 104, 110, 112-115, 119-121, 125, 135, 183, 196, 197, 211, 212

交互色彩分割法　22, 23, 26, 37

構成型　54, 59, 65, 106, 124, 127, 129, 156, 158, 159, 161-163, 169-173, 175, 176, 180, 184, 185, 206, 209, 211, 213

コッホ（Koch, K.）　9-11, 211

コミット／コミットメント　122, 188, 190, 193, 195, 202, 204, 209

[サ行]

再検査信頼性　106, 112, 173, 176, 177, 213

坂田浩之　13, 45, 71, 72

作品変化　12-14, 103, 107-109, 131-133, 135, 136, 149, 152-157, 170, 174, 175, 184-186, 195, 196, 199, 204, 208

佐々木玲仁　5-7, 16, 20, 21, 36, 50, 102, 106, 107, 135, 136, 156, 169, 175, 176, 185, 187, 205, 213

佐渡忠洋　3, 5-7, 106, 205, 211
サリヴァン（Sullivan, H. S.）　30, 47
此岸なしの川　126, 142, 146, 148, 159, 173, 174, 177, 184, 191, 192, 195
自我　38, 40, 85, 90, 124, 148, 203
実験精神　197-199, 205, 206, 208
自由画　27, 28, 71, 79, 86, 87, 98
重色　127-130, 148, 160, 161, 165, 171, 172, 174, 176, 183, 184, 209
主体　37, 88, 90, 97, 98, 118, 136, 175, 177, 180, 201, 203, 204
侵襲　29, 37, 41, 51
身体性　72, 86, 90, 93-97, 99, 100, 180, 182
シンタグマ　4, 18, 30, 31, 42, 126, 190-192, 204, 205
心理検査　48, 200, 212
心理療法　4-6, 8, 11, 12, 14, 17, 18, 20, 36-39, 70-72, 83, 84, 88, 93-95, 97, 98, 100, 109, 111, 131, 133-137, 149, 152, 154, 180, 181, 187, 189, 190, 193, 196-203, 208, 209, 211-213
スクィグル（スクィッグル／squiggle）　22, 23, 25-29, 35-38, 43, 80, 86-88, 97, 98, 154, 204

[タ行]
対称法　26, 27, 29, 35, 37, 38, 43, 179, 204
高石恭子　30, 54, 59, 65, 124, 127, 129, 156, 158, 161, 169, 206, 207
田中康裕　46, 189, 200, 208
逐次項目提示　12, 21, 41-43, 45, 46, 49, 67, 71, 85, 92, 94, 178-182
出会い　187-190, 192, 193, 201, 203, 204
転移　12, 28, 36-40, 42, 43, 46, 49, 67, 90, 94, 98, 99, 179, 182, 187, 189, 190, 194, 200, 202, 203
統合失調症　4, 7, 8, 14, 17, 18, 24, 30, 31, 34-36, 40, 43, 109, 114, 115, 124, 127, 147, 157, 171, 195, 204, 205, 207, 208

[ナ行]
ナウムブルグ（Naumburg, M.）　26, 36
中里均　22, 23, 27, 102, 108, 126, 156, 171, 172
中野江梨子　21, 43, 49, 67, 68
なぐり描き　4, 18, 24, 26-28

[ハ行]
バウム／バウムテスト　4, 6, 9-11, 28, 35, 39, 51, 64, 74, 84, 85, 88, 90, 97, 105, 106, 110, 118, 119, 121-124, 126, 129, 131, 133, 146, 173, 178, 194, 198, 200, 209, 211, 212
破瓜型　4, 17, 28, 119, 124, 204, 207
箱庭／箱庭療法　3, 4, 6, 7, 9, 12, 18, 20, 24, 29, 30, 38-40, 42, 46, 48-50, 64, 107, 134, 136, 179, 190, 200, 211
PAC分析　13, 50-52, 54, 63, 64, 66, 68, 69, 136, 138, 146, 147, 150, 153-155, 179, 180, 184
パラディグマ　4, 18, 30, 31, 42, 190, 192, 204, 205
P型　17, 107, 119, 124, 207
PDI（描画後の質問）　16, 17, 21, 42, 43, 49, 50, 52, 67, 68, 85, 138, 139, 142, 150, 158
非対称法　26, 179
表現心理学　13, 117-119, 121-124, 127-

130, 183, 186, 188, 198, 199, 206
表現論理　13, 104, 117-119, 121, 124-131, 133, 156, 172, 183, 185, 186, 191, 195, 198, 199, 202, 206, 207
振り返り体験　132, 134-136, 138, 148, 149, 152-155, 184, 186
棒人間（stick figure）　139, 147, 164

[マ行]
松井華子　13, 126, 127, 156, 158, 171, 172, 174, 204, 211, 213
幹先端処理　118, 121, 122, 124, 126, 129, 146, 194
見立て　92, 95, 100, 189
妄想型　4, 17, 119, 124, 204

[ヤ行]
山川裕樹　118, 122, 131, 194, 195, 199
山中康裕　4, 6, 22, 23, 28, 29, 72, 124, 158, 160, 173
やりとり　12-18, 20-22, 24-26, 29, 34, 37-39, 41, 43, 45, 46, 48-51, 63, 64, 66-72, 85, 86, 90-92, 94-96, 98, 99, 101, 112, 131, 135, 150, 153, 154, 158, 177-183, 186-188, 190, 193-196, 199, 202, 204, 208, 209
誘発線法／誘発線描画　22, 23, 25, 26, 80, 83, 87, 88, 95, 96, 98, 180
誘目性　193, 195
ユング（Jung, C. G.）　10, 37

[ラ行]
羅列型　206-208
ロールシャッハ　3, 4, 10, 18, 107, 119, 207

[ワ行]
枠づけ　10, 14, 15, 21, 23-25, 42, 43, 45, 178, 200, 201
渡部未沙　147, 151, 155, 156, 158, 170, 176, 177

◆著者紹介

古川裕之 (ふるかわ・ひろゆき)

1982年、愛知県生まれ。京都大学大学院教育学研究科博士後期課程研究指導認定退学。博士（教育学）。臨床心理士。京都大学大学院教育学研究科附属臨床教育実践研究センター特定助教を経て、現在、京都文教大学臨床心理学部講師。専門は臨床心理学、心理療法、描画法。論文「風景構成法における身体性」（伊藤良子・大山泰宏・角野善宏（編）心理臨床関係における身体　京大心理臨床シリーズ9，創元社，2009年）など。

心理療法としての風景構成法──その基礎に還る

2015年3月20日　第1版第1刷発行

著　者	古川裕之
発行者	矢部敬一
発行所	株式会社 創元社

〈本　　社〉
〒541-0047　大阪市中央区淡路町4-3-6
TEL.06-6231-9010（代）　FAX.06-6233-3111（代）
〈東京支店〉
〒162-0825　東京都新宿区神楽坂4-3 煉瓦塔ビル
TEL.03-3269-1051
http://www.sogensha.co.jp/

印刷所	株式会社 太洋社

©2015 Printed in Japan　ISBN978-4-422-11588-7 C3011
〈検印廃止〉
落丁・乱丁のときはお取り替えいたします。

装丁・本文デザイン　長井究衡

|JCOPY| 〈(社)出版者著作権管理機構 委託出版物〉
本書の無断複写は著作権法上での例外を除き禁じられています。複写される場合は、そのつど事前に、(社)出版者著作権管理機構（電話 03-3513-6969、FAX 03-3513-6979、e-mail: info@jcopy.or.jp）の許諾を得てください。

アカデミア叢書

「アカデミア叢書（Academia Library）」は、創元社が新たに立ち上げた学術専門書のシリーズです。心理、医療、教育を中心に、幅広い学術領域の最前線から、特定のテーマを深く掘り下げた優れた研究の成果を順次刊行していきます。

大学と社会貢献
学生ボランティア活動の教育的意義
木村佐枝子［著］

今日、社会貢献は教育・研究と並んで大学の使命の三本柱の一つに位置づけられている。文部科学省も推進する大学の社会貢献活動の理念や実際の取り組み例を概観する。

A5判・上製・240頁
定価（本体3,600円＋税）

スポーツと心理臨床
アスリートのこころとからだ
鈴木壯［著］

アスリートは明るく健康的で、意欲的に限界に挑戦する人々？　自らを極限まで追い込むがゆえに深層にある心身の課題に直面せざるを得ない彼らの臨床心理を現場から報告。

A5判・上製・184頁
定価（本体3,000円＋税）

現実的なものの歓待
分析的経験のためのパッサージュ
春木奈美子［著］

「他者」「女」「行為」「症状」という4つの問題を取り上げ、『鶴女房』などの文学作品を読み解きつつ精神分析の新たな出口に到る分析的経験を描き出そうとした意欲作。

A5判・上製・232頁
定価（本体3,200円＋税）